AF404563

F. MUTELET
Inspecteur primaire à Paris,
directeur d'École normale.

A. DANGUEUGER
Directeur d'école publique à Paris,
Chevalier de la Légion d'honneur.

PROGRAMMES OFFICIELS

DES

ÉCOLES PRIMAIRES ÉLÉMENTAIRES

Interprétation — Divisions — Emplois du Temps

A L'USAGE DES INSTITUTEURS, DES INSTITUTRICES
ET DES CANDIDATS AU CERTIFICAT D'APTITUDE PÉDAGOGIQUE

QUATRIÈME ÉDITION, REVUE

PARIS

LIBRAIRIE HACHETTE ET Cⁱᵉ

79, BOULEVARD SAINT-GERMAIN, 79

1912

1 fr. 25

887-12. — Coulommiers. Imp. PAUL BRODARD. — 8-12.

PROGRAMMES OFFICIELS

DES

ÉCOLES PRIMAIRES ÉLÉMENTAIRES

887-12. — Coulommiers. Imp. PAUL BRODARD. — P8-12.

F. MUTELET
Inspecteur primaire à Paris.
Ancien directeur d'École normale.

A. DANGUEUGER
Directeur d'école publique à Paris,
Chevalier de la Légion d'honneur.

PROGRAMMES OFFICIELS

DES

ÉCOLES PRIMAIRES ÉLÉMENTAIRES

Interprétation — Divisions — Emplois du Temps

A L'USAGE DES INSTITUTEURS, DES INSTITUTRICES

ET DES CANDIDATS AU CERTIFICAT D'APTITUDE PÉDAGOGIQUE

QUATRIÈME ÉDITION, REVUE

PARIS

LIBRAIRIE HACHETTE ET Cⁱᵉ

79, BOULEVARD SAINT-GERMAIN, 79

1912

INTRODUCTION

Nous avons constaté souvent, dans les différents examens de l'enseignement primaire, que les instituteurs et les institutrices ne se font pas toujours une idée très exacte de notre charte pédagogique telle qu'elle est établie par l'arrêté du 18 janvier 1887 et ses différentes annexes. C'est pourquoi nous pensons faire œuvre utile en réunissant, dans cet opuscule, les programmes officiels et les instructions ministérielles qui s'y rapportent.

Nous ne les croyons pas intangibles et nous n'avons nullement la prétention d'asservir les maîtres et les maîtresses à la lettre de ces programmes, car les écoles des diverses régions de la France ne peuvent être identiques. C'est surtout de leur esprit que doivent s'inspirer ceux qui ont la charge de les appliquer.

Néanmoins, ces programmes, bien connus, ces directions pédagogiques, bien comprises, peuvent imprimer à notre enseignement une certaine unité très désirable à tous les points de vue. L'instituteur doit tenir grand compte des réalités de l'existence; savoir lire, écrire et compter n'est plus suffisant. Tremper les caractères, ouvrir les intelligences pour le plus grand bien de tous, voilà véritablement l'œuvre de l'école primaire à qui l'on demande souvent beaucoup trop; on oublie que nos élèves sont des enfants âgés de moins de treize ans et non des adolescents à l'atelier, des hommes dans la société.

Bien pénétrés de l'esprit des programmes que nous considérons comme un maximum, même pour les écoles les mieux organisées, nous indiquerons les principes qui doivent présider à la répartition des élèves entre les différents cours : préparatoire, élémentaire, moyen et supérieur, en tenant compte de l'âge, du degré d'instruction et du mouvement de la population scolaire.

Nous ferons connaître le caractère de chaque enseignement et les procédés qui semblent donner les meilleurs résultats dans des conditions déterminées. Toutefois, n'oublions pas que les procédés sont absolument personnels : ce qui importe, c'est de bien distinguer les questions capitales, de les mettre en relief; de telle sorte que l'enseignement bien vivant, réaction constante entre le maître et les enfants, laisse une trace durable non seulement comme notions acquises, mais encore et surtout comme discipline intellectuelle.

Nous procéderons ensuite à la subdivision des diverses matières du programme réclamée par les jeunes maîtres.

Après avoir indiqué les conditions générales auxquelles doit répondre une bonne répartition horaire, nous donnerons un modèle d'emploi du temps pour une école à une, à deux ou à plusieurs classes.

PROGRAMMES OFFICIELS

INTERPRÉTATION, RÉPARTITION, EMPLOI DU TEMPS

I

PROGRAMMES ET DOCUMENTS OFFICIELS

Annexés aux arrêtés du 18 janvier 1887, du 4 janvier 1894, du 20 septembre 1898, du 14 décembre 1907 et du 27 juillet 1909. — Loi du 14 avril 1909. Arrêtés du 17 août 1909 et du 25 août 1909. Circulaires diverses.

Loi du 28 mars 1882.

Art. 1er — L'instruction primaire comprend :
L'instruction morale et civique;
La lecture et l'écriture;
La langue et les éléments de la littérature française;
La géographie, particulièrement celle de la France;
L'histoire, particulièrement celle de la France, jusqu'à nos jours;
Quelques notions usuelles de droit et d'économie politique;
Les éléments des sciences naturelles, physiques et mathématiques; leurs applications à l'agriculture, à l'hygiène, aux arts industriels, travaux manuels et usage des outils des principaux métiers;
Les éléments du dessin, du modelage et de la musique;
La gymnastique;
Pour les garçons, les exercices militaires;
Pour les filles, les travaux à l'aiguille.

Règlement scolaire modèle des écoles primaires élémentaires.

Art. 1er. — Pour être admis dans une école primaire élémentaire, les enfants doivent avoir plus de six ans et moins de treize. En dehors de ces limites, ils ne pourront être reçus sans une autorisation spéciale de l'inspecteur d'académie.

Dans les communes qui n'ont ni école maternelle, ni classe enfantine, l'âge d'admission est abaissé à cinq ans.

Art. 2. — Tout enfant dont l'admission est demandée doit présenter à l'instituteur un bulletin de naissance et un certificat médical constatant qu'il a été vacciné ou qu'il a eu la petite vérole et qu'il n'est pas atteint de maladies ou d'infirmités de nature à nuire à la santé des autres élèves. Lorsque l'enfant a atteint sa dixième année, il doit, pour être admis ou maintenu dans l'école, être revacciné par les soins du médecin attaché à l'école ou délégué à cet effet par l'administration scolaire.

L'instituteur doit conserver le bulletin de naissance et les certificats de vaccine et de revaccination tant que l'enfant fréquente l'école. (Arrêté du 20 décembre 1888.)

Art. 3. — La garde de la classe est commise à l'instituteur : il ne permettra pas qu'on la fasse servir à aucun usage étranger à sa destination, sans une autorisation spéciale du préfet.

Art. 4. — Pendant la durée de la classe, l'instituteur ne pourra, sous aucun prétexte, être distrait de ses fonctions professionnelles, ni s'occuper d'un travail étranger à ses devoirs scolaires.

Art. 5. — Les enfants ne pourront, sous aucun prétexte, être détournés de leurs études pendant la durée des classes.

Ils ne seront envoyés à l'église pour les catéchismes ou pour les exercices religieux qu'en dehors des heures de classe. L'instituteur n'est pas tenu de les y surveiller. Il n'est pas tenu davantage de les y conduire, sauf le cas prévu à l'article 9 ci-après.

Toutefois, pendant la semaine qui précède la première communion, l'instituteur autorisera les élèves à quitter l'école aux heures où leurs devoirs religieux les appellent à l'église.

Art. 6. — Les classes dureront trois heures le matin et trois heures le soir : celle du matin commencera à 8 heures et celle de l'après-midi à 1 heure. Toutefois, suivant les besoins des localités, les heures d'entrée et de sortie pourront être modifiées par l'inspecteur d'académie, sur la demande des autorités locales et l'avis de l'inspecteur primaire.

Art. 7. — Le conseil départemental peut, après avis du conseil municipal et sur la proposition de l'inspecteur d'académie, autoriser dans une commune ou dans une section de commune l'établissement d'écoles de demi-temps.

En ce cas, le directeur de l'école divisera par cours les élèves en deux groupes. La classe aura lieu, pour l'un de ces groupes, le matin de 8 heures à 11 heures; pour l'autre, le soir de 1 heure à 4 heures.

Toutefois, les parents qui en feront la demande auront la faculté de faire suivre à leurs enfants les deux classes de la journée.

Art. 8. — Dans les écoles à plusieurs classes, les exercices seront coupés, pour les élèves du cours élémentaire et du cours moyen, par une récréation de cinq minutes qui aura lieu toutes les heures, et, pour les élèves du cours supérieur, par une seule récréation d'une durée de quinze minutes.

Art. 9. — Les enfants qui ne sont pas rendus à leur famille dans l'intervalle des classes demeurent sous la surveillance de l'instituteur jusqu'à l'heure où ils quittent définitivement la maison d'école.

Art. 10. — Chacun des maîtres attachés à l'école est tenu, à tour de rôle, de surveiller les récréations et de garder les élèves qui ne sont pas rendus à leur famille, dans l'intervalle des classes du matin et du soir, ainsi que ceux qui sont punis de la retenue après la classe.

La surveillance spéciale des élèves pensionnaires ne peut être imposée aux instituteurs adjoints.

Des études surveillées, faites après la récréation de la classe du soir, peuvent être organisées dans les écoles primaires, sur la proposition de l'inspecteur primaire, par décision de l'inspecteur d'académie.

La surveillance des études est facultative pour les maîtres de l'école. Toutefois le directeur de l'école est tenu dans tous les cas de surveiller ce service.

Dans le cas où tous les instituteurs adjoints ou quelques-uns d'entre eux refusent de faire les études surveillées, l'inspecteur d'académie peut recourir à des instituteurs auxiliaires, qui sont rémunérés au moyen du produit de ces études.

Un règlement, adopté par le Conseil départemental, détermine pour toutes les écoles primaires le fonctionnement des études surveillées, en ce qui concerne notamment la durée des études, l'admission gratuite et payante des élèves, la répartition du produit des études entre les personnes qui auront effectivement pris part à ce service, le taux de la rémunération spéciale à attribuer au directeur de l'école, en raison de la surveillance générale des études qui lui incombe dans le cas prévu au paragraphe 4 du présent article. (Arrêté du 26 juillet 1903.)

Art. 11. — Quand l'instituteur prendra la direction d'une école, il devra, de concert avec le maire ou son délégué, faire le récolement du mobilier scolaire, des livres de la bibliothèque, des archives scolaires et, s'il y a lieu, de son mobilier personnel et de celui de ses adjoints.

Le procès-verbal de cette opération, signé par les deux parties, constituera l'instituteur responsable des objets désignés à l'inventaire.

En cas de changement de résidence, l'instituteur provoquera, avant son départ, un nouveau récolement du mobilier.

Art. 12. — Un tableau portant le prix de tous les objets que le directeur ou les instituteurs sont autorisés à fournir aux élèves sera affiché dans l'école, après avoir été visé par l'inspecteur primaire [1].

Art. 13. — La classe sera blanchie et lessivée tous les ans, et tenue dans un état constant de propreté et de salubrité. A cet effet, elle sera balayée et arrosée tous les jours; l'air y sera fréquemment renouvelé; même en hiver, les fenêtres seront ouvertes pendant l'intervalle des classes.

Art. 14. — Le français sera seul en usage dans l'école.

Art. 15. — Toute représentation théâtrale est interdite dans les écoles publiques.

Art. 16. — Aucun livre ni brochure, aucun imprimé ni manuscrit étrangers à l'enseignement ne peuvent être introduits dans l'école, sans l'autorisation écrite de l'inspecteur d'académie.

Art. 17. — Toute pétition, quête, souscription ou loterie y est également interdite.

Art. 18. — Il est interdit aux instituteurs et institutrices publics de recevoir des élèves ou de leurs parents aucune espèce de cadeaux.

Art. 19. — Les seules punitions dont l'instituteur puisse faire usage sont :

Les mauvais points; la réprimande; la privation partielle de la récréation; la retenue après la classe, sous la surveillance de l'instituteur; l'exclusion temporaire.

Cette dernière peine ne pourra dépasser trois jours. Avis en sera donné immédiatement par l'instituteur aux parents de l'enfant, aux autorités locales et à l'inspecteur primaire.

Une exclusion de plus longue durée ne pourra être prononcée que par l'inspecteur d'académie.

Art. 20. — Il est absolument interdit d'infliger aucun châtiment corporel.

Il est également interdit aux instituteurs et institutrices de tutoyer leurs élèves.

Art. 21. — Les jours de congés extraordinaires sont :

Une semaine à l'occasion des fêtes de Pâques;

Le premier jour de l'an, ou le lendemain, si ce jour est un dimanche ou un jeudi;

Le lundi de la Pentecôte;

1. A. du Conseil d'État du 15 mars 1912.

Le lendemain de la Toussaint, le matin seulement;

Les jours de fêtes patronales;

Le jour de la Fête nationale.

Aʀt. 22. — L'époque et la durée des vacances seront fixées chaque année par le préfet, en conseil départemental.

Aʀt. 23. — L'instituteur ne pourra ni intervertir les jours de classe, ni s'absenter, sans y avoir été autorisé par l'inspecteur primaire et sans avoir donné avis de cette autorisation aux autorités locales.

Si l'absence doit durer plus de trois jours, l'autorisation de l'inspecteur d'académie est nécessaire.

Un congé de plus de quinze jours ne peut être donné que par le préfet. Dans les circonstances graves et imprévues, l'instituteur pourra s'absenter, sans autre condition que de donner immédiatement avis de son absence aux autorités locales et à l'inspecteur primaire.

Aʀt. 24. — Les dispositions de ce règlement sont applicables aux écoles de filles.

Aʀt. 25. — Le règlement modèle en date du 18 juillet 1882 est et demeure abrogé.

Aʀt. 26. — Les autorités préposées par la loi à la surveillance de l'instruction primaire sont chargées de l'exécution du présent règlement.

Extrait de l'arrêté du 18 janvier 1887, modifiant celui du 27 juillet 1882 sur l'organisation pédagogique et le plan d'études des écoles primaires.

Aʀt. 9. — L'enseignement dans les écoles primaires élémentaires est partagé en trois cours :

Cours élémentaire;

Cours moyen;

Cours supérieur.

La constitution de ces trois cours est obligatoire dans toutes les écoles, qu.l que soit le nombre des classes et des élèves.

Aʀt. 10. — La durée des études se divise comme il suit :

Section enfantine : un ou deux ans, suivant que les enfants entrent à 6 ans ou 5 ans.

Cours élémentaire : deux ans, de 7 à 9 ans.

Cours moyen : deux ans, de 9 à 11 ans.

Cours supérieur : deux ans, de 11 à 13.

Aʀt. 11. — Dans les écoles qui n'ont qu'un maître et qu'une classe, il ne pourra être établi aucune division ni dans le cours moyen ni dans le cours supérieur; il n'en pourra être établi plus de deux pour les enfants au-dessous de 9 ans.

Dans les écoles qui n'ont que deux maîtres, l'un sera chargé du cours moyen et du cours supérieur, l'autre du cours élémentaire, y compris, s'il y a lieu, la division des enfants au-dessous de 7 ans.

Dans les écoles qui ont trois maîtres, chaque cours forme une classe distincte.

Dans les écoles à quatre classes, le cours élémentaire comptera deux classes; chacun des deux autres cours, une seule classe.

Dans les écoles à cinq classes, le cours élémentaire comptera deux classes; le cours moyen, deux; le cours supérieur, une.

Dans les écoles à six classes, chacun des trois cours formera deux classes, à moins que le nombre des élèves du cours supérieur ne permette de les réunir en une seule classe.

Art. 12. — Toutes les fois qu'un même cours comprendra deux classes, l'une formera la première année de cours; l'autre, la seconde.

Ces deux classes suivront le même programme, mais les leçons et les exercices seront gradués de telle sorte que les élèves puissent, dans la seconde année, revoir, approfondir et compléter les études de la première.

Art. 13. — Au-dessus des six classes, quel que soit le nombre des maîtres, aucun cours ne devra former plus de deux années. Les classes en plus du nombre de six, non compris la classe enfantine, seront des classes parallèles destinées à dédoubler l'effectif, soit de la première, soit de la seconde année.

Art. 14. — Chaque année, à la rentrée, les élèves, suivant leur degré d'instruction, sont répartis par le directeur dans les diverses classes des trois cours, sous le contrôle de l'inspecteur primaire.

Le certificat d'études donne droit à l'entrée dans le cours supérieur.

Art. 15. — Chaque élève, à son entrée à l'école, recevra un cahier spécial qu'il devra conserver pendant toute la durée de sa scolarité. Le premier devoir de chaque mois dans chaque ordre d'études sera écrit sur ce cahier par l'élève, en classe et sans secours étranger, de telle sorte que l'ensemble de ces devoirs permette de suivre la série des exercices et d'apprécier les progrès de l'élève d'année en année. Ce cahier restera déposé à l'école. (Circulaire ministérielle du 24 janvier 1912.)

Art. 16. — Tout concours entre les écoles publiques auquel ne participerait pas l'ensemble des élèves de l'un au moins des trois cours est formellement interdit.

Art. 17. — L'enseignement donné dans les écoles primaires publiques se rapporte à un triple objet : *éducation physique, éducation intellectuelle, éducation morale*. Les leçons et exercices gradués qu'il comporte sont répartis dans le cours d'études, conformément aux programmes annexés au présent arrêté.

Art. 18. — Au commencement de chaque année scolaire, le tableau de l'emploi du temps par jour et par heure est dressé par le directeur de l'école, et, après approbation de l'inspecteur primaire, il est affiché dans les salles de classe.

Art. 19. — La répartition des exercices doit satisfaire aux conditions générales ci-après déterminées.

I. Chaque séance doit être partagée en plusieurs exercices différents, coupés par les récréations réglementaires.

II. Les exercices qui demandent le plus grand effort d'attention, tels que les exercices d'arithmétique, de grammaire, de rédaction, seront placés de préférence le matin, ou, dans les écoles de demi-temps, au commencement de la classe.

III. Toute leçon, toute lecture, tout devoir sera accompagné d'explications orales et d'interrogations.

IV. La correction des devoirs et la récitation des leçons ont lieu pendant les heures de classe auxquelles se rapportent ces devoirs et ces leçons. Dans la règle, les devoirs sont corrigés au tableau noir en même temps que se fait la visite des cahiers. Les rédactions sont corrigées par le maitre en dehors de la classe.

V. Les trente heures de classe par semaine (non compris le temps que les élèves peuvent consacrer, soit à domicile, soit dans les études surveillées, à la préparation des devoirs et des leçons) devront être réparties d'après les conditions suivantes :

1° Il y aura chaque jour, dans les deux premiers cours, au moins une leçon qui, sous la forme d'entretien familier, ou au moyen d'une lecture appropriée, sera consacrée à l'instruction morale; dans le cours supérieur, cette leçon sera, autant que possible, le développement méthodique du programme de morale.

2° L'enseignement du français (exercices de lecture, lectures expliquées, leçons de grammaire, exercices orthographiques, dictées, analyses, récitations, exercices de composition, etc.) occupera tous les jours environ deux heures.

3° L'enseignement scientifique occupera en moyenne, et suivant les cours, d'une heure à une heure et demie par jour, savoir : trois quarts d'heure ou une heure pour l'arithmétique et les exercices qui s'y rattachent, le reste pour les leçons de choses et les premières notions scientifiques.

4° L'enseignement de l'histoire et de la géographie, auquel se rattache l'instruction civique, comportera environ une heure de leçon tous les jours.

5° Le temps consacré aux exercices d'écriture proprement dite sera d'une heure au moins par jour dans le cours élémentaire et se réduira graduellement à mesure que les divers devoirs dictés ou rédigés pourront en tenir lieu.

6° L'enseignement du dessin, commencé par des leçons très courtes dès le cours élémentaire, occupera dans les deux autres cours deux ou trois leçons chaque semaine.

7° Les leçons de chant occuperont d'une à deux heures par semaine, indépendamment des exercices de chant, qui auront lieu tous les jours à la rentrée et à la sortie des classes.

8° La gymnastique, outre les évolutions et les exercices sur place qui peuvent accompagner les mouvements de classe, occupera tous les jours ou au moins tous les deux jours une séance dans le courant de l'après-midi.

En outre, dans les communes où les bataillons scolaires sont constitués, les exercices de bataillon ne pourront avoir lieu que le jeudi et le dimanche; le temps à consacrer sera déterminé par l'instructeur militaire, de concert avec le directeur de l'école.

9° Enfin, pour les garçons aussi bien que pour les filles, deux ou trois heures par semaine seront consacrées aux travaux manuels.

Programmes d'enseignement des écoles primaires élémentaires,

Annexés à l'arrêté du 18 janvier 1887, complétés par les arrêtés des 8 août 1890, 4 janvier 1894, 9 mars 1897, 17 et 20 septembre 1898.

(ANNEXE F)

1

ÉDUCATION PHYSIQUE — OBJET — MÉTHODE PROGRAMME

1° Objet de l'éducation physique.

L'éducation physique a un double but :

D'une part, fortifier le corps, affermir le tempérament de l'enfant, le placer dans les conditions hygiéniques les plus favorables à son développement physique en général.

D'autre part, lui donner de bonne heure ces qualités d'adresse et d'agilité, cette dextérité de la main, cette promptitude et cette sûreté de mouvements qui, précieuses pour tous, sont plus particulièrement nécessaires aux élèves des écoles primaires, destinés pour la plupart à des professions manuelles.

Sans perdre son caractère essentiel d'établissement d'éducation, et sans se changer en atelier, l'école primaire peut et doit faire aux exercices du corps une part suffisante pour préparer et prédisposer, en quelque sorte, les garçons aux futurs travaux de l'ouvrier et du soldat, les filles aux soins du ménage et aux ouvrages de femmes.

2° *Méthode.*

Les exercices du corps faisant diversion à l'ensemble des travaux scolaires et des leçons proprement dites, il sera généralement facile d'obtenir que les élèves y apportent de la bonne volonté et de l'entrain, qu'ils les considèrent comme une véritable récréation.

La marche de l'enseignement est réglée avec le plus grand détail, pour la gymnastique et les exercices militaires, par les manuels publiés sous les auspices du ministère, ainsi que par les directions que donnent les professeurs et instructeurs spéciaux.

Pour le travail manuel des garçons, les exercices se répartissent en deux groupes : l'un comprend les divers exercices destinés d'une façon générale à délier les doigts et à faire acquérir la dextérité, la souplesse, la rapidité et la justesse des mouvements; l'autre groupe comprend les exercices gradués de modelage qui servent de complément à l'étude correspondante du dessin, et particulièrement du dessin industriel.

Le travail manuel des filles, outre les ouvrages de couture et de coupe, comporte un certain nombre de leçons, de conseils, d'exercices au moyen desquels la maîtresse se proposera, non pas de faire un cours régulier d'économie domestique, mais d'inspirer aux jeunes filles, par un grand nombre d'exemples pratiques, l'amour de l'ordre, de leur faire acquérir les qualités sérieuses de la femme de ménage et de les mettre en garde contre les goûts frivoles ou dangereux.

8° Programme.

	CLASSE ENFANTINE DE 5 À 7 ANS	COURS ÉLÉMENTAIRE DE 7 À 9 ANS	COURS MOYEN DE 9 À 11 ANS	COURS SUPÉRIEUR DE 11 À 13 ANS
1° Soins d'hygiène et de propreté.	Inspection des enfants à leur arrivée. — Surveillance de leurs jeux au point de vue hygiénique. — Soins particuliers pour les plus faibles.	Inspection des enfants à leur arrivée et à leur rentrée en classe. — Exiger une absolue propreté. — Surveiller leurs jeux. — Conseils pratiques donnés, soit en commun, soit en particulier, sur l'alimentation, le vêtement, la tenue du corps et des habits.	Emploi des mêmes moyens d'instruction et d'éducation que dans le cours élémentaire.	Emploi des mêmes moyens d'instruction et d'éducation que dans le cours moyen.
2° Gymnastique. *(Suivre les Manuels distincts, pour les garçons et pour les filles, publiés par le ministère.)*	*De 4 à 6 ans.* — Rondes, marches, mouvements rythmiques, jeux mimiques accompagnés de chants. — Jeux variés (corde, balle, cerceau, etc.). — Premiers exercices d'ordre (formation des rangs, marches, ruptures et rassemblements). *De 6 à 8 ans.* — Continuation et perfectionnement des exercices précédents. — Jeux variés (corde, balle, cerceau, etc.).	Évolutions. — Premiers mouvements rythmés. — Jeux variés (corde, balle, cerceau, etc.) et jeux impliquant l'action de courir. — Premiers exercices d'ordre (formation des rangs, marches, ruptures et rassemblements, etc.). — Sauts divers, à l'exclusion du saut en profondeur.	Jeux, mouvements élémentaires sans appareils. — Continuation des exercices d'ordre (marches rythmées; doublement, dédoublement). — Mouvements élémentaires de la boxe française. — Planche d'assaut. — Natation. Dans les écoles de filles, les exercices seront les mêmes que dans les écoles de garçons, à l'exception de la boxe, qui sera remplacée par la danse et par des jeux spéciaux.	Jeux. — Promenades scolaires. — Continuation des exercices indiqués pour le cours moyen. Évolutions à la course cadencée. — Mouvements d'ensemble avec instruments appropriés à l'âge des enfants. — Suite des exercices de boxe. — Bâton, canne. — Exercices deux à deux avec cordes ou barres. — Exercices aux échelles : échelle horizontale, échelle inclinée, échelle avec planche dorsale, échelles jumelles. — Perches verticales fixes par paire. — Poutre horizontale. — Mât vertical. Dans les écoles de filles, les exercices seront les mêmes que dans les écoles de garçons, à l'exception de la boxe, du bâton et de la canne, qui seront remplacés par la danse et des jeux spéciaux.
3° Exercices militaires. *(Pour les garçons.)*		Premiers exercices d'ordre (formation des rangs, marches, ruptures, rassemblements, etc.).	Exercices de marche, d'alignement, de formation des pelotons, etc. — Préparation à l'exercice militaire. *Arrêté du 27 juillet 1893.* — Pour les élèves âgés de plus de 10 ans, exercices de tir à 10 mètres, à la carabine Flobert.	Exercices militaires : école du soldat sans armes. — Principes des différents pas. — Alignements. — Marches, contremarches et haltes. — Changements de direction. *Arrêté du 27 juillet 1893.* — Pour les élèves âgés de plus de 10 ans, exercices de tir à 10 mètres à la carabine Flobert.

	CLASSE ENFANTINE DE 5 A 7 ANS	COURS ÉLÉMENTAIRE DE 7 A 9 ANS	COURS MOYEN DE 9 A 11 ANS	COURS SUPÉRIEUR DE 11 A 13 ANS
4° Travaux manuels. (Pour les garçons.)	Petits exercices de tressage, pliage, tissage. Découpage et application de pièces de papier de couleur sur des dessins géométriques. Petite vannerie. Combinaisons en laine de couleur sur le canevas ou le papier.	Exercices manuels destinés à développer la dextérité de la main. Découpage de carton-carte en forme de solides géométriques. Vannerie : assemblage de brins de couleurs diverses. Modelage : reproduction de solides géométriques et d'objets très simple.	Construction d'objets de cartonnage revêtus de dessins coloriés et de papier de couleurs. Petits travaux en fil de fer, treillage. Combinaisons de fil de fer et de bois; cages. Modelage ornements simples d'architecture. Notions sur les outils les plus usuels.	Exercices combinés de dessins et de modelages; croquis cotés d'objets à exécuter et construction de ces objets d'après les croquis ou vice versa. Étude des principaux outils employés au travail du bois. Exercices pratiques gradués. Rabotage, sciage des bois, assemblages simples. Boites clouées ou assemblées sans pointes. Tour à bois, tournage d'objets très simples. Étude des principaux outils employés dans le travail du fer, exercices de lime, ébarbage ou finissage d'objets bruts de forge ou venus de fonte.
5° Travaux manuels. (Pour les filles.)	Petits exercices de tissage, pliage, tressage. Découpage et pliage de papier sur mesures données. Premiers éléments de la reprise; exercices sur canevas, en laine ou coton de couleur. Crochet : étude de la maille, au gros crochet de bois ou d'os. — Application des exercices précédents; confection d'objets usuels très simples, tels que cache-nez, petits jupons, fichus, etc. Pour la confection d'objets très simples, on utilisera les matériaux que peuvent fournir les ressources locales (paille, jonc, rafia, etc.).	Éléments de couture usuelle: point devant, point arrière, point de côté, surjet. — Exercices sur canevas ou grosse toile. Étude du point de marque sur canevas : ligne droite, ligne oblique, ligne brisée. — Application méthodique aux lettres de l'alphabet en commençant par les plus simples. Premiers exercices de raccommodage : reprises sur canevas ou grosse toile. Exercices récapitulatifs des divers points de couture sur pièces d'essai. — Applications pratiques à des objets très simples, tels que sac, mouchoir, serviette, fichu, etc. Tricot : étude collective de la maille (bandes d'essai). — Applications : jarretières, manchettes, etc.	1° Exercices de marque : alphabet et chiffres au point et marque sur toile. 2° Couture usuelle : a) Revision des premiers exercices; b) Point de piqûre, point de boutonnière; couture simple, couture en surjet, couture rabattue en droit fil; ourlet piqué, boutonnière, bride et pose de boutons. Exercices sur pièces d'essai. 3° Raccommodage : a) Reprises sur tricot et tissus divers; b) Pièces à un coin et à deux coins au point de surjet en couture rabattue. 4° Confection en étoffe de petits objets de layette et de vêtements pour jeunes enfants, tels que chemise, jupon, taie d'oreiller, tablier, brassière, etc. L'exécution devra toujours être précédée du tracé avec mesures en grandeur naturelle.	1° Couture usuelle : a) Revision des exercices précédents de couture et de raccommodage; b) Couture rabattue, en biais; fronce, bordage, plis, ruches et plissés; point de flanelle, point de chaînette, point d'épine, point de feston, jours très simples; point d'ornement : exercices sur pièces d'essai; applications variées. 2° Raccommodage : a) Reprises en biais, reprises sur drap; b) Pièce à quatre coins, pièce arrondie, exécutées en surjet et en couture rabattue. — Application : réparations de vêtements. 3° Notions de coupe : confection de petits vêtements simples et d'objets de lingerie, en étoffe, d'après un patron : chemise, tablier, jupon, robe et blouse d'enfant, objets de layette. 4° Tricot, crochet, filet, confection

	CLASSE ENFANTINE DE 5 A 7 ANS	COURS ÉLÉMENTAIRE DE 7 A 9 ANS	COURS MOYEN DE 9 A 11 ANS	COURS SUPÉRIEUR DE 11 A 13 ANS
5° Travaux manuels. (Pour les filles). (Suite.)	•	Crochet : étude des points usuels. — Applications : brassière, chaussons, etc.	5° Tricot, crochet, filet : *a)* Tricot : étude du bas. — Applications : bas d'enfant; chaussette; *b)* Crochet : reproduction de dessins. — Applications : chaussons, bonnet d'enfant, petite couverture, etc. *c)* Filet : étude de la maille.	de petits objets, tels que jupon, brassière, bonnet, chaussons, filet, sac. 3° Usage et maniement de la machine à coudre. Exercices élémentaires de couture à la machine [1]. 1. Lorsque l'école possédera une machine à coudre, le maniement en sera enseigné aux plus grandes élèves.

II

ÉDUCATION INTELLECTUELLE — OBJET MÉTHODE — PROGRAMME

1° *Objet de l'éducation intellectuelle.*

L'éducation intellectuelle, telle que peut la faire l'école primaire publique, est facile à caractériser.

Elle ne donne qu'un nombre limité de connaissances. Mais ces connaissances sont choisies de telle sorte que, non seulement elles assurent à l'enfant tout le savoir pratique dont il aura besoin dans la vie, mais encore elles agissent sur ses facultés, forment son esprit, le cultivent, l'étendent et constituent vraiment une éducation.

L'idéal de l'école primaire n'est pas d'enseigner beaucoup, mais de bien enseigner. L'enfant qui en sort sait peu, mais sait bien; l'instruction qu'il a reçue est restreinte, mais elle n'est pas superficielle. Ce n'est pas une demi-instruction, et celui qui la possède ne sera pas un demi-savant; car, ce qui fait qu'une instruction est dans son genre complète ou incomplète, ce n'est pas l'étendue plus ou moins vaste du domaine qu'elle cultive, c'est la manière dont elle l'a cultivé.

L'instruction primaire, en raison de l'âge des élèves et des carrières auxquelles ils se destinent, n'a ni le temps ni les moyens de leur faire parcourir un cycle d'études égal à celui de l'enseignement secondaire; ce qu'elle peut faire pour eux, c'est que leurs études leur profitent autant et leur rendent, dans une sphère plus humble, les mêmes services que les études secondaires aux élèves des lycées : c'est que les uns comme les autres emportent de l'enseignement public d'abord une somme de connaissances appropriées à leurs futurs besoins, ensuite et surtout de bonnes habitudes d'esprit, une intelligence ouverte et éveillée, des idées claires, du jugement, de la réflexion, de l'ordre et de la justesse dans la pensée et dans le langage. « L'objet de l'enseignement primaire », — comme on l'a très justement dit [1], — « n'est pas d'embrasser sur les diverses matières auxquelles il touche tout ce qu'il est possible de savoir, mais de bien apprendre dans chacune d'elles ce qu'il n'est pas permis d'ignorer. »

2° *Méthode.*

L'objet de l'enseignement étant ainsi défini, la méthode à suivre s'impose d'elle-même : elle ne peut consister, ni dans une suite de procédés mécaniques, ni dans le seul apprentissage de ces premiers instruments de communication : la lecture, l'écriture, le calcul, ni dans une froide succession de leçons exposant aux élèves les différents chapitres d'un cours.

1. Gréard, *Rapport sur la situation de l'enseignement primaire de Seine en 1875.*

La seule méthode qui convienne à l'enseignement primaire, celle qui fait intervenir tour à tour le maître et les élèves, et qui entretient pour ainsi dire entre eux et lui un continuel échange d'idées sous des formes variées, souples et ingénieusement graduées. Le maître part toujours de ce que les enfants savent, et, procédant du connu à l'inconnu, du facile au difficile, il les conduit, par l'enchaînement des questions orales ou des devoirs écrits, à découvrir les conséquences d'un principe, les applications d'une règle, ou inversement les principes et les règles qu'ils ont déjà inconsciemment appliqués.

En tout enseignement, le maître, pour commencer, se sert d'objets sensibles, fait voir et toucher les choses, met les enfants en présence de réalités concrètes, puis peu à peu il les exerce à en dégager l'idée abstraite, à comparer, à généraliser, à raisonner sans le secours d'exemples matériels.

C'est donc par un appel incessant à l'attention, au jugement, à la spontanéité intellectuelle de l'élève que l'enseignement primaire peut se soutenir. Il est essentiellement intuitif et pratique : *intuitif*, c'est-à-dire qu'il compte avant tout sur le bon sens naturel, sur la force de l'évidence, sur cette puissance innée qu'a l'esprit humain de saisir du premier regard et sans démonstration non pas toutes les vérités, mais les vérités les plus simples et les plus fondamentales; *pratique*, c'est-à-dire qu'il ne perd jamais de vue que les élèves de l'école primaire n'ont pas de temps à perdre en discussions oiseuses, en théories savantes, en curiosités scolastiques, et que ce n'est pas trop de cinq à six années de séjour à l'école pour les munir du petit trésor d'idées dont ils ont strictement besoin et surtout pour les mettre en état de le conserver et de le grossir dans la suite.

C'est à cette double condition que l'enseignement primaire peut entreprendre l'éducation et la culture de l'esprit; c'est, pour ainsi dire, la nature seule qui le guide : il développe parallèlement les diverses facultés de l'intelligence par le seul moyen dont il dispose, c'est-à-dire en les exerçant d'une manière simple, spontanée, presque instinctive : il forme le jugement en amenant l'enfant à juger, l'esprit d'observation en faisant beaucoup observer, le raisonnement en aidant l'enfant à raisonner de lui-même et sans règles de logique.

Cette confiance dans les forces naturelles de l'esprit qui ne demandent qu'à se développer et cette absence de toute prétention à la science proprement dite conviennent à tout enseignement rudimentaire, mais s'imposent surtout à l'école primaire publique, qui doit agir non sur quelques enfants pris à part, mais sur la masse de la population enfantine. L'enseignement y est nécessairement collectif et simultané; le maître ne peut se donner à quelques-uns, il se doit à tous; c'est par les résultats obtenus sur l'ensemble de sa classe et non pas sur

une élite seulement que son œuvre pédagogique doit être
appréciée. Quelles que soient les inégalités d'intelligence que
présentent ses élèves, il est un minimum de connaissances et
d'aptitudes que l'enseignement primaire doit communiquer,
sauf des exceptions très rares, à tous les élèves : ce niveau sera
très facilement dépassé par quelques-uns, mais, le fût-il, s'il
n'est pas atteint par tout le reste de la classe, le maitre n'a
pas bien compris sa tâche ou ne l'a pas entièrement remplie.

	CLASSE ENFANTINE DE 5 A 7 ANS	COURS ÉLÉMENTAIRE DE 7 A 9 ANS	COURS MOYEN DE 9 A 11 ANS	COURS SUPÉRIEUR DE 11 A 13 ANS
1° Lecture.	Premiers exercices de lecture. Lettres, syllabes mots.	Lecture courante avec explication des mots.	Lecture courante avec explications.	Lecture expressive.
2° Écriture.	Premiers éléments.	Écriture en gros, en moyen et en fin.	Écriture cursive ordinaire.	Cursive, ronde, bâtarde.
3° Langue française.	Exercices combinés de langage, de lecture et d'écriture préparant à l'orthographe.	Notions premières données oralement sur le nom (le nombre, le genre), l'adjectif, le pronom, le verbe (premiers éléments de la conjugaison). Idée de la formation du pluriel et du féminin; — de l'accord de l'adjectif avec le nom, du verbe avec le sujet. Idée de la proposition simple.	Grammaire élémentaire. — Les dix parties du discours. — Conjugaisons. — Notions de syntaxe. Règles générales du participe passé. Notions sur les familles de mots, les mots dérivés et composés. Principes de la ponctuation.	Revision de la grammaire et de la syntaxe. Étude de la proposition et des principales sortes de propositions. Fonctions des mots dans la phrase. Principales règ'es relatives à l'emploi des mots et à la concordance des temps. Cas difficiles que présente l'orthographe de certains noms, pronoms, adjectifs, verbes irréguliers. Notions d'étymologie usuelle et de dérivation.
	1° Exercices oraux. — Questions très familières ayant pour objet d'apprendre aux enfants à s'exprimer nettement; corriger les défauts de prononciation ou d'accent local.	1° Exercices oraux. — Questions et explications notamment au cours de la leçon de lecture, ou de la correction des devoirs. Interrogations sur le sens, l'emploi, l'orthographe des mots du texte lu. — Epellation de mots difficiles. Reproduction orale de petites phrases lues et expliquées, puis de récits ou de fragments de récits faits par le maitre.	1° Exercices oraux. — Élocution et prononciation : Interrogations grammaticales. Reproduction de récits faits de vive voix; résumé de morceaux lus en classe.	1° Exercices oraux. — Suite et développement des exercices d'élocution. Compte rendu de lectures, de leçons, de promenades, d'expériences, etc. Exposé de vive voix par l'élève d'un morceau historique ou littéraire qu'il a été chargé de lire ou d'analyser.
	2° Exercices de mémoire. Récitation de très courtes poésies.	2° Exercices de mémoire. Récitations de poésies d'un genre très simple.	2° Exercices de mémoire : Récitation de fables, de petites poésies, de quelques morceaux de prose.	2° Exercices de mémoire : Récitation expressive de morceaux choisis, en prose et en vers, de dialogues, de scènes empruntées aux classiques.
	3° Exercices écrits. Premières dictées d'un mot, puis de deux ou trois, puis de très petites phrases.	3° Exercices écrits. Dictées graduées d'orthographe usuelle et d'orthographe de règles. Petits exercices grammati-	3° Exercices écrits : Dictées prises autant que possible dans les auteurs classiques et sans recherche des difficultés grammaticales.	3° Exercices écrits : Dictées prises dans les auteurs classiques et sans recherche des difficultés grammaticales. Exercices sur la dérivation et la

	CLASSE ENFANTINE DE 5 A 7 ANS	COURS ÉLÉMENTAIRE DE 7 A 9 ANS	COURS MOYEN DE 9 A 11 ANS	COURS SUPÉRIEUR DE 11 A 13 ANS
3° Langue française. (Suite.)		caux de forme très variée. Quelques dictées relatives à l'alcoolisme, sa laideur, ses dangers. Reproduction écrite (au tableau noir, sur l'ardoise, sur cahier) de quelques phrases expliquées précédemment. Composition de petites phrases avec des éléments donnés. 4° Exercices d'analyse. Analyse grammaticale (le plus souvent orale, quelquefois écrite). Décomposition de la proposition en ses termes essentiels.	Exercices d'invention, de construction de phrases; homonymes, synonymes. Correction mutuelle des dictées et des exercices par les élèves. Reproduction écrite et non littérale de morceaux lus en classe ou à domicile, et de récits faits de vive voix par le maître. Premiers exercices de rédaction sur les sujets les plus simples et les mieux connus des enfants. Prendre quelquefois pour sujet les conséquences de l'alcoolisme.	composition des mots, sur l'étymologie, sur l'application des règles les plus importantes de la syntaxe. Rédaction sur des sujets simples. Prendre quelquefois pour sujet les dangers et les effets de l'alcoolisme. — Compte rendu de leçons et de lectures.
			4° Exercices d'analyse : Analyse grammaticale, surtout orale. Analyse logique, bornée aux distinctions fondamentales.	4° Exercices d'analyse : Questions d'analyse grammaticale à propos de cas difficiles rencontrés dans la lecture. Exercices oraux d'analyse logique.
	4° Lectures très brèves faites par la maîtresse, écoutées et racontées par les enfants.	5° Lecture à haute voix par le maître, deux fois par semaine, d'un morceau propre à intéresser les enfants.	5° Lecture à haute voix par le maître, deux fois par semaine, de morceaux empruntés aux auteurs classiques.	5° Lectures par le maître, avec le concours des élèves, sujets littéraires, dramatiques, historiques.
4° Histoire.	Anecdotes, biographies tirées de l'histoire nationale, contes, récits de voyage. Explications d'images.	Récits et entretiens familiers sur les plus grands personnages et les faits principaux de l'histoire nationale, jusqu'à la fin de la guerre de Cent Ans. (Arrêté du 4 janvier 1894.)	Cours élémentaire d'histoire de France, insistant exclusivement sur les faits essentiels depuis la fin de la guerre de Cent Ans.	Revision méthodique de l'histoire de France; étude plus approfondie de la période moderne. Notions très sommaires d'histoire générale : pour l'antiquité, l'Egypte, les Juifs, la Grèce, Rome; pour le moyen âge et les temps modernes, grands événements étudiés surtout dans leurs rapports avec l'histoire de France.

Exemple de répartition trimestrielle.

1° Dans les écoles à une seule classe :

1er trimestre : De 1453 à 1789.
2e trimestre : De 1789 à 1815.
3e trimestre : De 1815 à nos jours.
4e trimestre : Revision.

2° Dans les écoles ayant deux classes distinctes correspondant aux deux années du cours moyen :

1re an., 1er trimestre : Des origines à 1610.
— 2e et 3e trimestres : De 1610 à 1789.
— 4e trimestre : Revision.

	CLASSE ENFANTINE DE 5 A 7 ANS	COURS ÉLÉMENTAIRE DE 7 A 9 ANS	COURS MOYEN DE 9 A 11 ANS	COURS SUPÉRIEUR DE 11 A 13 ANS
4° Histoire. (Suite.)			2° an., 1er trimestre : De 1759 à 1801. — 2° trimestre : De 1801 à 1848. — 3° et 4° trimestre : De 1848 à nos jours, et revision depuis 1610.	
5° Géographie.	Causeries familières et petits exercices préparatoires, servant surtout à provoquer l'esprit d'observation chez les enfants en leur faisant simplement remarquer les phénomènes les plus ordinaires, les principaux accidents du sol.	Suite et développement des exercices du premier âge. Les points cardinaux, non appris par cœur, mais trouvés sur le terrain, dans la cour, dans les promenades, d'après la position du soleil. Exercices d'observation : les saisons, les principaux phénomènes atmosphériques, l'horizon, les accidents du sol, etc. Explication des termes géographiques (montagnes, fleuves, mers, golfes, isthmes, détroits, etc.), en partant toujours d'objets vus par l'élève et en procédant par analogie. Préparation à l'étude de la géographie, par la méthode intuitive et descriptive : 1° La géographie locale (maison, rue, hameau, commune, canton, etc.). 2° La géographie générale (la terre, sa forme, son étendue, ses grandes divisions, leurs subdivisions). Idée de la représentation cartographique : éléments de la lecture des plans et cartes. Globe terrestre, continents et océans. Entretiens sur le lieu natal.	Géographie de la France et de ses colonies : Géographie physique ; Géographie politique avec étude plus approfondie du canton, du département, de la région. Exercices de cartographie au tableau noir et sur cahier, sans calque.	Revision et développement de la géographie de France. Géographie physique et politique de l'Europe. Géographie plus sommaire des autres parties du monde. Les colonies françaises. Exercices cartographiques de mémoire.
6° Instruction civique.		Explications très familières, à propos de la lecture, des mots pouvant éveiller une	Notions très sommaires sur l'organisation de la France. Le citoyen, ses obligations et ses	Notions plus approfondies sur l'organisation politique, administrative et judiciaire de la France :

	CLASSE ENFANTINE DE 5 A 7 ANS	COURS ÉLÉMENTAIRE DE 7 A 9 ANS	COURS MOYEN DE 9 A 11 ANS	COURS SUPÉRIEUR DE 11 A 13 ANS
6° Instruction civique. (Suite.)		Idée nationale tels que : citoyen, soldat, armée, patrie; — commune, canton, département, nation; — loi, justice, force publique, etc.	droits; l'obligation scolaire, le service militaire, l'impôt, le suffrage universel. La commune, le maire et le conseil municipal. Le département, le préfet et le conseil général. L'Etat, le pouvoir législatif, le pouvoir exécutif, la justice.	La constitution, le président de la République, le Sénat, la Chambre des députés, la loi; l'administration centrale, départementale et communale, les diverses autorités; — la justice civile et pénale : l'enseignement, ses divers degrés; — la force publique, l'armée.
7° Calcul, arithmétique.	Premiers éléments de la numération orale et écrite. Petits exercices de calcul mental. Addition et soustraction sur des nombres concrets et ne dépassant pas la première centaine. Étude des dix premiers nombres et des expressions demi, moitié, tiers, quart. Les quatre opérations sur des nombres de deux chiffres. Le mètre, le franc, le litre.	Principes de la numération parlée et de la numération écrite. Calcul mental : Les quatre règles appliquées intuitivement d'abord à des nombres de 1 à 10; puis de 1 à 20; puis de 1 à 100. Étude de la table d'addition et de la table de multiplication. Calcul écrit : L'addition, la soustraction, la multiplication; règles générales des trois opérations sur les nombres entiers. La division bornée au nombre de deux chiffres au diviseur. Petits problèmes oraux ou écrits, portant sur les sujets les plus usuels; exercices de raisonnement sur les problèmes et sur les opérations exécutés. Notions du mètre, du litre, du franc, du gramme, de ses multiples et sous-multiples.	Revision du cours précédent. La division des nombres entiers. Idée générale des fractions. Les fractions décimales. Application des quatres règles aux nombres décimaux. Règle de trois, règle d'intérêt simple. Système légal des poids et mesures. Problèmes et exercices d'application. — Solutions raisonnées. Quelques problèmes relatifs aux pertes causées par l'usage des boissons alcooliques. Suite et développement des exercices de calcul mental appliqués à toutes ces opérations.	Revision avec développement, d'une part, pour la théorie et le raisonnement; d'autre part, pour la recherche des procédés rapides, soit de calcul mental, soit de calcul écrit. Nombres premiers. Caractères de divisibilité les plus importants. — Principe de la décomposition d'un nombre en ses facteurs premiers. — Plus grand commun diviseur. — Méthode de réduction à l'unité appliquée à la résolution des problèmes d'intérêt, d'escompte, de partage, de moyennes, etc. Système métrique, applications à la mesure des volumes et à leurs rapports avec les poids. Premières notions de comptabilité.
8° Géométrie.		Simples exercices pour faire reconnaitre et désigner les figures régulières les plus élémentaires : carré, rectangle, triangle, cercle. Différentes sortes d'angles. Idée des trois dimensions. Notions sur les solides au moyen de modèles en relief.	Étude et représentation graphique au tableau noir des figures de géométrie plane et de leurs combinaisons les plus simples. Notions pratiques sur le cube, le prisme, le cylindre, la sphère, sur leurs propriétés fondamentales; applications au système métrique.	Notions sommaires sur la géométrie plane et sur la mesure des volumes. *Pour les garçons :* Application aux opérations les plus simples de l'arpentage. Idée du nivellement.

	CLASSE ENFANTINE DE 5 A 7 ANS	COURS ÉLÉMENTAIRE DE 7 A 9 ANS	COURS MOYEN DE 9 A 11 ANS	COURS SUPÉRIEUR DE 11 A 13 ANS
8° Géométrie. (Suite.)		Exercices fréquents de mesure et de comparaison des grandeurs par le coup d'œil; appréciation approximative des distances et leur évaluation en mesures métriques.		
9° Dessin d'ornement.	Première section. — Libres crayonnages. Silhouettes et alignements au moyen de cubes, briques, bâtonnets, lattes, jetons, cailloux, boutons, etc. Essais de copies de ces combinaisons. Deuxième section. — Libres crayonnages, une fois par semaine, sur cahier pour permettre de constater les progrès. Décalque de feuilles, silhouettes, bordures, rosaces par groupements et alignements d'objets, comme précédemment. Copie en noir ou de préférence en couleur de ces combinaisons. Petits dessins symétriques. Découpages de papiers de couleurs et tressages. Copie d'objets usuels très simples, de jouets enfantins. Croquis de tous genres. Modelage.	1° Dessins au crayon noir ou aux crayons de couleur, d'objets très simples. Les objets sont placés sous les yeux des élèves; 2° Dessins de mémoire d'après les objets précédemment dessinés; 3° Dessins libres, d'après les leçons de choses, devoirs illustrés: de français, d'histoire ou de géographie; 4° Dessins libres faits hors la classe; 5° Modelage.	1° Dessins sur papier au crayon noir ou avec crayons de couleur, d'objets usuels simples, d'échantillons empruntés au règne animal ou végétal; 2° Dessins de mémoire; 3° Dessins explicatifs des leçons de choses, des récits d'histoire, etc., faits en classe. Devoirs illustrés; 4° Arrangements décoratifs élémentaires; 5° Dessins libres faits hors la classe (crayon, pastel, aquarelle, etc.); 6° Modelage. Mêmes modèles que pour le dessin; 7° Dessin géométrique. Croquis coté.	1° Dessins faits en classe d'après les modèles : a) Objets usuels simples; b) Echantillons empruntés au règne animal ou végétal; c) Modèle vivant vêtu; 2° Arrangements décoratifs; 3° Dessins et croquis de mémoire; 4° Dessins faits librement hors la classe (crayon, pastel, aquarelle, etc.), notamment illustration de devoirs; 5° Modelage; 6° Dessin géométrique.
10° Éléments usuels des sciences physiques et naturelles. (Leçons de choses.)	Notions très élémentaires sur le corps humain; hygiène (petits conseils); petite étude comparée des animaux que l'enfant connaît, des plantes, des pierres, des métaux; quelques plantes alimentaires et industrielles; pierres et	Leçons de choses graduées. (L'homme, les animaux, les végétaux, les minéraux), observation d'objets et de phénomènes usuels avec des explications simples. Notions sommaires sur la transformation des matières premières en matières ouvrées d'usage cou-	Notions très élémentaires de sciences naturelles. *L'homme.* — Description sommaire du corps humain et idée des principales fonctions de la vie. *Les animaux.* — Notions des grands embranchements et de la division des vertébrés en classes, à l'aide d'un animal pris comme type de chaque groupe.	Notions de sciences naturelles, revision, avec extension, du cours moyen. *L'homme.* — Notions sur la digestion, la circulation, la respiration, le système nerveux, les organes des sens. Conseils pratiques d'hygiène. Abus de l'alcool, du tabac, etc. Des boissons : 1° l'eau. — 2° Bois-

	CLASSE ENFANTINE DE 5 A 7 ANS	COURS ÉLÉMENTAIRE DE 7 A 9 ANS	COURS MOYEN DE 9 A 11 ANS	COURS SUPÉRIEUR DE 11 A 13 ANS
10· Éléments usuels des sciences physiques et naturelles. (Suite.)	métaux d'usage ordinaire. L'air, l'eau (vapeur, nuage, pluie, neige, glace). Petites leçons de choses, toujours avec les objets mis sous les yeux et dans les mains des enfants. Exercices et entretiens familiers ayant pour but de faire acquérir aux enfants les premiers éléments des connaissances usuelles (la droite et la gauche; noms des jours et des mois; distinction d'animaux, de végétaux, de minéraux; les saisons) et surtout de les amener à regarder, à observer, à comparer, à questionner et à retenir. Pour l'ordre à suivre dans les leçons, on essayera de combiner, toutes les fois qu'on le pourra, en les rattachant à un même objet, la leçon de choses, le dessin, la leçon de morale, les jeux et les chants, de manière que l'unité d'impression de ces diverses formes d'enseignement laisse une trace plus durable dans l'esprit et le cœur des enfants. On s'efforcera de régler, autant que possible, l'ordre des leçons par l'ordre des saisons, afin que la nature même fournisse les objets de ces leçons et que l'enfant contracte ainsi l'habitude d'observer, de comparer et de juger.	rant (aliments, tissus, papiers, bois, pierres, métaux). Petites collections faites par les élèves, notamment au cours des promenades scolaires.	*Les végétaux.* — Études, sur quelques types choisis, des principaux organes de la plante; notion des grandes divisions du règne végétal, indication de plantes utiles et nuisibles (surtout dans les promenades scolaires). Les trois états des corps. Notions sur l'air et l'eau et sur la combustion : petites démonstrations expérimentales. (Voir page 41 pour les leçons de choses appropriées à la profession du marin et du pêcheur.)	sons aromatiques (thé, café). — 3° Boissons fermentées (cidre, bière, vin) : action des boissons fermentées; effets nuisibles de l'*abus* de ces boissons sur la santé. — 4° Boissons distillées (alcool) : effets nuisibles de leur *usage habituel*. — 5° Boissons distillées additionnées d'essences (absinthe) : graves dangers de leur *usage*. — L'ivresse et l'alcoolisme. Influence de l'alcoolisme des parents sur la santé des enfants. *Les animaux.* — Grands traits de la classification. Animaux utiles et animaux nuisibles. *Les végétaux.* — Parties essentielles de la plante; principaux groupes. Herborisations. *Les minéraux.* — Notions sommaires sur le sol, les roches, les fossiles, les terrains : exemples tirés de la contrée. Excursions et petites collections. *Premières notions de physique.* — Pesanteur. Levier. Premiers principes de l'équilibre des liquides. Pression atmosphérique : baromètre. Notions très élémentaires et expériences les plus faciles sur la chaleur, la lumière, l'électricité, le magnétisme (thermomètre, machine à vapeur, paratonnerre, télégraphe, boussole). *Premières notions de chimie.* — Idée des corps simples, des corps composés. Métaux et sels usuels. (Voir page 41 pour les leçons appropriées à la profession du marin et du pêcheur).

	CLASSE ENFANTINE DE 5 A 7 ANS	COURS ÉLÉMENTAIRE DE 7 A 9 ANS	COURS MOYEN DE 9 A 11 ANS	COURS SUPÉRIEUR DE 11 A 13 ANS
11° Agriculture et horticulture. (Loi du 15 juin 1879, art. 10.)		Premières leçons dans le jardin de l'école.	Notions, à propos des lectures, des leçons de choses et des promenades, sur les principales espèces de sols, les engrais, les travaux et les instruments usuels de culture (bêche, hoyau, charrue, etc.).	Notions plus méthodiques sur les travaux agricoles, les outils aratoires, le drainage, les engrais naturels et artificiels, les semailles et les récoltes; — sur les animaux domestiques, — sur la comptabilité agricole. Notions d'horticulture : principaux procédés de multiplications des végétaux les plus utiles de la contrée. Notions d'arboriculture : greffes les plus importantes.
12° Chant.	Petits chants des salles d'asile. Chants à l'unisson et à deux parties, exclusivement appris par l'audition.	Chants appris tout d'abord exclusivement par l'audition. Lecture des notes.	Chants d'ensemble à une et à deux voix appris par l'audition. Connaissance des notes, portée, clef de *sol*, lecture, premiers exercices d'intonation; durée, ronde, blanche, noire, croche, silences, mesures à deux, trois et quatre temps; lecture des notes avec la durée en battant la mesure. Exercices les plus simples de solfège; dictées orales.	Continuation du cours moyen. Exercices d'intonation. Clef de *sol* et clef de *fa*. Gamme diatonique majeure, intervalles naturels, signes altératifs. Principaux tons majeurs et mineurs. Durée. Exercices de solfège, dictées orales, exécution de morceaux d'ensemble à une et à deux parties.

Circulaire relative à l'hygiène de la bouche
(23 mars 1908).

*Le Ministre de l'Instruction publique et des Beaux-Arts,
à Monsieur le Recteur d'académie d*

L'hygiène de la bouche chez les écoliers a fait, au Congrès international d'hygiène scolaire qui a tenu ses assises à Londres au mois d'août 1907, l'objet d'importantes communications qui ont établi que cette partie de l'hygiène scolaire est de plus en plus, à l'étranger, l'objet de la sollicitude des pouvoirs publics.

En France, des mesures locales ont pu, parfois, être prises pour faire donner aux élèves de l'enseignement primaire les soins que réclame une bonne hygiène de la bouche. Mais aucune décision d'ordre général n'est, jusqu'à présent, intervenue. Cependant, si l'on consulte les documents les plus récents sur la matière, l'on constate que, par suite sans doute d'une alimentation insuffisante ou nuisible, un petit nombre d'élèves des divers pays, 5 p. 100 à peine, a une denture absolument saine, que la proportion des dents malades s'élève parfois jusqu'à 36 p. 100 de la denture et qu'elle ne s'abaisse nulle part au-dessous de 11 p. 100, de telle sorte que l'on a pu écrire que, « de toutes les maladies populaires, la carie dentaire est la plus répandue ».

Les médecins combattent avec juste raison le préjugé populaire qui veut que le mal de dents, si douloureux qu'il puisse être, soit un malaise passager. Ils estiment que la carie dentaire est une maladie qui peut en déterminer d'autres beaucoup plus graves. A leur avis, l'enfant qui a la bouche pleine de dents gâtées et douloureuses ne saurait devenir fort, robuste et sain. Leur opinion, à cet égard, peut être ainsi résumée :

Sans parler de la fétidité de l'haleine, des maux de tête, des troubles locaux, fluxions, abcès, douleurs souvent intolérables qui proviennent du mauvais état des dents, nombre d'affections de l'estomac et de l'intestin sont provoquées ou aggravées par l'irritation des muqueuses consécutive à l'ingestion d'aliments insuffisamment soumis à l'action de la mastication et de la salive.

S'il est vrai qu'une simple irrégularité dans la disposition des dents peut déterminer des conséquences telles que la rupture de l'équilibre articulaire des dents, un développement anormal des mâchoires et de la face, des troubles de la phonation et de la respiration, à plus forte raison doit-on s'attendre à ce que les dents malades deviennent un milieu de culture éminemment favorable aux plus redoutables microbes qui, par l'air, pénètrent jusque dans les poumons, avec la salive dans l'estomac, et, par la voie lymphatique, s'insinuent dans l'organisme, comme le prouve le gonflement des ganglions du cou chez presque tous les enfants ayant des dents cariées. Toujours dangereuses, ces complications le sont particulièrement chez l'enfant ou chez l'adolescent, parce que leur organisme en voie de formation, partant plus délicat, offre moins de résistance aux maladies infectieuses.

Les soins dentaires doivent être donnés dès le bas âge, au cours de la période pendant laquelle les dents, en voie de formation ou légèrement atteintes, peuvent être l'objet d'un traitement efficace. On peut poser en principe que toute dent malade, qui n'a pas été soignée à temps, pendant l'enfance ou l'adolescence, est une dent perdue.

L'importance de l'hygiène dentaire est donc incontestable.

Soins à donner à la bouche.

En ce qui concerne les soins à donner à la bouche, les dents doivent être très attentivement nettoyées sinon après chaque repas — ce qui serait l'idéal — du moins deux fois par jour, le matin après le lever et surtout le soir après le souper. Il est à remarquer que les légumes et, d'une manière générale, les aliments renfermant de l'amidon ou du sucre, tels que le pain, la pomme de terre, le riz, les matières sucrées, en particulier celles qui adhèrent aux dents, sont bien plus nuisibles que la viande, non seulement parce que ces aliments se divisent en particules très fines qui s'insinuent dans les interstices ou dans les cavités dentaires, mais parce qu'ils attaquent les dents, après s'être transformés en matières acides. Or, c'est pendant la nuit que cette transformation peut s'opérer le plus à loisir et qu'elle s'exerce, par conséquent, de la manière la plus nocive. Il est donc de toute nécessité que la bouche soit nettoyée, ou tout au moins soigneusement rincée avant le coucher et qu'après le dernier nettoyage de la journée on s'abstienne de prendre aucun nouvel aliment.

Pour le nettoyage des dents, il est préférable d'employer une brosse très dure qui sera elle-même soigneusement nettoyée après chaque utilisation et conservée à l'abri de la poussière et des contacts douteux, dans un étui de verre, par exemple. Autant que possible, on se servira d'une brosse dont les soies seront allongées à l'extrémité, cette disposition permettant à la brosse d'atteindre plus sûrement la surface postérieure des dents de sagesse et les parois internes de toutes les dents.

Le brossage aura lieu dans tous les sens, sur toutes les faces, c'est-à-dire en arrière et au fond comme en avant, sans qu'on craigne de frotter vigoureusement les gencives et même de les faire saigner. Pour que le nettoyage des interstices des dents soit efficace, il importe que le brossage soit pratiqué très attentivement de bas en haut et de haut en bas, c'est-à-dire perpendiculairement aux gencives. Les particules d'aliments qui, logées entre les dents, résisteraient à l'action de la brosse, devront être enlevées au moyen d'un cure-dents en plume d'oie ou d'un fil de soie qu'on passera entre les dents.

L'eau pure bouillie, le bicarbonate de soude, la craie préparée ou un mélange des deux à parties égales, sont particulièrement recommandés . pour le nettoyage des dents. Des savonnages énergiques (au savon blanc) des dents et des gencives, suivis d'un rinçage à l'eau bouillie, boriquée si possible, peuvent être également employés.

Dans le cas où la bouche suppure par quelque point, en outre du brossage avec une des solutions qui viennent d'être indiquées, des bains de bouche, avec une solution antiseptique, répétés plusieurs fois par jour, s'il est nécessaire, auront un effet utile. La formule suivante est donnée à titre d'indication.

| Acide phénique.. | 5 grammes | } dans un litre d'eau |
| Alcool.......... | 10   — | } bouillie. |

Arrêté ministériel du 26 février 1901 relatif à la simplification de la syntaxe.

Dans les examens ou concours dépendant du Ministère de l'Instruction publique, qui comportent des épreuves spéciales d'orthographe, il ne sera pas compté de fautes aux candidats pour avoir usé des tolérances indiquées dans la liste annexée au présent arrêté.

La même disposition est applicable au jugement des diverses compositions rédigées en langue française, dans les examens ou concours dépendant du Ministère de l'Instruction publique qui ne comportent pas une épreuve spéciale d'orthographe.

LISTE DES TOLÉRANCES ADMISES

SUBSTANTIFS

Pluriel ou singulier. — Dans toutes les constructions où le sens permet de comprendre le substantif complément aussi bien au singulier qu'au pluriel, on tolérera l'emploi de l'un ou l'autre nombre. Ex. : *des habits de femme* ou *de femmes; — des confitures de groseille* ou *de groseilles; — des prêtres en bonnet carré* ou *en bonnets carrés; — ils ont ôté leur chapeau* ou *leurs chapeaux,*

SUBSTANTIFS DES DEUX GENRES

1. Aigle. — L'usage actuel donne à ce substantif le genre masculin, sauf dans le cas où il désigne des enseignes. Ex. : *les aigles romaines.*

2. Amour, orgue. — L'usage actuel donne à ces deux mots le genre masculin au singulier. Au pluriel, on tolérera indifféremment le genre masculin ou le genre féminin : Ex. : *les grandes orgues; — un des plus beaux orgues; — de folles amours, des amours tardifs.*

3. Délice et délices sont, en réalité, deux mots différents. Le premier est d'un usage rare et un peu recherché. Il est inutile de s'en occuper dans l'enseignement élémentaire et dans les exercices.

4. Automne, enfant. — Ces deux mots étant des deux genres, il est inutile de s'en occuper particulièrement. Il en est de même de tous les substantifs qui sont indifféremment des deux genres.

5. Gens, orge. — On tolérera, dans toutes les constructions, l'accord de l'adjectif au féminin avec le mot *gens.* Ex. : *instruits* ou *instruites par l'expérience, les vieilles gens sont soupçonneux* ou *soupçonneuses.*

On tolérera l'emploi du mot *orge* au féminin sans exception : *orge carrée, orge mondée, orge perlée.*

6. Hymne. — Il n'y a pas de raison suffisante pour donner à ce mot deux sens différents suivant qu'il est employé au masculin ou au féminin. On tolérera les deux genres aussi bien pour les chants nationaux que pour les chants religieux. Ex. : *un bel hymne* ou *une belle hymne.*

7. Pâques. — On tolérera l'emploi de ce mot au féminin aussi bien pour désigner une date que la fête religieuse. Ex. : *A Pâques prochain* ou *à Pâques prochaines.*

PLURIEL DES SUBSTANTIFS

Pluriel des noms propres. — La plus grande obscurité régnant dans les règles et les exceptions enseignées dans les grammaires, on tolérera dans tous les cas que les noms propres précédés de l'article pluriel prennent la marque du pluriel : *les Corneilles* comme *les Gracques; — des Virgiles* (exemplaires) comme *des Virgiles* (éditions).

Il en sera de même pour les noms propres de personnes désignant les œuvres de ces personnes. Ex. : *des Meissoniers.*

Pluriel des noms empruntés à d'autres langues. — Lorsque ces mots sont tout à fait entrés dans la langue française, on tolérera que le pluriel soit formé suivant la règle générale. Ex. : *des exéats* comme *des déficits.*

NOMS COMPOSÉS

Noms composés. — Les mêmes noms composés se rencontrent aujourd'hui tantôt avec le trait d'union, tantôt sans trait d'union. Il est inutile de fatiguer les enfants à apprendre des contradictions que rien ne justifie. L'absence de trait d'union dans l'expression *pomme de terre* n'empêche pas cette expression de former un véritable mot composé aussi bien que *chef-d'œuvre* par exemple. Ces mots pourront toujours s'écrire sans trait d'union.

ARTICLE

Article devant les noms propres de personnes. — L'usage existe d'employer l'article devant certains noms de famille italiens : *le Tasse, le Corrège*, et quelquefois à tort devant des prénoms *(le) Dante, (le) Guide*. — On ne comptera pas comme une faute l'ignorance de cet usage.

Il règne aussi une grande incertitude dans la manière d'écrire l'article qui fait partie de certains noms français : *la Fontaine, la Fayette* ou *Lafayette*. Il convient d'indiquer dans les textes dictés, si, dans les noms propres qui contiennent un article, l'article doit être séparé du nom.

Article supprimé. — Lorsque deux adjectifs unis par *et* se rapportent au même substantif de manière à désigner en réalité deux choses différentes, on tolérera la suppression de l'article devant le second adjectif. Ex. : *L'histoire ancienne et moderne* comme *l'histoire ancienne et la moderne*.

Article partitif. — On tolérera *du, de la, des* au lieu de *de* partitif devant un substantif précédé d'un adjectif. Ex. : *de* ou *du bon pain, de bonne viande* ou *de la bonne viande, de* ou *des bons fruits*.

Article devant plus, moins, etc. — La règle qui veut qu'on emploie *le plus, le moins, le mieux* comme un neutre invariable devant un adjectif indiquant le degré le plus élevé de la qualité possédée par le substantif qualifié sans comparaison avec d'autres objets, est très subtile et de peu d'utilité. Il est superflu de s'en occuper dans l'enseignement élémentaire et dans les exercices. On tolérera *le plus, la plus, les plus, les moins, les mieux*, etc., dans des constructions telles que : *on a abattu les arbres le plus* ou *les plus exposés à la tempête*.

ADJECTIF

Accord de l'adjectif. — Dans la locution *se faire fort de*, on tolérera l'accord de l'adjectif. Ex. : *se faire fort, forte, forts, fortes de*.

Adjectif construit avec plusieurs substantifs. — Lorsqu'un adjectif qualificatif suit plusieurs substantifs de genres différents, on tolérera toujours que l'adjectif soit construit au masculin pluriel, quel que soit le genre du substantif le plus voisin. Ex. : *appartements et chambres meublés.*

Nu, demi, feu. — On tolérera l'accord de ces adjectifs avec le substantif qu'ils précèdent. Ex. : *nu* ou *nus pieds, une demi* ou *demie heure* (sans trait d'union entre les mots), *feu* ou *feue la reine.*

Adjectifs composés. — On tolérera la réunion des deux mots constitutifs en un seul mot qui formera son féminin et son pluriel d'après la règle générale. Ex. : *nouveauné, nouveaunée, nouveaunés, nouveaunées;* — *courvêlu, courvêlue, courvêlus, courvêlues,* etc.

Mais les adjectifs composés qui désignent des nuances étant devenus, par suite d'une ellipse, de véritables substantifs invariables, on les traitera comme des mots invariables. Ex. : *des robes bleu clair, vert d'eau,* etc., de même qu'on dit *des habits marron.*

Participes passés invariables. — Actuellement les participes *approuvé, attendu, ci-inclus, ci-joint, excepté, non compris, y compris, ôté, passé, supposé, vu,* placés avant le substantif auquel ils sont joints, restent invariables. *Excepté* est même déjà classé parmi les prépositions.

On tolérera l'accord facultatif pour ces participes, sans exiger l'application de règles différentes suivant que ces mots sont placés au commencement ou dans le corps de la proposition, suivant que le substantif est ou n'est pas déterminé. Ex. : *ci joint* ou *ci jointes les pièces demandées* (sans trait d'union entre ci et le participe); — *je vous envoie ci joint* ou *ci jointe copie de la pièce.*

On tolérera la même liberté pour l'adjectif *franc.* Ex. : *envoyer franc de port* ou *franche de port une lettre.*

Avoir l'air. — On permettra d'écrire indifféremment : *elle a l'air doux* ou *douce, spirituel* ou *spirituelle.* On n'exigera pas la connaissance d'une différence de sens subtile suivant l'accord de l'adjectif avec le mot *air* ou avec le mot désignant la personne dont on indique l'air.

Adjectifs numéraux, — *Vingt, cent.* La prononciation justifie dans certains cas la règle actuelle qui donne un pluriel à ces deux mots quand ils sont multipliés par un autre nombre. On tolérera le pluriel de *vingt* et *cent* même lorsque ces mots sont suivis d'un autre adjectif numéral. Ex. : *quatre vingt* ou *quatre vingts dix hommes,* — *quatre cent* ou *quatre cents trente hommes.*

Le trait d'union ne sera pas exigé entre le mot désignant les unités et le mot désignant les dizaines. Ex. : *dix sept.*

Dans la désignation du millésime, on tolérera *mille* au lieu de *mil,* comme dans l'expression d'un nombre. Ex. : *l'an mil huit cent quatre-vingt-dix* ou *l'an mille huit cents quatre-vingts-dix.*

ADJECTIFS DÉMONSTRATIFS, INDÉFINIS ET PRONOMS

Ce. — On tolérera la réunion des particules *ci* et *là* avec le pronom qui les précède, sans exiger qu'on distingue *qu'est ceci, qu'est cela* de *qu'est ce ci, qu'est ce là*. — On tolérera la suppression du trait d'union dans ces constructions.

Même. — Après un substantif ou un pronom au pluriel, on tolérera l'accord de *même* au pluriel et on n'exigera pas le trait d'union entre *même* et le pronom. Ex. : *nous mêmes, les dieux mêmes.*

Tout. — Devant un nom de ville, on tolérera l'accord du mot *tout* avec le nom propre sans chercher à établir une différence un peu subtile entre des constructions comme *toute Rome* et *tout Rome.*

On ne comptera pas de faute non plus à ceux qui écriront indifféremment, en faisant parler une femme, *je suis tout à vous* ou *je suis toute à vous.*

Lorsque *tout* est employé avec le sens indéfini de *chaque*, on tolérera indifféremment la construction au singulier ou au pluriel du mot *tout* et du substantif qu'il accompagne. Ex. : *des marchandises de toutes sortes* ou *de toute sorte*; — *la sottise est de tout (tous) temps et de tout (tous) pays.*

Aucun. — Avec une négation, on tolérera l'emploi de ce mot aussi bien au pluriel qu'au singulier. Ex. : *ne faire aucun projet* ou *aucuns projets.*

Chacun. — Lorsque ce pronom est construit après le verbe et se rapporte à un mot pluriel sujet ou complément, on tolérera indifféremment, après *chacun*, le possessif *son, sa, ses*, ou le possessif *leur, leurs*. Ex. : *ils sont sortis chacun de son côté* ou *de leur côté*; — *remettre des livres chacun à sa place* ou *à leur place.*

VERBE

Verbes composés. — On tolérera la suppression de l'apostrophe et du trait d'union dans les verbes composés. Ex. : *entrouvrir, entrecroiser.*

Trait d'union. — On tolérera l'absence du trait d'union entre le verbe et le pronom sujet placé après le verbe. Ex. : *est il.*

Différence du sujet apparent et du sujet réel. — Ex. : *sa maladie sont des vapeurs.* Il n'y a pas lieu d'enseigner de règles pour des constructions semblables dont l'emploi ne peut être étudié utilement que dans la lecture et l'explication des textes. C'est une question de style et non de grammaire qui ne saurait figurer ni dans les exercices élémentaires ni dans les examens.

Accord du verbe précédé de plusieurs sujets non unis par la conjonction *et*. — Si les sujets ne sont pas résumés par un mot indéfini tel que *tout, rien, chacun*, on tolérera toujours la construction du verbe au pluriel. Ex. : *sa bonté, sa douceur le font admirer.*

Accord du verbe précédé de plusieurs sujets au singulier unis par *ni, comme, ainsi que* et autres locutions équivalentes. — On tolérera toujours le verbe au pluriel. Ex. : *ni la douceur ni la force n'y peuvent rien* ou *n'y peut rien*; — *la santé comme la fortune demandent à être ménagées* ou *demande à être ménagée*; — *le général avec quelques officiers sont sortis* ou *est sorti du camp*; — *le chat ainsi que le tigre sont des carnivores* ou *est un carnivore*.

Accord du verbe quand le sujet est un mot collectif. — Toutes les fois que le collectif est accompagné d'un complément au pluriel, on tolérera l'accord du verbe avec le complément. Ex. : *un peu de connaissances suffit* ou *suffisent*.

Accord du verbe quand le sujet est *plus d'un*. — L'usage actuel étant de construire le verbe au singulier avec le sujet *plus d'un*, on tolérera la construction du verbe singulier même lorsque *plus d'un* est suivi d'un complément au pluriel. Ex. : *plus d'un de ces hommes était* ou *étaient à plaindre.*

Accord du verbe précédé de *un de ceux* (*une de celles*) *qui*. — Dans quels cas le verbe de la proposition relative doit-il être construit au pluriel, et dans quels cas au singulier? C'est une délicatesse de langage qu'on n'essaiera pas d'introduire dans les exercices élémentaires ni dans les examens.

C'est, ce sont. — Comme il règne une grande diversité d'usage relativement à l'emploi régulier de *c'est* et de *ce sont*, et que les meilleurs auteurs ont employé *c'est* pour annoncer un substantif au pluriel ou un pronom de la troisième personne au pluriel, on tolérera dans tous les cas l'emploi de *c'est* au lieu de *ce sont*. Ex. : *c'est* ou *ce sont des montagnes et des précipices.*

Concordance ou correspondance des temps. — On tolérera le présent du subjonctif au lieu de l'imparfait dans les propositions subordonnées dépendant de propositions dont le verbe est au conditionnel présent. Ex. : *il faudrait qu'il vienne* ou *qu'il vînt.*

PARTICIPE

Participe présent et adjectif verbal. — Il convient de s'en tenir à la règle générale d'après laquelle on distingue le participe de l'adjectif en ce que le premier indique l'action et le second l'état. Il suffit que les élèves et les candidats fassent preuve de bon sens dans les cas douteux. On devra éviter avec soin les subtilités dans les exercices. Ex. : *des sauvages vivent errant* ou *errants dans les bois.*

Participe passé. — Il n'y a rien à changer à la règle d'après laquelle le participe passé construit comme épithète doit s'accorder avec le mot qualifié, et construit comme attribut avec le verbe *être* ou un verbe intransitif doit s'accorder avec le sujet Ex. : *des fruits gâtés,* — *ils sont tombés;* — *elles sont tombées.*

Pour le participe passé construit avec l'auxiliaire *avoir,* lorsque le participe passé est suivi soit d'un infinitif, soit d'un participe présent ou passé, on tolérera qu'il reste invariable, quels que soient le genre et le nombre des compléments qui précèdent. Ex. : *les fruits que je me suis laissé* ou *laissés prendre,* — *les sauvages que l'on a trouvé* ou *trouvés errant dans les bois.* Dans le cas où le participe passé est précédé d'une expression collective, on pourra à volonté le faire accorder avec le collectif ou avec son complément. Ex. : *la foule d'hommes que j'ai vue* ou *vus.*

ADVERBE

Ne **dans les propositions subordonnées.** — L'emploi de cette négation dans un très grand nombre de propositions subordonnées donne lieu à des règles compliquées, difficiles, abusives, souvent en contradiction avec l'usage des écrivains les plus classiques.

Sans faire de règles différentes suivant que les propositions dont elles dépendent sont affirmatives ou négatives ou interrogatives, on tolérera la suppression de la négation *ne* dans les propositions subordonnées dépendant de verbes ou de locutions signifiant :

Empêcher, défendre, éviter que, etc. Ex. : *défendre qu'on vienne* ou *qu'on ne vienne;*

Craindre, désespérer, avoir peur, de peur que, etc. Ex. : *de peur qu'il aille* ou *qu'il n'aille;*

Douter, contester, nier que, etc. Ex. : *je ne doute pas que la chose soit vraie* ou *ne soit vraie;*

Il tient à peu, il ne tient pas à, il s'en faut que, etc. Ex. : *il ne tient pas à moi que cela se fasse* ou *ne se fasse.*

On tolérera de même la suppression de cette négation après les comparatifs et les mots indiquant une comparaison : *autre, autrement que,* etc. Ex. : *l'année a été meilleure qu'on l'espérait* ou *qu'on ne l'espérait;* — *les résultats sont autres qu'on le croyait* ou *qu'on ne le croyait.*

De même après les locutions *à moins que, avant que.* Ex. : *à moins qu'on accorde le pardon* ou *qu'on n'accorde le pardon.*

OBSERVATION

Il conviendra, dans les examens, de ne pas compter comme fautes graves celles qui ne prouvent rien contre l'intelligence et le véritable savoir des candidats, mais qui prouvent seulement l'ignorance de quelque finesse ou de quelque subtilité grammaticale.

Circulaire ministérielle du 28 septembre 1910 relative à la nouvelle nomenclature grammaticale.

Le Ministre de l'Instruction publique et des Beaux-Arts,
à Monsieur le Recteur de l'Académie d

Mon attention a été appelée, à différentes reprises, sur les inconvénients que présente, pour de jeunes élèves, la nomenclature grammaticale actuellement en usage dans l'enseignement public.

Depuis plusieurs années, quelques maîtres, encouragés par leurs supérieurs hiérarchiques, ont essayé d'adopter une nomenclature mieux appropriée aux besoins de l'enseignement. Mais, faute d'une direction, ces tentatives isolées ne pouvaient aboutir à l'unité désirable. Elles ont eu, du moins, le mérite de préparer la réforme que le Conseil supérieur a adoptée dans sa dernière session et que l'arrêté du 25 juillet 1910 a sanctionnée.

Cet arrêté, dont vous trouverez ci-joint un certain nombre d'exemplaires, a pour objet de fixer et de limiter les notions et les termes techniques dont la connaissance pourra être exigée dans les examens relevant de mon administration et correspondant à l'enseignement primaire jusqu'au brevet supérieur inclusivement, à l'enseignement secondaire des garçons et des jeunes filles jusqu'au baccalauréat ou au diplôme de fin d'études inclusivement.

Pour éviter toute erreur d'interprétation et vous mettre à même d'apprécier l'importance de cette réforme, je crois devoir placer sous vos yeux quelques extraits du rapport présenté au Conseil supérieur par M. Toutey, membre de cette assemblée, au nom de la Commission chargée d'étudier le projet et qui a entendu la plupart des personnes qualifiées, en raison de leurs études ou de leurs fonctions, pour émettre un avis autorisé sur cette question.

Le rapporteur résume ainsi les critiques que l'on peut adresser au système actuel :

« Tout d'abord, la confusion et le désordre d'une nomenclature flottante : le même fait grammatical recevant des noms différents, qui tantôt s'ajoutent et tantôt s'excluent, comme *nom* et *substantif*, verbes *transitifs* ou *actifs*, *intransitifs* ou *neutres*, *pronominaux* et *réfléchis*; compléments de vingt noms différents; propositions *absolues* ou *indépendantes*, *subordonnées*, *complétives*, *incidentes*, *explicatives*, *déterminatives*, etc, etc.

« Puis, les définitions les plus variées, d'ailleurs toujours insuffisantes, d'où l'on essaie de tirer, par voie de déduction,

certaines conclusions trop souvent peu exactes; des classifications interminables; des systèmes compliqués, subtils, plus
ou moins ingénieux, mais précaires; des notions étrangères
introduites dans l'enseignement grammatical, comme ce verbe
attributif qui tantôt est le mot principal du discours parce qu'il
marque l'action, et tantôt n'est plus que l'équivalent d'un participe amalgamé avec le verbe *être*....

« *Résultats.* — Chaque professeur essayant péniblement d'accorder son système avec celui de son prédécesseur ou du livre
en usage, réduit à marquer en quelque sorte à son effigie, au
début de son cours, la nomenclature qui lui servira pour se
faire comprendre pendant une année; l'Administration obligée
de refréner des initiatives qu'en d'autres circonstances elle eût
été heureuse d'encourager; un verbalisme vieillot, sans valeur
éducative, substitué à la féconde et vivante étude des textes;
au milieu de ce chaos, la grammaire prétendant à devenir, dès
les classes élémentaires, une science distincte, se suffisant à
elle-même, et ayant sa fin en soi; les élèves rebutés, moqueurs
et, malheureusement pour eux, échouant aux examens quand
ils se trouvent en présence d'examinateurs intolérants. L'on a
rappelé à votre Commission le cas d'une jeune fille qui, dans
un concours très important pour elle, a reçu la note zéro parce
qu'elle avait nommé un certain verbe *intransitif* au lieu de
neutre.

. . . .

« L'effort demandé par certains maîtres à de jeunes élèves
n'est presque jamais compensé par un profit réel.

« Il y a donc lieu de diminuer les exigences grammaticales,
d'adopter une nomenclature plus simple, de substituer fran-
chement la grammaire d'observation à la grammaire de règles,
de définitions et de déductions; de rompre avec cette idée fausse
que la grammaire est toujours conforme à la logique; enfin,
de remplacer maint arrangement artificiel par un ordre mieux
en rapport avec la réalité des faits. »

La nomenclature annexée à l'arrêté du 25 juillet 1910 n'est
pas une nomenclature totale, encore moins un recueil complet
à l'usage de tous les ordres d'enseignement.

Le rapporteur de la Commission en donne les raisons :

« Nous avons eu peur des excès de zèle; nous avons craint
qu'en certains cas on ne voulût trop tôt munir les élèves de
tout ce bagage; le souvenir du passé nous rendait circonspects.
Au lieu de donner une nomenclature totale où il n'y aurait
qu'à puiser selon les besoins, nous avons cru mieux faire de
préparer une nomenclature restreinte, mais suffisante pour les
premières études.

« Nous nous sommes attachés à ne pas employer de termes
nouveaux et à choisir, pour désigner un fait ou un groupe de

faits, un seul terme, à l'exclusion des autres termes similaires.

« De plus, nous nous sommes tenus à la seule grammaire française, estimant qu'en l'état actuel de la science internationale, les besoins des autres langues ne sont pas exactement les mêmes et qu'il appartient aux professeurs de latin, de grec, d'allemand, d'anglais, etc., d'ajouter au moment opportun ce qui leur paraît nécessaire.

« D'ailleurs, les mots que nous conservons ne se recommandent ni par leur signification propre, ni par leur valeur historique; tout le monde sait que le vocabulaire grammatical laisse beaucoup à désirer; la plupart des termes employés ont un sens très vague : article, pronom, adverbe; quelques-uns n'en ont point du tout : imparfait, plus-que-parfait, subjonctif. Mais ils servent depuis longtemps; ils sont appuyés sur des habitudes, des traditions, et on ne peut pas, pour le moment, les remplacer par d'autres. Tels quels, ils suffisent pour l'enseignement élémentaire de la grammaire.

« Les professeurs ne seront pas obligés de se servir de tous les mots de cette nomenclature. Dans l'enseignement primaire, notamment, et pour les élèves qui n'ont pas à étudier d'autre langue que le français, il conviendra de réduire autant que possible le vocabulaire technique. Les formes grammaticales doivent s'apprendre par des exercices pratiques appropriés et la syntaxe par l'observation méthodique des textes.

« Dans les classes supérieures, si le maître, désireux de mieux expliquer un texte et de rendre compte d'une nuance délicate dans l'expression de la pensée, est obligé d'employer des mots qui ne figurent pas dans la nomenclature, il choisira dans la langue courante des termes à la fois exacts et corrects. Certains mots ne doivent pas être considérés comme des mots techniques. Ils appartiennent en réalité à la langue générale, et personne ne les discute. C'est ce qui explique l'absence, dans notre nomenclature, des mots : voyelles, consonnes, diphtongues, élision, contraction, accents, apostrophe, préfixes, suffixes, etc. »

La nomenclature à laquelle le Conseil supérieur s'est arrêté n'engage aucun système pédagogique ou philosophique, aucune méthode d'enseignement.

« Le mot pronom conservé ne signifie pas que ce mot doive être donné comme remplaçant partout un nom : ce n'est qu'un signe de convention consacré par l'usage, à la fois simple et commode. Et ainsi du reste. Les professeurs restent libres de présenter les faits grammaticaux et de les expliquer à leur manière. La seule chose que nous leur demandons, c'est de désigner en toute circonstance le même fait par le même mot, comme l'on procède dans les autres matières d'enseignement.

« Sans doute, le rejet de certains vocables, tels que verbe *substantif* ou verbe *attributif*, restreint un peu la liberté du professeur. Mais nous avons supprimé ces vocables avec intention, pour marquer les limites dans lesquelles il convient de tenir l'enseignement grammatical. Le professeur n'a pas à essayer d'accorder les faits du langage avec les conceptions de la logique. On ne doit analyser et décomposer que dans la mesure nécessaire à l'intelligence d'une phrase; le verbe prétendu attributif est, au regard de la grammaire, un mot simple : qu'il reste donc simple. On n'a pas non plus besoin d'établir, pour les propositions, une sorte de prototype sur lequel toutes seraient modelées uniformément : si une proposition ne contient que deux termes, comme : *vous écrivez*, ou même qu'un seul, comme : *venez*, il faut s'en contenter et renoncer aux sous-entendus qui donnent des constructions aussi disgracieuses que peu françaises.

« Pas davantage, la grammaire élémentaire ne doit avoir la prétention de tout étiqueter, de tout cataloguer, de tout définir dans les faits du langage. Que dirait-on d'un professeur de sciences qui prétendrait imposer à ses élèves la liste de toutes les variétés de plantes, de minéraux ou d'animaux? Dans son infinie complexité, le langage présentera toujours des formes qui déborderont les définitions, qui échapperont aux classifications les plus étendues.

« Il faut également se défaire du préjugé de l'analyse intégrale. L'important est que les jeunes enfants puissent avoir un aperçu général de la structure des phrases et qu'ils tirent profit de l'étude des textes pour s'habituer à parler et à écrire correctement eux-mêmes. Que l'on renonce donc à ces tableaux d'analyse logique où sont mis sur un même plan tous les mots, toutes les propositions. Que l'on exerce plutôt les enfants à faire, le plus souvent oralement, soit l'analyse de la forme, soit l'analyse de la fonction de certains mots ou groupes de mots, soit l'analyse de la nature et de la fonction des propositions.

« La Commission eût vivement désiré trouver une classification qui distinguât partout la *forme* et le *sens*. Mais il a fallu y renoncer, en raison du jeune âge des enfants pour qui est faite cette nomenclature.

« Lorsqu'ils se trouveront en présence d'élèves plus âgés, les maîtres pourront faire cette distinction, s'ils la jugent utile.

« D'autre part, quand l'analyse servira à l'intelligence d'un texte, rien n'empêchera le professeur d'expliquer qu'il y a un complément direct ou indirect indiquant l'*objet* de l'action et des compléments de *circonstance* qui marquent le lieu, le temps, la manière, etc.

« De parti pris, la Commission n'a pas donné de définitions. Presque toutes celles que les grammairiens ont proposées sont ou inexactes ou trop difficiles pour les petites classes, c'est-à-dire plus nuisibles qu'utiles à un enseignement rationnel.

« L'enfant peut arriver, par intuition, à comprendre les premiers termes de la grammaire. L'observation bien conduite lui fera distinguer, dans un texte, les noms, les pronoms et les verbes, sans qu'il soit absolument nécessaire de les définir. »

Telles sont les considérations qui ont motivé l'avis favorable donné par le Conseil supérieur au projet d'arrêté qui lui a été soumis. Il est permis d'espérer que l'enseignement grammatical « délivré d'une terminologie confuse, de formules artificielles, de règles *a priori*, d'exemples préparés pour les besoins de la cause, » deviendra plus souple et plus vivant et que les professeurs pourront désormais employer plus de temps à l'étude de la vraie langue, de la langue qui est fondée sur l'usage, et que l'on trouve dans les textes des grands écrivains.

Quant à l'application de la réforme, il va de soi que les professeurs, à quelque ordre d'enseignement qu'ils appartiennent, devront se conformer, dès la rentrée des classes, aux prescriptions de l'arrêté du 25 juillet dernier et aux indications que je viens de vous rappeler. Mais, en ce qui concerne les livres de grammaire actuellement en usage dans les écoles, dans les collèges et les lycées, les maîtres et les élèves continueront à se servir provisoirement de ceux qu'ils ont entre les mains. On ne peut imposer tout d'un coup aux établissements et aux familles un changement de livres qui serait pour eux très onéreux.

D'autre part, j'estime que les intérêts, dans ce qu'ils ont de légitime, des auteurs et des éditeurs de grammaires, doivent être, autant que possible, sauvegardés.

Je vous prie de porter cette circulaire à la connaissance de MM. les Inspecteurs d'Académie et des chefs d'établissements de votre ressort et de leur donner les instructions nécessaires pour son exécution.

Gaston DOUMERGUE.

Arrêté ministériel du 25 juillet 1910
relatif à la nouvelle nomenclature grammaticale.

Le Ministre de l'Instruction publique et des Beaux-Arts,

Vu l'avis du Conseil supérieur de l'Instruction publique,

Arrête :

Article 1er. — Dans les examens et concours relevant du Ministère de l'Instruction publique et correspondant à l'enseignement primaire jusqu'au brevet supérieur inclusivement, à l'enseignement secondaire des garçons et des jeunes filles jusqu'au baccalauréat ou au diplôme de fin d'études inclusivement, la nomenclature grammaticale dont la connaissance est exigible ne pourra dépasser les indications contenues dans le tableau ci-joint.

Art. 2. — Le présent arrêté sera applicable dès les examens et concours de l'année 1911.

GASTON DOUMERGUE.

NOMENCLATURE GRAMMATICALE

PREMIÈRE PARTIE. — LES FORMES

LE NOM

Division des noms	Noms propres. Noms communs (simples et composés).
Nombres des noms.	Singulier — pluriel.
Genres des noms.	Masculin — féminin.

L'ARTICLE

Division des articles	1° Article défini. 2° Article indéfini.- 3° Article partitif.

LE PRONOM

Division des pronoms.	1° Personnels et réfléchis. 2° Possessifs. 3° Démonstratifs. 4° Relatifs. 5° Interrogatifs. 6° Indéfinis.
Personnes et nombres des pronoms.	Singulier — pluriel.
Genres des pronoms	Masculin — féminin — neutre.
Cas des pronoms.	Cas sujet — cas complément.

N. B. — On entend par *cas* les formes que prennent certains pronoms selon qu'ils sont sujets ou compléments.

L'ADJECTIF

Nombres.	Singulier — pluriel.
Genres.	Masculin — féminin.

		comparatif d'égalité.

Division des adjectifs.

1° Adjectifs qualificatifs. (simples et composés).
- comparatif d'égalité.
- comparatif de supériorité.
- comparatif d'infériorité.
- superlatif relatif.
- superlatif absolu.

2° Adjectifs numéraux.
- ordinaux.
- cardinaux.

3° Adjectifs possessifs.
4° Adjectifs démonstratifs.
5° Adjectifs interrogatifs.
6° Adjectifs indéfinis.

LE VERBE

Verbes et locutions verbales.
Nombres et personnes.

Éléments du verbe. . . . .
- 1° Radical.
- 2° Terminaison.

Verbes auxiliaires . . . .   *Avoir — être*, etc.

Formes du verbe. . . . .
- 1° Active.
- 2° Passive.
- 3° Pronominale.

Modes du verbe.

Modes personnels. .
- 1° Indicatif.
- 2° Conditionnel.
- 3° Impératif.
- 4° Subjonctif.

Modes impersonnels.
- Infinitif.
- Participe.

Temps du verbe.

Le Présent.

Le Passé.
- L'imparfait.
- Le passé simple—le passé composé.
- Le passé antérieur.
- Le plus-que-parfait.

Le Futur.
- Futur simple.
- Futur antérieur.

Verbes impersonnels.

La Conjugaison.

Les verbes de forme active sont rangés en trois groupes :
1° Verbes du type *aimer* :   Présent en *e.*
2° Verbes du type *finir.* . . . . . .
- Présent en *is.*
- Participe en *issant.*
3° Tous les autres verbes.

MOTS INVARIABLES

1° Adverbes et locutions adverbiales;
2° Prépositions et locutions prépositives;
3° Conjonctions et locutions conjonctives. . . . . . .
- conjonctions de coordination;
- conjonctions de subordination.
4° Interjections.

DEUXIÈME PARTIE. — LA SYNTAXE

La Proposition.

Termes de la proposition. { sujet.
verbe.
attribut.
complément.

Emplois du nom. . . . . { sujet.
apposition.
attribut.
complément.

Emplois de l'adjectif. . . { épithète.
attribut.

Les Compléments.

Presque tous les mots peuvent avoir des compléments. Il y a :
1° Des compléments du nom ;
2° Des compléments de l'adjectif ;
3° Des compléments du verbe : compléments direct et indirect.

Division des Propositions.

1° Propositions indépendantes ;
2° Propositions principales ;
3° Propositions subordonnées.
N. B. — Les propositions principales et subordonnées peuvent être coordonnées.

Les propositions peuvent avoir des fonctions analogues aux fonctions des noms. Elles peuvent être : { Proposition sujet ;
Proposition apposition ;
Proposition attribut ;
Proposition complément.

Arrêté relatif aux écoles du littoral
(26 septembre 1908).

Dans les écoles primaires élémentaires du littoral dont la liste est arrêtée, sur la proposition de l'inspecteur d'académie, par le préfet en conseil départemental, il est donné conformément au programme suivant, fixé par *l'arrêté du 26 septembre 1898*, des leçons de choses appropriées à la *profession du marin et du pêcheur* :

Cours moyen.

1° La profession : les mots et les choses.

Avantages divers de la profession des pêcheurs : intérêt personnel et intérêt national (causeries familières). L'inscription maritime.

Notions sur l'hygiène des marins : alimentation, vêtements, etc., nécessité de la natation.

La pêche maritime : la grande pêche et la pêche côtière. La navigation : le long cours et le cabotage.

Description d'une barque de pêche de la localité (visite d'une barque et du canot de sauvetage). Définition et emploi des diverses parties de la barque. Des différentes espèces de navires : brick, goélette, sloop, etc.

Un port : ses différentes parties.

Termes de marine. Mots maritimes usuels de la langue anglaise.

Les pavillons étrangers.

2° Notions marines pratiques.

Astronomie pratique : constellations, étoile polaire; mouvement apparent du soleil; inégalité des jours et des nuits; équinoxes.

La lune, ses phases.

La mer. Marée. Flot. Jusant. Annuaire des marées. Marées d'équinoxe.

Cartes marines; leur usage. Exercices élémentaires.

Profondeurs, sondes. Phares, balises, sémaphores, bouées.

Des aimants et de leurs propriétés. Boussole. Déclinaison, variation.

Lochs.

3° Enseignement pratique local.

Étude géographique des côtes voisines (dans la Manche, par exemple, des côtes françaises et anglaises visitées par la pêche côtière).

Lieux de pêche de la région; promenades sur le rivage : animaux et plantes.

4° Exercices pratiques : travaux manuels.

Le nœud marin; démonstration et exercices. Amarrage. Épissures.

Poulies : palans, montage et démontage d'un palan.

Filets : confection et ramendage (visites aux voileries, aux corderies, aux forges, etc.).

Démonstration des manœuvres courantes.

Principes de natation.

Cours supérieur.

1° Notions de navigation.

Mouvements des astres. Équateur, parallèles, méridiens, position d'un astre.

Écliptique; position du soleil par rapport à l'horizon et à la verticale.

Mesure du temps.

Cartes marines; pointer la position en vue de terre. Réduire la sonde au zéro de la carte.

Usage du compas. Route au compas, roue magnétique, route vraie. Caps du navire. Dérive.

Sextant, usage. Détermination pratique du point à la mer.

Baromètres. Connaissance et prévision du temps.

Cyclones.

Code international des signaux.

2° Notions élémentaires de législation maritime.

Condition légale des gens de mer.

L'inscription maritime : personnel soumis à l'inscription, obligations militaires des inscrits; avantages accordés aux inscrits maritimes. Organisation du service.

Police de la navigation et de la pêche côtière.

3° Notions d'hygiène.

L'hygiène du marin pêcheur. Premiers soins à donner aux blessés et aux malades. Usage des principaux médicaments à embarquer sur les navires de pêche, procédés de conservation à bord.

Loi relative à la création de classes de perfectionnement annexées aux écoles élémentaires publiques et d'écoles autonomes de perfectionnement pour les enfants arriérés (15 avril 1909).

ARTICLE PREMIER. — Sur la demande des communes et des départements, peuvent être créées pour les enfants arriérés des deux sexes :

1° Des classes de perfectionnement annexées aux écoles élémentaires publiques;

2° Des écoles autonomes de perfectionnement qui pourront comprendre un demi-pensionnat et un internat.

Les classes annexées et les écoles autonomes sont mises au nombre des établissements d'enseignement primaire public.

ART. 2. — Les classes annexées recevront les enfants de six à treize ans.

Les écoles autonomes pourront, en outre, continuer la scolarité jusqu'à seize ans, donnant à la fois l'instruction primaire et l'enseignement professionnel.

Les élèves des classes annexées qui, vers treize ans, seront reconnus incapables d'apprendre une profession au dehors pourront être reçus dans les écoles autonomes.

Les enfants trop gravement atteints pour que leur éducation puisse se faire dans la famille suivront de préférence le régime de l'internat.

ART. 3. — Dans aucune classe de perfectionnement ne seront admis des enfants de sexes différents.

Les écoles autonomes pourront grouper, sous une même direction, deux sections différentes, l'une de garçons, l'autre de filles.

ART. 4. — La subvention accordée par l'État pour les dépenses de première installation, d'appropriation et d'agrandissement sera fixée dans les proportions déterminées par l'article 7 de la loi du 20 juin 1885.

Les travaux devront être exécutés conformément aux plans approuvés par le ministre de l'Instruction publique et régulièrement reçus.

ART. 5. — Les dépenses ordinaires des écoles de perfectionnement et des classes annexées sont supportées par les communes et départements fondateurs sous déduction des subventions accordées par d'autres départements et communes.

Les dépenses de l'enseignement sont à la charge de l'État dans les conditions prévues pour les écoles primaires élémentaires et supérieures.

Art. 6. — Une école de perfectionnement peut être fondée par une commune sur le territoire d'une autre commune, après accord des communes intéressées.

Dans le cas où l'école autonome de perfectionnement n'est pas située dans le même département ou dans la même commune que l'administration départementale ou communale qui l'a fondée, les autorités compétentes pour exercer les attributions leur appartenant en exécution des lois scolaires sont, sous réserve de l'article 11 ci-après, les autorités du département ou de la commune où siège ladite administration.

Art. 7. — Les directeurs et directrices, maîtres et maîtresses, appelés à exercer dans les écoles de perfectionnement et dans les classes annexées jouissent des mêmes droits et avantages que les fonctionnaires des écoles élémentaires publiques.

Les fonctions de surveillants et surveillantes dans les internats peuvent leur être confiées.

Les directeurs et directrices sont nommés par le ministre.

Les instituteurs et institutrices chargés de classe sont proposés par l'inspecteur d'académie et nommés par le préfet; ils doivent être choisis de préférence parmi les candidats pourvus du diplôme spécial créé pour l'enseignement des arriérés.

Les surveillants et surveillantes des internats départementaux sont proposés par le chef de l'établissement et nommés par le préfet.

Art. 8. — En sus des émoluments légaux, le personnel des écoles de perfectionnement et des classes annexées recevra des indemnités ou des avantages en nature, à raison du service supplémentaire qui lui sera imparti.

Ceux qui justifieront du diplôme spécial créé pour l'enseignement des arriérés recevront un supplément de trois cents francs (300 fr.), soumis à retenues pour la retraite, pendant qu'ils exerceront dans les écoles de perfectionnement ou les classes annexées.

Art. 9. — La décision ministérielle portant création de la classe annexe ou de l'école autonome déterminera pour chacune d'elles les conditions spéciales de son organisation et de son fonctionnement, notamment :

1° Le nombre maximum d'élèves à admettre dans chaque division;

2° Le nombre hebdomadaire de jours d'enseignement, la durée des classes et des exercices quotidiens;

3° Les conditions dans lesquelles des institutrices pourront être attachées aux diverses classes et sections de l'établissement.

Art. 10. — Les internats et demi-pensionnats des écoles de perfectionnement peuvent être administrés en régie directe au compte du département ou de la commune; ils peuvent être administrés au compte du directeur ou de la directrice en vertu d'un traité par lequel la gestion est remise au chef de l'établissement qui s'en charge à ses risques et périls.

Les traités ne sont exécutoires qu'après avoir été approuvés par le ministre de l'Instruction publique sur l'avis préalable des préfets; il en est de même des modifications des traités.

Les tarifs maxima exigibles des familles et des fondations de bourses pour les frais de pension et demi-pension dans chaque établissement sont fixés par le ministre de l'Instruction publique sur la proposition du conseil général ou du conseil municipal, après avis du préfet.

ART. 11. — Les classes et écoles de perfectionnement seront soumises :

1° A l'inspection exercée dans les conditions prescrites par l'article 9 de la loi du 30 octobre 1886;

2° A une inspection médicale organisée par les communes fondatrices ou les départements fondateurs. Elle portera sur chacun des enfants qui seront examinés au moins chaque semestre. Les observations seront consignées sur un livret scolaire et sanitaire individuel.

ART. 12. — Une commission, composée de l'inspecteur primaire, d'un directeur ou maître d'une école de perfectionnement et d'un médecin, déterminera quels sont les enfants qui ne peuvent être admis ou maintenus dans les écoles primaires publiques et pourra autoriser leur admission dans une classe annexée ou dans une école de perfectionnement, si l'enseignement ne doit pas leur être donné dans la famille.

Un représentant de la famille sera toujours invité à assister à l'examen de l'enfant.

ART. 13. — Un comité de patronage sera constitué auprès de chaque école de perfectionnement. Les membres seront nommés par le ministre de l'Instruction publique après avis du préfet et, si l'établissement est communal, après avis du maire.

Des dames en feront nécessairement partie.

Un conseil d'administration nommé par le conseil municipal, si l'établissement est communal, ou par le conseil général si l'établissement est départemental, sera institué auprès de chaque école de perfectionnement; il comprendra toujours un représentant du ministère de l'Instruction publique, un représentant du préfet du département dans lequel est situé l'établissement et au moins un médecin.

ART. 14. — Des décrets et arrêtés, rendus après avis du conseil supérieur de l'instruction publique, détermineront la nature du programme d'enseignement et les conditions d'obtention du certificat spécial.

ART. 15. — Il sera statué par des règlements d'administration publique sur les conditions dans lesquelles :

1° Seront rétribués les maîtres auxiliaires, chefs de travaux et maîtres ouvriers, employés dans les écoles de perfectionnement et classes annexées.

2° Seront astreints à la possession d'un livret de la caisse nationale de la vieillesse et à des versements réguliers, les employés et agents inférieurs des écoles de perfectionnement et des internats.

Arrêté relatif à l'organisation des classes d'enfants arriérés (17 août 1909).

ARTICLE PREMIER. — Dans les classes de perfectionnement annexées aux écoles élémentaires publiques et dans les classes des écoles spéciales, le nombre des élèves réunis dans une même division est normalement de quinze.

Il peut exceptionnellement être porté à vingt, sans que ce chiffre puisse jamais être dépassé.

ART. 2. — Pour certains exercices pratiques et travaux manuels, des groupements plus nombreux pourront être autorisés.

ART. 3. — Dans les classes de perfectionnement annexées aux écoles élémentaires publiques et dans les écoles spéciales de perfectionnement, l'enseignement est donné tous les jours, sauf le dimanche et la demi-journée du jeudi.

Dans les classes annexées et dans les écoles avec internat, où n'est pas organisé un service d'aumônerie, les classes vaquent une demi-journée par semaine pour les enfants auxquels les parents veulent faire donner l'instruction religieuse.

ART. 4. — Les classes et écoles sont ouvertes pendant une durée de trois heures et demie le matin et pendant une durée de trois heures et demie dans l'après-midi.

Les heures d'entrée et de sortie sont fixées pour chaque établissement suivant les convenances locales, sur la demande du maire, par l'inspecteur d'académie.

ART. 5. — L'emploi du temps est ainsi distribué :
De huit heures à neuf heures et demie, classe;
De neuf heures et demie à dix heures, récréation;
De dix heures à onze heures et demie, classe;
D'une heure et demie à trois heures, classe;
De trois heures à quatre heures, récréation;
De quatre heures à cinq heures, classe.

Les heures de classe sont remplies soit par des exercices de travail intellectuel, soit par des exercices de travail manuel.

Chaque classe est coupée par un court repos.

Arrêté relatif aux programmes d'enseignement des enfants arriérés (25 août 1909).

ARTICLE PREMIER. — Les programmes d'enseignement dans les classes annexées et les écoles autonomes de perfectionnement. pour les enfants arriérés de sept à treize ans, seront établis d'après les indications générales ci-après et les instructions ci-annexées.

(Les exercices d'une demi-heure devront être entrecoupés de pauses.)

Programme.

Pliage, cartonnage, mesurage, pesage, constructions et assemblages en carton et en bois (se rapporter pour ces exercices aux programmes des écoles maternelles).

Chant. — Jeux scolaires dirigés. — Promenades et soins de jardin. — Dessin libre et dessin proposé, modelage.

Exercices de prononciation et d'articulation.

Commencement de la lecture et de l'écriture, en décomposer le mécanisme. Multiplier les questions sur le sens des mots, le pourquoi et le comment des choses.

Premiers exercices de calcul. — Compter de 1 à 10, de 10 à 20, de 20 à 50, de 50 à 100, etc., en maniant et combinant des objets concrets. Dans les dernières années, apprendre à compter : addition, soustraction et multiplication très simples et toujours dans le principe avec des objets concrets.

Notions de géographie. — Étudier le relief et le détail du sol. Commencer par la topographie du jardin, de l'école, du quartier.

Leçons de choses. — Études d'objets usuels mis sous les yeux des enfants. En décrire les couleurs, la forme, l'usage. Procéder par répétitions fréquentes.

Leçons de vie pratique. — Raconter des histoires, des anecdotes, de petites biographies qu'on fera répéter par les enfants, en interrogeant, en provoquant des questions. En tirer des leçons de morale pratique.

Commencer les travaux les plus simples d'atelier et de jardinage.

Exercices spéciaux de gymnastique.

Instruction générale.

Les maîtres suivront le programme des écoles primaires dans la mesure où le comporteront les aptitudes des élèves. Ils devront le plus souvent se contenter de la lecture, de l'écriture et des éléments du calcul. Ils s'attacheront à provoquer et à retenir l'attention par l'attrait de ce qu'ils montrent et disent, par la variété et l'imprévu des exercices. Ils n'useront qu'avec discrétion de la récitation littéraire. Ils éviteront les définitions, les règles, les formules. Ils ne feront réciter et copier que des notes et des phrases dont ils s'assureront que les enfants comprennent le sens. Ils auront le plus souvent recours à la leçon de choses. L'enseignement sera donné par la vue directe des objets et des êtres, par des images, par des causeries familières, dirigeant l'attention de l'enfant vers l'observation de l'action et de la vie.

On donnera un développement particulier aux exercices suivants :

1° Le chant et la musique, généralement bien goûtés par les enfants anormaux;

2° Les exercices de langage et d'articulation pour corriger les vices de prononciation généralement fréquents chez cette catégorie d'enfants;

3° La gymnastique simple et rationnelle, expurgée de tout exercice d'athlétisme, avec, s'il se peut, accompagnement de musique pour rythmer les mouvements;

4° Les jeux scolaires de course et d'adresse, organisés et dirigés par les maîtres qui veilleront à ce que les élèves apathiques et rétifs ne s'isolent pas de leurs camarades;

5° Des leçons de vie pratique, afin de mettre les anormaux en mesure de se suffire et de s'adapter à leur milieu. Aux enfants les plus petits, on apprendra à se laver, à s'habiller, à manger proprement. Aux plus âgés, on apprendra à se présenter, à écrire une lettre, à compter son argent, à l'économiser, à voyager; aux plus intelligents, on enseignera des notions élémentaires d'hygiène, et surtout des règles de morale, particulièrement précieuses à des jeunes filles d'intelligence débile, partant plus exposées;

6° Le travail manuel. — Le but des écoles de perfectionnement n'est pas seulement d'assurer aux enfants arriérés l'instruction à laquelle ils ont droit, mais encore d'éviter qu'ils ne tombent à la charge de la société. Aussi, l'enseignement du travail manuel qui leur sera donné devra-t-il être nettement orienté vers l'apprentissage et ses applications concrètes. C'est surtout dans les internats de perfectionnement qui gardent les enfants jusqu'à seize ans et même dix-huit ans que le travail manuel devra être développé. Dans les milieux ruraux, c'est vers l'enseignement agricole qu'il convient de les diriger de préférence. C'est pourquoi il est désirable qu'un jardin scolaire d'enseignement fasse partie de chaque école de perfectionnement. Dans les milieux urbains, des ateliers seront aménagés pour un apprentissage rationnel et complet, répondant à des besoins locaux ou régionaux. Ce qui convient le mieux, ce sont les métiers simples pouvant s'exercer partout, le travail du bois, du fer, les confections, la cordonnerie, les broderies, etc., à condition d'apprendre entièrement la profession choisie.

Instructions relatives aux écoles de perfectionnement.

Les programmes ci-dessus, concernant les classes annexées, seront suivis et serviront de guides dans les écoles autonomes qui possèdent les classes de la scolarité élémentaire. Mais ces écoles retiennent surtout les enfants qui ont passé l'âge de cette scolarité et les gardent jusqu'à seize ans environ et au delà.

A ces enfants s'appliquent aussi les programmes précédents. Ils suivront les mêmes exercices, plus développés, plus étendus et les maîtres s'efforceront de les rapprocher le plus possible de ceux qui sont en usage dans les classes élémentaires d'enfants normaux.

Cependant, dans les écoles de perfectionnement, la moitié du temps, et quelquefois davantage, sera occupé par les exercices de travail manuel.

Il faudra fixer l'attention de l'enfant, provoquer et perfectionner ses facultés d'imitation, puis, par l'observation, par l'analyse raisonnée de ses propres mouvements ou de ceux du maître, par l'examen de ses outils, de leurs rapports et de leurs proportions avec la matière d'œuvre, développer son jugement, pour qu'en présence d'un nouveau travail on puisse faire appel à sa mémoire et à son raisonnement.

A cet effet, dans les centres urbains, un ou plusieurs ateliers seront toujours joints à l'école. Les métiers choisis devront être les plus connus et les plus faciles, ceux dont les produits fabriqués s'écoulent le plus aisément dans la région. Ceux qui conviennent le mieux sont le travail du bois, du fer, la confection des habits, la cordonnerie, la vannerie, à condition d'apprendre complètement la profession choisie.

Dans les milieux ruraux, on exercera surtout les enfants aux travaux de jardinage et d'agriculture. Ce sont ceux qu'ils préfèrent et où ils réussissent le mieux, ceux aussi où ils trouvent le plus facilement à s'occuper au sortir de l'école.

N. B. — *Nos lecteurs trouveront dans tous les* Bulletins départementaux *les* Instructions ministérielles *du 13 mai 1911, relatives à l'enseignement des notions d'agriculture.*

III

ÉDUCATION MORALE — OBJET — MÉTHODE
PROGRAMME

1° *Objet de l'enseignement moral.*

L'éducation morale se distingue profondément par son but et par ses caractères essentiels des deux autres parties du programme.

But et caractères essentiels de cet enseignement. — L'enseignement moral est destiné à compléter et à relier, à relever et à ennoblir tous les enseignements de l'école. Tandis que les autres études développent chacune un ordre spécial d'aptitudes et de connaissances utiles, celle-ci tend à développer dans l'homme l'homme lui-même, c'est-à-dire un cœur, une intelligence, une conscience.

Par là même, l'enseignement moral se meut dans une tout autre sphère que le reste de l'enseignement. La force de l'éducation morale dépend bien moins de la précision et de là liaison logique des vérités enseignées que de l'intensité du sentiment, de la vivacité des impressions et de la chaleur communicative de la conviction. Cette éducation n'a pas pour but de faire *savoir*, mais de faire *vouloir* : elle émeut plus qu'elle ne démontre; devant agir sur l'être sensible, elle procède plus du cœur que du raisonnement; elle n'entreprend pas d'analyser toutes les raisons de l'acte moral, elle cherche avant tout à le produire, à le répéter, à en faire une habitude qui gouverne la vie. A l'école primaire surtout, ce n'est pas une science, c'est un art, l'art d'incliner la volonté libre vers le bien.

Rôle de l'instituteur dans cet enseignement. — L'instituteur est chargé de cette partie de l'éducation, en même temps que des autres, comme représentant de la société : la société laïque et démocratique a en effet l'intérêt le plus direct à ce que tous ses membres soient initiés de bonne heure et par des leçons ineffaçables au sentiment de leur dignité et à un sentiment non moins profond de leur responsabilité personnelle.

Pour atteindre ce but, l'instituteur n'a pas à enseigner de toutes pièces une morale théorique suivie d'une morale pratique comme s'il s'adressait à des enfants dépourvus de toute notion préalable du bien et du mal : l'immense majorité lui arrive au contraire ayant déjà reçu ou recevant un enseignement religieux qui les familiarise avec l'idée d'un Dieu auteur de l'univers et père des hommes, avec les traditions, les croyances, les pratiques d'un culte chrétien ou israélite; au moyen de ce culte et sous les formes qui lui sont particulières, ils ont déjà reçu les notions fondamentales de la morale éternelle et universelle; mais ces notions sont encore chez eux à l'état de germe naissant et fragile, elles n'ont pas pénétré profondément en eux-mêmes; elles sont fugitives et confuses, plutôt entrevues que possédées, confiées à la mémoire bien plus qu'à la conscience à peine exercée encore. Elles attendent d'être mûries et développées par une culture convenable. C'est cette culture que l'instituteur public va leur donner.

Sa mission est donc bien délimitée; elle consiste à fortifier, à enraciner dans l'âme de ses élèves pour toute leur vie, en les faisant passer dans la pratique quotidienne, ces notions essentielles de moralité humaine, communes à toutes les doctrines et nécessaires à tous les hommes civilisés. Il peut remplir cette mission sans avoir à faire personnellement ni adhésion, ni opposition à aucune des diverses croyances confessionnelles auxquelles ses élèves associent et mêlent les principes généraux de la morale.

Il prend ces enfants tels qu'ils lui viennent, avec leurs idées et leur langage, avec les croyances qu'ils tiennent de la famille, et il n'a d'autre souci que de leur apprendre à en tirer ce qu'elles contiennent de plus précieux au point de vue social, c'est-à-dire les préceptes d'une haute moralité.

Objet propre et limites de cet enseignement. — L'enseignement moral laïque se distingue donc de l'enseignement religieux sans le contredire. L'instituteur ne se substitue ni au prêtre, ni au père de famille; il joint ses efforts aux leurs pour faire de chaque enfant un honnête homme. Il doit insister sur les devoirs qui rapprochent les hommes et non sur les dogmes qui les divisent. Toute discussion théologique et philosophique lui est manifestement interdite par le caractère même de ses fonctions, par l'âge de ses élèves, par la confiance des familles et de l'État; il concentre tous ses efforts sur un problème d'une autre nature, mais non moins ardu, par cela même qu'il est exclusivement pratique : c'est de faire faire à tous ces enfants l'apprentissage effectif de la vie morale.

Plus tard, devenus citoyens, ils seront peut-être séparés par des opinions dogmatiques, mais du moins ils seront d'accord dans la pratique pour placer le but de la vie aussi haut que possible, pour avoir la même horreur de tout ce qui est bas et vil, la même admiration de ce qui est noble et généreux, la même délicatesse dans l'appréciation du devoir, pour aspirer au perfectionnement moral, quelques efforts qu'il coûte, pour se sentir unis, dans ce culte général du bien, du beau et du

vrai, qui est aussi une forme, et non la moins pure, du sentiment religieux.

2° *Méthode.*

Caractères de la méthode en ce qui concerne l'élève. — Pour que
la culture morale, entendue comme il est dit plus haut, soit
possible et soit efficace dans l'enseignement primaire, une condition est indispensable : c'est que cet enseignement atteigne
au vif de l'âme; qu'il ne se confonde ni par le ton, ni par le
caractère, ni par la forme, avec une leçon proprement dite.
Il ne suffit pas de donner à l'élève des notions correctes et de
le munir de sages maximes, il faut arriver à faire éclore en lui
des sentiments assez vrais et assez forts pour l'aider un jour,
dans la lutte de la vie, à triompher des passions et des vices.
On demande à l'instituteur non pas d'orner la mémoire de
l'enfant, mais de toucher son cœur, de lui faire ressentir, par
une expérience directe, la majesté de la loi morale; c'est assez
dire que les moyens à employer ne peuvent être semblables à
ceux des cours de sciences ou de grammaire. Ils doivent être
non seulement plus souples et plus variés, mais plus intimes,
plus émouvants, plus pratiques, d'un caractère tout ensemble
moins didactique et plus grave.

L'instituteur ne saurait trop se représenter qu'il s'agit pour
lui de former chez l'enfant le sens moral, de l'aiguiser, de le
redresser parfois, de l'affermir toujours; et, pour y parvenir, le
plus sûr moyen dont dispose un maître qui n'a que si peu de
temps pour une œuvre si longue, c'est d'exercer beaucoup, et
avec un soin extrême, ce délicat instrument de la conscience.
Qu'il se borne aux points essentiels, qu'il reste élémentaire,
mais clair, mais simple, mais impératif et persuasif tout
ensemble. Il doit laisser de côté les développements qui trou-
veraient leur place dans un enseignement plus élevé; pour lui
la tâche se borne à accumuler, dans l'esprit et dans le cœur de
l'enfant qu'il entreprend de former à la vie morale, assez de
beaux exemples, assez de bonnes impressions, assez de saines
idées, d'habitudes salutaires et de nobles aspirations pour que
cet enfant emporte de l'école, avec son petit patrimoine de
connaissances élémentaires, un trésor plus précieux encore :
une conscience droite.

Caractères de la méthode en ce qui concerne le maître. — Deux
choses sont expressément recommandées au maître. D'une part,
pour que l'élève se pénètre de ce respect de la loi morale qui
est à lui seul toute une éducation, il faut premièrement que
par son caractère, par sa conduite, par son langage, il soit lui-
même le plus persuasif des exemples. Dans cet ordre d'enseignement, ce qui ne vient pas du cœur ne va pas du cœur. Un

maître qui récite des préceptes, qui parle du devoir sans conviction, sans chaleur, fait bien pis que de perdre sa peine, il est en faute : un cours de morale régulier, mais froid, banal et sec, n'enseigne pas la morale, parce qu'il ne la fait pas aimer. Le plus simple récit où l'enfant pourra surprendre un accent de gravité, un seul mot sincère vaut mieux qu'une longue suite de leçons machinales.

D'autre part, — il est à peine besoin de formuler cette prescription, — le maître devra éviter comme une mauvaise action tout ce qui, dans son langage ou dans son attitude, blesserait les croyances religieuses des enfants confiés à ses soins, tout ce qui porterait le trouble dans leur esprit, tout ce qui trahirait de sa part envers une opinion quelconque un manque de respect ou de réserve.

La seule obligation à laquelle il soit tenu, — et elle est compatible avec le respect de toutes les croyances, — c'est de surveiller d'une façon pratique et paternelle le développement moral de ses élèves avec la même sollicitude qu'il met à suivre leurs progrès scolaires; il ne doit pas se croire quitte envers aucun d'eux s'il n'a fait autant pour l'éducation du caractère que pour celle de l'intelligence. A ce prix seulement l'instituteur aura mérité le titre d'*éducateur*, et l'instruction primaire le nom d'*éducation libérale*.

	CLASSE ENFANTINE DE 5 A 7 ANS	COURS ÉLÉMENTAIRE DE 7 A 9 ANS	COURS MOYEN DE 9 A 11 ANS	COURS SUPÉRIEUR DE 11 A 13 ANS
1° Morale.	Causeries très simples, mêlées à tous les exercices de la classe et de la récréation. Petites poésies expliquées et apprises par cœur. — Historiettes morales racontées et suivies de questions propres à en faire ressortir le sens et à vérfier si les enfants l'ont compris. — Petits chants. Soins particuliers de la maîtresse à l'égard des enfants chez lesquels elle a observé quelque défaut ou quelque vice naissant.	Entretiens familiers. Lectures avec explications (récits, exemples, préceptes, paraboles et fables). Enseignement par le cœur. Exercices pratiques tendant à mettre la morale en action dans la classe même : 1° Par l'observation individuelle des caractères (tenir compte des prédispositions des enfants pour corriger leurs défauts avec douceur ou développer leurs qualités); 2° Par l'application intelligente de la discipline scolaire comme moyen d'éducation (distinguer soigneusement le manquement au devoir de la simple infraction au règlement, faire saisir le rapport de la faute à la punition, donner l'exemple dans le gouvernement de la classe d'un scrupuleux esprit d'équité, inspirer l'horreur de la délation, de la dissimulation, de l'hypocrisie, mettre au-dessus de tout la franchise et la droiture et pour cela ne jamais décourager le franc-parler des enfants, leurs réclamations, leurs demandes, etc.); 3° Par l'appel incessant au sentiment et au jugement moral de l'enfant lui-même (faire souvent les élèves juges de leur propre conduite, leur faire estimer surtout, chez eux et chez les autres, l'effort moral et intellectuel, savoir les lais-	Entretiens, lectures avec explications, exercices pratiques. — Même mode et mêmes moyens d'enseignement que précédemment, avec un peu plus de méthode et de précision. — Coordonner les leçons et les lectures de manière à n'omettre aucun point important du programme ci-dessous : I. *L'enfant dans la famille. Devoirs envers les parents et les grands-parents.* — Obéissance, respect, amour, reconnaissance. — Aider les parents dans leurs travaux; les soulager dans leurs maladies; venir à leur aide dans leurs vieux jours. *Devoirs des frères et sœurs.* — s'aimer les uns les autres: protection des plus âgés à l'égard des plus jeunes; action de l'exemple. *Devoirs envers les serviteurs.* — Les traiter avec politesse, avec bonté. *L'enfant dans l'école.* — Assiduité, docilité, travail, convenance. — Devoirs envers l'instituteur. — Devoirs envers les camarades. *La patrie.* — La France, ses grandeurs et ses malheurs. — Devoirs envers la patrie et la société. II. *Devoirs envers soi-même.* — Le corps : propreté, sobriété et tempérance; dangers de l'ivresse; dangers de l'alcoolisme, affaiblissement de l'intelligence,	Entretiens, lectures, exercices pratiques, comme dans les deux cours précédents. Celui-ci comprend de plus, en une série régulière de leçons dont le nombre et l'ordre pourront varier, un enseignement élémentaire de la morale en général et plus particulièrement de la *morale sociale,* d'après le programme ci-après : 1° *La famille.* Devoirs des parents et des enfants; devoirs réciproques des maîtres et des serviteurs; l'esprit de famille. 2° *La société.* Nécessité et bienfaits de la société. La justice, condition de toute société. La solidarité, la fraternité humaine. L'alcoolisme diminue peu à peu ces sentiments, en détruisant le ressort de la volonté et de la responsabilité personnelle. Applications et développements de l'idée de justice; respect de la vie et de la liberté humaine, respect de la propriété, respect de la parole donnée, respect de l'honneur et de la réputation d'autrui. La probité, l'équité, la loyauté, la délicatesse. Respect des opinions et des croyances. Applications et développements de l'idée de *charité* ou de *fraternité.* Ses divers degrés, devoirs de bienveillance, de reconnaissance, de tolérance, de clémence, etc. Le dévouement, forme suprême de la charité : montrer qu'il peut trouver place dans la vie de tous les jours. *La patrie.* Ce que l'homme doit à la patrie (l'obéissance aux lois, le service militaire, discipline, dévouement, fidélité au drapeau).

	CLASSE ENFANTINE DE 5 A 7 ANS	COURS ÉLÉMENTAIRE DE 7 A 9 ANS	COURS MOYEN DE 9 A 11 ANS	COURS SUPÉRIEUR DE 11 A 13 ANS
1° Morale. (Suite.)		ser dire et les laisser faire, sauf à les amener ensuite à découvrir par eux-mêmes leurs erreurs ou leurs torts); 4° Par le redressement des notions grossières (préjugés et superstitions populaires, croyances aux sorciers, aux revenants, à l'influence de certains nombres, terreurs folles, etc.); 5° Par l'enseignement à tirer des faits observés par les enfants eux-mêmes : à l'occasion, leur faire sentir les tristes suites des vices dont ils ont parfois l'exemple sous les yeux : de l'ivrognerie, de la paresse, du désordre, de la cruauté, des appétits brutaux, etc., en leur inspirant autant de compassion pour les victimes du mal que d'horreur pour le mal lui-même; — procéder de même par voie d'exemples concrets et d'appels à l'expérience immédiate des enfants pour les initier aux émotions morales : les élever, par exemple, au sentiment d'admiration pour l'ordre universel et au sentiment religieux en leur faisant contempler quelques grandes scènes de la nature; au sentiment de la charité, en leur signalant une misère à soulager, en leur donnant l'occasion d'un acte effectif de charité à accomplir avec discrétion; aux sentiments de la reconnaissance et de la sympathie par le récit d'un	de la volonté, ruine de la santé; gymnastique. *Les biens extérieurs.* — Économie; éviter les dettes; funestes effets de la passion du jeu; ne pas trop aimer l'argent et le gain; prodigalité, avarice. Le travail (ne pas perdre de temps, obligation du travail pour tous les hommes, noblesse du travail manuel). *L'âme.* — Véracité et sincérité; ne jamais mentir. — Dignité personnelle, respect de soi-même. — Modestie : ne point s'aveugler sur ses défauts. — Éviter l'orgueil, la vanité, la coquetterie, la frivolité. — Avoir honte de l'ignorance et de la paresse. — Courage dans le péril et dans le malheur; patience, esprit d'initiative. — Dangers de la colère. Traiter les animaux avec douceur; ne point les faire souffrir inutilement. — Loi Grammont, société protectrice des animaux. *Devoirs envers les autres hommes.* — Justice et charité (ne faites pas à autrui ce que vous ne voudriez pas qu'on vous fît; faites aux autres ce que vous voudriez qu'ils vous fissent). — Ne portez atteinte ni à la vie, ni à la personne, ni aux biens, ni à la réputation d'autrui. — Bonté, fraternité. — Tolérance, respect de la croyance d'autrui. — L'alcoolisme entraîne à violer peu à peu tous les devoirs envers les autres hommes (paresse, violence, etc.). *N. B.* Dans tout ce cours, l'instituteur prend pour point de départ l'existence de la conscience, de la loi morale et de l'obligation. Il fait appel au sen-	— L'impôt (condamnation de toute fraude envers l'État). — Le vote (il est moralement obligatoire, il doit être libre, consciencieux, désintéressé, éclairé). — Droits qui correspondent à ces devoirs : liberté individuelle, liberté de conscience, liberté du travail, liberté d'association. Garantie de la sécurité de la vie et des biens de tous. La souveraineté nationale. Explication de la devise républicaine : Liberté, Égalité, Fraternité. Dans chacun de ces chapitres du cours de morale sociale, on fera remarquer à l'élève, sans entrer dans des discussions métaphysiques : 1° La différence entre le devoir et l'intérêt, même lorsqu'ils semblent se confondre, c'est-à-dire le caractère impératif et désintéressé du devoir; 2° La distinction entre la loi écrite et la loi morale : l'une fixe un minimum de prescriptions que la société impose à tous ses membres sous des peines déterminées, l'autre impose à chacun dans le secret de sa conscience un devoir que nul ne le contraint à remplir, mais auquel il ne peut faillir sans se sentir coupable envers lui-même et envers Dieu.

	CLASSE ENFANTINE DE 5 A 7 ANS	COURS ÉLÉMENTAIRE DE 7 A 9 ANS	COURS MOYEN DE 9 A 11 ANS	COURS SUPÉRIEUR DE 11 A 13 ANS
1° Morale. (Suite).		trait de courage, par la visite à un établissement de bienfaisance, etc.	timent et à l'idée du devoir, au sentiment et à l'idée de la responsabilité, il n'entreprend point de les démontrer par exposé théorique. *Devoirs envers Dieu.* — L'instituteur n'est pas chargé de faire un cours *ex professo* sur la nature et les attributs de Dieu; l'enseignement qu'il doit donner à tous indistinctement se borne à deux points : D'abord, il leur apprend à ne pas prononcer légèrement le nom de Dieu; il associe étroitement dans leur esprit à l'idée de la cause première et de l'être parfait un sentiment de respect et de vénération; et il habitue chacun d'eux à environner du même respect cette notion de Dieu, alors même qu'elle se présenterait à lui sous des formes différentes de celles de sa propre religion. Ensuite, et sans s'occuper des prescriptions spéciales aux diverses communions, l'instituteur s'attache à faire comprendre et sentir à l'enfant que le premier hommage qu'il doit à la divinité, c'est l'obéissance aux lois de Dieu telles que les lui révèlent sa conscience et sa raison.	

II

INTERPRÉTATION ET RÉPARTITION
DES PROGRAMMES OFFICIELS

Notre répartition s'applique à une école importante qui compte deux années de cours élémentaire, deux années de cours moyen et une année de cours supérieur.

Dans le cas où l'école comprend seulement une année de cours élémentaire et une année de cours moyen, l'instituteur choisit, suivant le degré d'instruction de ses élèves, le programme de première année ou celui de seconde année, chacun réalisant un cycle complet.

Ces programmes très détaillés paraîtront peut-être un peu élevés; mais il convient de remarquer que le cours moyen — appelé cours supérieur B à Paris — est souvent la classe la plus élevée d'une école ordinaire : il doit conduire à l'examen du certificat d'études primaires.

Le programme du cours supérieur est établi pour les écoles qui préparent des candidats au brevet élémentaire et à l'école normale. (Décret du 18 janvier 1887, art. 119.)

Ces programmes ont été préparés, appliqués durant de longues années dans une école primaire et souvent revisés. Nous restons cependant persuadés qu'ils ne peuvent convenir à toutes les organisations d'école. En les publiant, nous espérons susciter d'heureuses initiatives; c'est tout ce que nous désirons.

A. — ÉDUCATION PHYSIQUE

Personne ne nie la part importante que l'on doit donner
au corps dans une éducation générale bien comprise. Pour
remplir tous ses devoirs, l'homme doit jouir d'une bonne
santé, « être un bon animal ». Toutefois il ne nous a point
paru nécessaire de procéder à une répartition mensuelle
des programmes officiels qui comprennent :

a) Les soins d'hygiène et de propreté;

b) La gymnastique;

c) Les exercices militaires;

d) Les travaux manuels pour les garçons;

e) Les travaux manuels pour les filles.

a) HYGIÈNE ET PROPRETÉ

Les notions d'hygiène et les soins de propreté trouveront
leur place comme conclusions en morale et en histoire
naturelle : ce sont des questions de dignité, de respect de
soi-même, d'intérêt particulier et d'intérêt général que
comprendront les élèves des cours moyen et supérieur;
pour les enfants plus jeunes, ce sont de bonnes habitudes
à contracter sous l'influence constante et efficace des
conseils et surtout de l'exemple des maîtres et des maîtresses, qui étendront ainsi, d'une façon indirecte mais
certaine, leur action éducatrice dans les familles.

N. B. — *Nous avons réuni les programmes d'hygiène, d'économie domestique qui se confondent pour bien des questions.*

HYGIÈNE, ÉCONOMIE DOMESTIQUE ET ENSEIGNEMENT MÉNAGER

Les notions d'hygiène sont données, lorsque l'occasion
se présente dans la vie scolaire, comme les conclusions de
l'enseignement scientifique (physique, chimie, histoire
naturelle).

Il en est de même de l'économie domestique et de l'enseignement ménager. Nous réunissons ci-dessous la série
des questions qui doivent faire l'objet d'une revision, afin de
grouper les éléments des réponses.

Il importe que l'institutrice inspire à ses élèves le goût et le respect des choses du ménage, qu'elle leur montre que, pour le bien moral et matériel de la famille bien unie, la femme doit assurer l'hygiène et le confort de son intérieur, que la jeune fille doit appliquer à la maison paternelle les leçons de l'école et y faire son apprentissage. Elle se chargera d'allumer le feu, de préparer une lampe, avec soin et intelligence, d'entretenir le mobilier d'une chambre, d'aider sa mère dans la préparation des aliments, dans la composition d'un menu avec des indications précises sur les quantités des denrées employées et sur le prix de revient.

Tous ces essais et tous ces résultats seront inscrits dans un carnet de recettes que l'on consultera plus tard avec profit.

Cours élémentaire.

Les élèves sont trop jeunes pour profiter d'entretiens en règle; mais il faut leur faire contracter de bonnes habitudes d'ordre et de propreté. Se rendre utiles avec amabilité et intelligence : tel doit être leur souci constant.

Cours moyen et supérieur.

Qualités de la maîtresse de maison : Ordre, économie, propreté, vigilance. Nécessité d'un emploi du temps et d'un budget : se lever matin vaut mieux que se coucher tard; surveiller surtout les petites dépenses journalières qui se répètent souvent. Achats au comptant. Sociétés coopératives.

Hygiène du corps : Soins de propreté quotidiens. Ablutions et bains, emploi de l'eau froide et de l'eau chaude. Soins de la bouche, des dents, des oreilles, des ongles. (Voir la circulaire du 23 mars 1908, page 32.)

Hygiène du vêtement : Propriétés diverses des tissus, soie, laine, coton, toile, choix de l'étoffe, de la nuance, de la forme selon les saisons, l'usage et les ressources dont on dispose. Abus des vêtements trop ajustés et notamment du corset. Blanchissage des diverses étoffes de couleurs, en laine, en soie, en flanelle. Différentes sortes de taches. Raccommodage.

Hygiène de l'habitation et du mobilier : choix du local, exposition, aération. Désinfection préalable des différentes pièces. Loyer, impôts, bail. Disposition du mobilier, du lit, rideaux, papier. Travaux d'entretien par jour, par semaine : lavage, balayage. Cuisine. Ustensiles, vaisselle. Nettoyage des blancs, des cuivres, des marbres. Différentes espèces de fourneaux. Emploi du gaz, du pétrole, du charbon de bois, du coke, de la houille. Avantages et inconvénients, prix de revient de ces divers combustibles. Approvisionnement.

Hygiène de l'alimentation : Valeur nutritive des différents aliments. Viandes, choix des morceaux, poissons, volaille. Légumes secs et légumes verts. Fruits cuits. Confitures. Emploi du sucre. Lait, beurre, fromages, œufs. Confection d'un menu en tenant compte de la valeur nutritive et du prix de revient. Pot-au-feu, rôtis, ragoût, sauces, assaisonnements. Recettes.

Boissons : Eau, bière, cidre, vin. Café, thé, chocolat.

Importance hygiénique et économique de la régularité des repas. Disposition du couvert. Fleurs.

Modes d'approvisionnement des denrées. Conservation des provisions.

Hygiène de la première enfance : Vaccination et revaccination.

Petite pharmacie de ménage : Tisanes, infusions, décoctions, cataplasmes, bandages.

Emploi de la journée d'une bonne ménagère.

b) GYMNASTIQUE

Nous jugeons intéressant de compléter les instructions et les programmes officiels par quelques extraits du *Manuel d'exercices physiques et de jeux scolaires* qui, au cours de 1908, a été rédigé par une commission interministérielle [1].

I. — BUT.

L'éducation physique a pour objet de perfectionner l'homme et de l'améliorer par la pratique d'exercices méthodiques de

1. Un volume illustré de 255 figures, prix 1 fr. 50, chez Hachette.

jeux et de sports. Bien dirigée, elle entretient la santé, favorise le développement normal de l'enfant, accroît l'énergie physique et morale de l'adulte, maintient cette énergie jusque dans l'âge avancé, rend adroit, fortifie le caractère et affermit la volonté. En résumé, elle augmente la valeur générale de l'homme tant au point de vue individuel qu'au point de vue social.

Le but de l'éducation physique est double : donner l'énergie et apprendre à utiliser au mieux cette énergie ; de là, deux grandes classes d'exercices :

a) Les *exercices de développement*, c'est-à-dire de perfectionnement physique qui assouplissent et développent harmonieusement le corps, luttent contre les mauvaises conditions d'hygiène créées par les milieux sociaux et leurs exigences, et établissent ainsi un équilibre salutaire entre l'activité physique et l'activité intellectuelle;

b) Les exercices d'application, les jeux et les sports qui familiarisent l'homme avec des pratiques trouvant leur application dans la vie.

Les exercices de la gymnastique doivent être mis, pour les deux sexes, à la portée des faibles qui, plus que d'autres, ont besoin de s'améliorer.

II. — RÉSULTATS.

Chaque séance quotidienne doit produire : 1° un effet *hygiénique* qui améliore la santé et augmente la résistance à la fatigue; 2° un effet *correctif* qui s'obtient par des mouvements actifs de redressement qui corrigent les mauvaises attitudes scolaires ou professionnelles; 3° un résultat *économique* qui se traduit par un maximum de rendement en travail utile avec le minimum de fatigue; 4° un effet *moral* obtenu en suscitant l'effort personnel dans les exercices individuels d'audace et dans les exercices collectifs où chaque exécutant doit conformer ses efforts, soumettre sa volonté au but commun.

L'examen du tableau ci-après montre qu'une leçon comprend une série d'exercices variés, s'étendant à toutes les parties du corps, progressifs et se terminant par des mouvements respiratoires. — La respiration se fait large et profonde, de préférence par le nez.

Elle doit être préparée et dirigée avec ordre et énergie. — Sa durée varie avec l'âge des élèves.

En gymnastique, il n'est pas possible d'établir une répartition mensuelle qui convienne à beaucoup d'écoles : les conditions sont trop différentes. C'est pourquoi nous prions les instituteurs et les institutrices de vouloir bien consulter le *Manuel d'exercices physiques et de jeux scolaires* précité. Ils y trouveront toutes les indications utiles pour donner un enseignement fructueux.

Plan général de la leçon de gymnastique.

NATURE DES EXERCICES	BUT OU EFFETS A OBTENIR
Première série (mise en train).	
Marche. Évolution et exercice d'ordre.	Effet général modéré. Éducation du rythme.
Deuxième série.	
Mouvements des membres supérieurs et inférieurs dans des attitudes variées. Exercices d'équilibre. Exercices de lancer. Opposition et lutte à deux. Boxe.	Développement symétrique du corps. Rectification des mauvaises attitudes. Ampliation du thorax. Indépendance des mouvements. Acquérir le sens de l'équilibre et combattre le vertige.
Troisième série (alterner avec la deuxième).	
Suspensions par les mains, appuis et balancement avec ou sans progression.	Ampliation plus marquée au thorax. Souplesse du corps.
Quatrième série.	
Courses et sautillements. Danses. Jeux impliquant l'action de courir.	Effet plus violent sur la respiration et sur la circulation. Effet hygiénique plus intense. Applications utiles.
Cinquième série.	
Mouvements du tronc : flexion, extension, mouvements latéraux et torsion avec ou sans engins.	Exercices s'adressant plus spécialement aux muscles du dos et de l'abdomen et ayant pour effet d'effacer les épaules, de les fixer, d'ouvrir la poitrine et d'effacer le ventre.
Sixième série.	
Sauts variés de pied ferme et avec élan. Jeux gymnastiques impliquant le saut.	Dépense maxima d'énergie. Effet hygiénique intense. Application pratique aux sauts d'obstacles.
Septième série (passage au repos).	
Exercices respiratoires, marches lentes.	Combattre l'essoufflement et les palpitations et apprendre à respirer.

c) EXERCICES MILITAIRES ET TIR

I. — MARCHE ET FORMATION DES PELOTONS

Nous n'avons rien à ajouter aux indications contenues dans le programme de gymnastique qui précède.

II. — TIR A LA CARABINE FLOBERT

Les exercices de tir ne doivent être abordés que par des enfants âgés de plus de dix ans. Avec une petite carabine Flobert dont le prix n'est pas supérieur à 40 francs et avec des munitions que l'on trouve partout à 3 fr. 50 la boîte de 250, on apprend aux élèves : 1° à tenir l'arme pour tirer; 2° à prendre la ligne de mire pour viser; 3° à négliger l'impression du tir pour ne s'occuper que du résultat à atteindre. Ces trois points fondamentaux, très longs, très difficiles à obtenir chez le jeune soldat qui n'a jamais tiré, sont définitivement acquis par eux.

Au point de vue moral, il y a là un exercice d'adresse qui développe certainement chez l'enfant la précision et le sang-froid. Cet exercice l'intéresse vivement.

L'installation du tir dans une école, rurale notamment, représente des frais minimes. Il n'y a pas de cour de récréation où ce tir de 10 mètres ne puisse être installé. Il suffit d'appliquer au mur, avec des crampons, une vieille plaque de cheminée, par exemple, d'accrocher, sur cette plaque, des cartons de tir, ou même des feuilles de papier fabriquées en forme de cibles à l'école même.

Quant à la responsabilité des instituteurs, il n'est pas sans intérêt de leur faire savoir que des mesures ont été prises par l'Union des Sociétés de tir, dont le siège social est 27, rue du Faubourg-Poissonnière, Paris, 9°, en vue de les garantir, *s'ils en font la demande*, contre les conséquences pécuniaires pouvant résulter de cette responsabilité. (Circulaire ministérielle du 26 avril 1907.)

Il leur suffit donc de suivre exactement les prescriptions contenues dans le règlement suivant :

Instruction officielle.

Voici l'instruction du 16 août 1893 qui constitue un véritable traité du tir scolaire :

Instruction relative aux exercices du tir à la carabine Flobert dans les écoles communales.

I. Le tir à la carabine Flobert dans les écoles communales, une fois installé, est placé sous la direction exclusive de l'instituteur, qui devra donner lui-même cet enseignement, dans les locaux scolaires et dans les conditions prévues au chapitre II.

II. Cet enseignement est réservé aux enfants d'au moins dix ans.

III. L'instituteur fixe le nombre et l'importance des séances de tir suivant les ressources dont il dispose pour l'achat des munitions.

IV. Chaque élève recevant l'enseignement du tir devra tirer un nombre égal de cartouches; mais l'instituteur aura la faculté de prélever un cinquième des munitions mises à la disposition de l'école, pour les faire tirer par les élèves qui auront fait preuve d'aptitudes spéciales dans ce genre d'exercice.

I. — OBSERVATIONS GÉNÉRALES

But et importance du tir dans les écoles communales. — MM. les instituteurs savent qu'ils n'ont pas seulement pour mission de donner aux enfants l'instruction primaire, mais qu'ils ont la charge encore plus haute de préparer pour leur pays de bons citoyens et d'utiles défenseurs.

Le législateur, en les appelant eux-mêmes sous les drapeaux, a voulu qu'ils pussent prêcher d'exemple et dire aux enfants ce que l'on doit à sa patrie, et quelle école de devoir et de discipline est l'armée nationale.

L'enseignement du tir, ayant désormais sa place dans les établissements d'instruction publique, l'instituteur devra s'attacher à faire comprendre à ses élèves quelle importance il y a, pour l'armée, dont ils feront un jour partie, à ce qu'ils deviennent d'habiles tireurs; et, en même temps, il leur expliquera qu'il y va de leur propre intérêt, puisqu'un bon tireur peut, mieux qu'un autre, assurer sa sécurité personnelle.

II. — INSTALLATION DU TIR

Dès que les ressources sont créées, l'instituteur procède à l'installation du stand et à l'acquisition des munitions et d'une carabine avec ses accessoires.

Stand. — Le stand comprend l'ensemble des locaux destinés au tir, le pas de tir et l'emplacement des cibles, et le dispositif de protection.

Aucun stand ne peut être ouvert que sur l'autorisation écrite du maire et de l'inspecteur primaire, qui devront s'assurer que les prescriptions ci-dessous ont été observées.

Emplacement du tir; champ de tir. — L'emplacement doit comprendre, avec un fond de mur de 3 mètres au moins et sans ouvertures, un champ de tir d'environ 15 mètres. Le tir doit être placé, autant que possible, dans la cour de l'école, sous le préau couvert, en prenant pour fond un mur formant encoignure avec un autre mur qui sert ainsi de fermeture d'un côté.

Pas de tir. — A une distance de 10 mètres du mur du fond, on place une petite table pour poser la carabine, les cartons et les minutions; et, en laissant, derrière cette table, un espace suffisant pour permettre aux enfants de voir sans gêner le tireur, on défend, soit par une corde tendue, soit par une barrière volante, tout accès au champ de 'ir.

Cible. — La cible doit être accrochée sur le mur du fond, à environ 1 mètre de hauteur. Pour éviter toute dégradation par les balles perdues, il sera bon de suspendre la plaque sur un fond de planches d'environ 1 mètre carré appliqué au mur. Il est utile de placer, de chaque côté de la plaque, deux planches, formant joue et dépassant la plaque d'environ 15 centimètres en avant, pour éviter les éclats de côté de la balle.

Plaques. — La plaque porte-carton est une plaque de tôle de 30 centimètres sur 30 centimètres, munie de trois clous à dents pour fixer le carton,

Le carton de tir réglementaire est le carton blanc de 16 centimètres de côté divisé en dix zones égales. La plus grande de ces zones a 15 centimètres de diamètre et compte 1 point, les deux plus petites comptent 9 et 10 points et forment visuel noir.

Cartouches. — La cartouche doit être à double culot avec balle conique et pointue.

Carabine. — La carabine doit être conforme à l'un des modèles adoptés par le ministre de l'Instruction publique.

III. — DE L'INSTRUCTION DU TIR

L'institution du tir scolaire a pour but de donner aux élèves des écoles une première notion, appropriée à leur âge, de l'emploi de l'arme à feu, en vue de les préparer au tir de l'arme de guerre.

Il a donc paru naturel d'emprunter à l'armée les méthodes dont elle se sert pour former des tireurs et dont elle a éprouvé l'efficacité par une longue pratique; en les modifiant toutefois, comme il convenait, en raison des tireurs à instruire, des ressources, du temps et du personnel dont on peut disposer dans les écoles.

Dans le même ordre d'idées, on ne devra point s'étonner de rencontrer certaines prescriptions, comme celles qui sont relatives à la position du tireur et au placement de l'arme à l'épaule, etc., qui sont essentielles dans le tir de l'arme de guerre, et qui le sont moins quand il s'agit d'un armement spécial, dont le poids est réduit et le recul insignifiant.

Notions élémentaires et définitions. — La balle, sortant du fusil, suit la direction de l'axe du canon, que l'on appelle « la ligne de tir »; mais elle ne continue point son trajet suivant cette ligne droite.

Dès qu'elle a abandonné le canon, elle subit le sort de tout

corps non soutenu; elle tombe vers la terre comme une pierre
lancée à la main. Le chemin qu'elle parcourt sous l'influence
de l'impulsion et de sa chute est une ligne courbe appelée
« trajectoire ».

Elle est semblable à la courbe visible que décrit le jet d'eau
lancé par un arrosoir ou par une pompe.

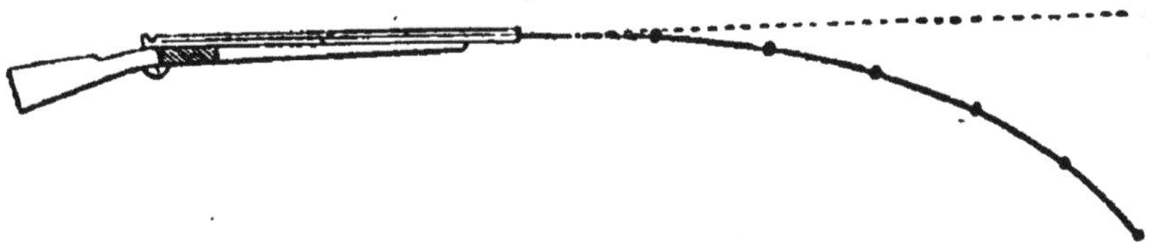

Fig. 1.

Comme on le voit par la figure ci-dessus, la balle abandonne
la ligne de tir à sa sortie du canon et s'en éloigne en tombant,
de plus en plus. (La résistance de l'air a pour effet de donner
à la trajectoire une forme particulière, d'accentuer sa courbure;
mais il n'est pas indispensable d'en tenir compte dans les tirs
à faible charge et à courte distance.)

Pour un même fusil et une même espèce de cartouches, le
chemin suivi par la balle est toujours à peu près le même. A
20 mètres, par exemple, la balle se trouve d'une même quantité
environ au-dessous de l'axe du canon prolongé.

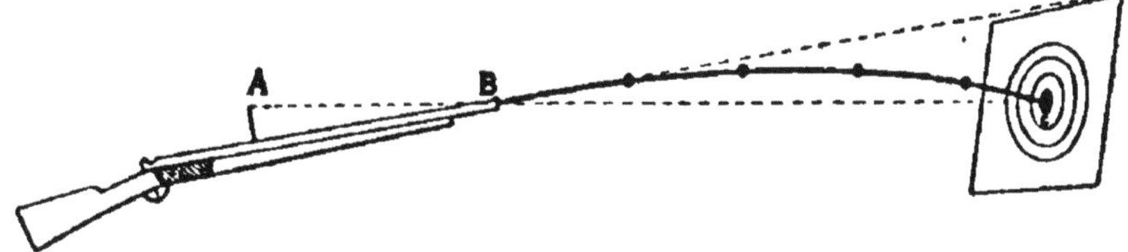

Fig. 2.

Quand on connaît cette quantité, on peut organiser, sur le
dessus du canon, une ligne auxiliaire telle qu'à la distance
considérée (10 mètres), elle passe au-dessous de l'axe du canon
prolongé, de la quantité même dont la balle s'est abaissée :
elle rencontre la trajectoire à cette distance.

Il suffit alors, pour atteindre un point C, de faire aboutir la
ligne auxiliaire AB à ce point.

Cette ligne s'appelle la ligne de mire; elle est marquée sur
le fusil par deux points; A et B.

Le dispositif qui les porte s'appelle « appareil de pointage »;
il comprend le guidon, placé vers l'extrémité antérieure du
canon, et la hausse, vers son extrémité postérieure.

Viser, c'est prendre la ligne de mire, c'est-à-dire placer l'œil sur cette ligne (en arrière de la hausse) et en regarder le prolongement.

Pointer, c'est prendre la ligne de mire et, l'œil y restant joint, la faire mouvoir jusqu'à ce qu'elle passe par le point que l'on se propose d'atteindre.

La ligne de mire est organisée pratiquement pour la commodité des opérations de visée et de pointage.

Elle est marquée par une pointe, l'extrémité du guidon, en forme d'U renversé, faisant saillie à l'extrémité antérieure du canon, et par une entaille en U placée sur la hausse et qu'on appelle « cran de mire ».

Fig. 3 et 4.

La ligne de mire passe par le sommet du guidon et par le milieu de la partie évasée du cran de mire, l'œil est bien placé pour viser et pour pointer lorsque, situé en arrière de la hausse, à la position où il serait dans le tir, il voit le guidon se projeter dans le cran de mire, comme l'indique la figure : le sommet du guidon apparaissant au milieu de la partie évasée du cran de mire, sa tige exactement encadrée au milieu de l'entaille en U.

Précision. — Réglage. — Justesse. — Une arme est dite « précise » lorsque, entre les mains d'un tireur exercé, visant un seul et même point, elle place ses coups successifs très près les uns des autres.

Ainsi, par exemple, une arme qui, dans les conditions indiquées, place six coups dans la surface d'une pièce de 1 franc, est plus précise qu'une autre dont les six coups occuperaient la surface d'une pièce de 5 francs.

L'arme la plus précise donne évidemment les meilleurs résultats dans le tir, quand il s'agit d'atteindre des cercles de plus en plus petits.

Mais il ne suffit pas, pour la pratique du tir, qu'une arme soit précise ; il faut encore que les coups portent au point où l'arme a été dirigée par le pointage, ou autour de ce point.

De deux armes, dont l'une groupe ses coups autour du point visé et l'autre à quelque distance, en haut, en bas, à droite ou à gauche de ce point, la première est dite « réglée », la seconde « déréglée ».

L'arme *juste* est celle qui est à la fois précise et réglée, c'est-à-dire dont les coups sont serrés autour du point visé.

Lorsqu'une arme est déréglée, cela tient à ce que sa ligne de mire est mal organisée. On peut généralement corriger ce défaut en déplaçant la ligne de mire de la quantité et dans le sens convenables.

Ainsi, quand un fusil porte trop bas, il faut relever le cran de mire et inversement.

Quand un fusil porte à droite, il faut déplacer le cran de mire vers la gauche, et inversement.

L'appareil de pointage peut, parfois, ne pas se prêter à ces déplacements du cran de mire. On peut néanmoins faire bon usage d'une arme déréglée. Si les coups, par exemple, portent, en général, 10 centimètres trop haut ou trop à droite, on les ramène au centre de la cible en visant de la même quantité plus bas ou plus à gauche. C'est ce qu'on appelle faire « une correction de pointage ».

Lorsqu'une arme manque de précision, cela tient à sa construction ou à la qualité des munitions; ce défaut n'est généralement pas réparable.

A titre de renseignement, les fusils du modèle 1 et 2 approuvés par le ministre de l'Instruction publique, avec les cartouches à double culot, donnent les résultats suivants, tirés sur appui par des tireurs exercés :

A 10 mètres, ils mettent couramment 5 balles dans un cercle de 3 centimètres de diamètre.

Ils sont généralement réglés.

Sur le carton réglementaire, cela fait 45 à 50 points pour 5 coups.

Dans la pratique du tir à bras francs, les élèves n'obtiendront pas ordinairement de résultats aussi élevés comme points. Leur instruction et leur adresse seront considérées comme étant d'autant plus satisfaisantes que le nombre de points obtenus, pour le même nombre de coups tirés, se rapprochera davantage de ceux qui viennent d'être indiqués.

A 10 mètres, les projectiles de la cartouche, dite « à double culot », pénètrent environ de 25 millimètres dans une planche de sapin.

Nota. — Les principes qui sont exposés ci-dessus sont spécialement destinés aux instructeurs. Ils les développeront à leurs élèves, dans la mesure où ces derniers seront aptes à les comprendre et à les appliquer.

Instruction du tireur.

Pour tirer un coup de fusil, le tireur — porte l'arme à l'épaule, — prend la ligne de mire, — la dirige sur le point à atteindre, — prépare la détente et fait feu, au moment précis où la ligne de mire passe par le but. Cette opération se décompose pour les besoins de l'instruction et l'on enseigne séparément :

1° A prendre la ligne de mire, à viser ;

2° A diriger la ligne de mire, à pointer ;

3° A porter et à maintenir l'arme à l'épaule ;

4° A agir sur la détente.

On réunit progressivement ces actions élémentaires, de telle sorte que, à la fin de l'instruction, le tireur sait tout ce qu'il faut faire pour tirer un coup de fusil et atteindre le but. La pratique du tir complète cet enseignement. La charge est une opération mécanique, qui peut s'enseigner au moment du tir.

OBSERVATION. — *C'est l'instituteur lui-même qui charge le fusil, le remet tout chargé à l'élève et le décharge s'il y a lieu.*

I. — PRENDRE LA LIGNE DE MIRE, VISER

Le fusil est posé d'aplomb, à peu près horizontalement sur un chevalet ou, à défaut, sur un coussin ou un sac rempli de terre ou de sable et déposé sur une table, la crosse un peu au-dessous de la hauteur de l'œil, la ligne de mire dirigée sur une surface éclairée, comme une feuille de papier ou un mur blanc distant de quelques mètres.

L'instructeur montre aux élèves les deux points qui déterminent la ligne de mire, le sommet du guidon et le milieu de la partie évasée du cran de mire; au besoin, il emploie, pour se faire comprendre, un fil tendu entre le cran de mire et le guidon.

Il explique que, prendre la ligne de mire, c'est placer l'œil, à la position du tir, de telle sorte qu'il voie le guidon se projeter dans le cran de mire, comme il a été dit plus haut. Il prescrit ensuite aux élèves de se porter, l'un après l'autre, à la crosse, l'œil droit au-dessus et un peu en arrière du busc, de fermer l'œil gauche et de trouver la position convenable pour voir le guidon dans le cran de mire.

Observations. — « Quelques élèves parviendront difficilement, au début, à fermer l'œil gauche. On les autorisera, dans les premiers exercices, à le boucher avec la main gauche ou avec la coiffure rabattue et on les invitera à s'exercer individuellement. Si le guidon et les bords du cran de mire sont débronzés et polis, ils donnent une image peu nette sur fond blanc; on fera bien de les noircir à la fumée, avant les exercices de pointage et de tir.

« L'instructeur tracera, sur une feuille de papier, à grande échelle, l'apparence du guidon dans le cran de mire, telle qu'on la doit apercevoir quand la ligne de mire est prise correctement, et montrera cette image aux élèves pour compléter ses explications. »

II. — DIRIGER LA LIGNE DE MIRE. — POINTER

L'instructeur montre d'abord aux élèves ce que c'est qu'une arme correctement pointée; il leur enseigne ensuite à la pointer eux-mêmes.

L'arme est disposée, comme pour le premier exercice, à 10 mètres environ d'une cible (mur ou papier blanc), portant environ à hauteur de l'œil un petit cercle noir de 1 centimètre de diamètre.

L'instructeur, se portant à la crosse, pointe l'arme lui-même, de telle sorte que la ligne de mire aboutisse exactement au bas du cercle noir.

Il avertit ensuite chaque élève de se porter à la crosse, de prendre la ligne de mire sans toucher au fusil, et de constater que le sommet du guidon, à sa position réglementaire dans le cran de mire, affleure au bas du cercle noir.

Fig. 5.

Il leur explique qu'une arme est bien pointée lorsque la hausse, le guidon et le point à viser se présentent à l'œil dans cette position relative. Pour s'assurer que les élèves ont bien vu et bien compris, il dispose sur la cible cinq ou six petits cercles noirs, de 1 centimètre de diamètre, très près les uns des autres, pointe lui-même l'arme sur l'un de ces points et se fait indiquer le point visé par chacun, à voix basse.

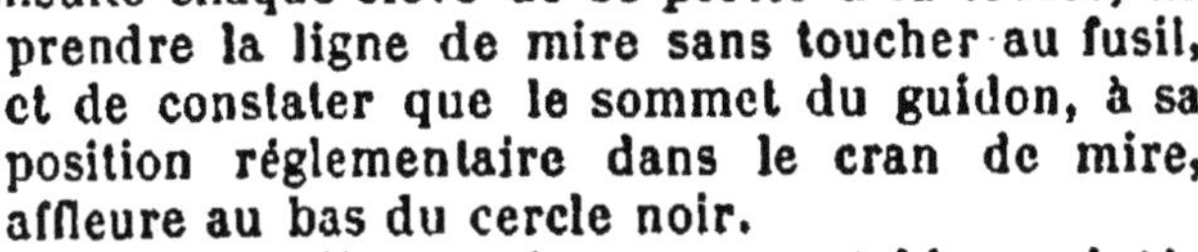

Fig. 6.

Il dérange ensuite le fusil et prescrit à chaque élève de pointer l'arme à son tour, sur un point indiqué. Il vérifie lui-même le pointage de chacun et fait remarquer, s'il y a lieu, les fautes commises.

Observation. — « Ces exercices de pointage sont essentiels dans l'éducation des tireurs.

« Aucun élève ne doit en être dispensé; aucun ne doit être admis aux exercices suivants s'il ne satisfait à ceux du pointage. »

III. — PORTER ET MAINTENIR L'ARME A L'ÉPAULE

Dans le tir à bras francs des armes à feu, c'est-à-dire sans chevalet ni appui, il faut porter le fusil à l'épaule pour amener la ligne de mire à hauteur de l'œil et il faut le maintenir en position, pendant le temps nécessaire pour pointer et pour agir sur la détente.

Le tir sera d'autant plus précis que le fusil sera mieux appliqué à l'épaule.

D'autre part, le tir des armes de guerre et de chasse produit sur l'épaule du tireur, au moment du départ du coup, un choc que l'on appelle « le recul », qui peut devenir douloureux, qui peut même renverser le tireur et, dans tous les cas, déranger le pointage, si l'on ne prend la précaution d'assurer convenablement la solidité du corps et de l'arme.

Les instructions relatives à la position du tireur, au placement de l'arme à l'épaule, ont pour but d'assurer l'arme et d'amortir le recul avec le moins de gêne et de fatigue.

Position du corps. — L'élève étant placé face au but, les bras tombant naturellement, les talons joints et les pieds un peu moins ouverts que l'équerre, l'instructeur lui fait faire un demi à droite et lui prescrit de rompre du pied droit, environ un demi-pas (à sa taille) en arrière et vers la droite, et de rentrer légèrement la pointe des pieds : le corps droit sur les hanches dans la nouvelle direction, la tête légèrement tournée vers la gauche, les yeux fixés sur le but.

Le corps est ainsi bien placé pour recevoir le choc, l'écartement des jambes assure la stabilité sur la base : la jambe droite, portée en arrière, forme arc-boutant pour résister à la poussée du recul.

L'élève étant dans cette « position du tireur », l'instructeur lui met le fusil entre les mains, en le faisant prendre de la main droite à la poignée, de la main gauche sous le fût, en arrière de la hausse; l'arme à la hanche, le coude droit sur la crosse, le coude gauche au corps, le bout du canon dirigé vers le but, et légèrement relevé, environ à hauteur de l'épaule.

C'est cette position qu'on devra toujours prendre avant de tirer.

Placement de l'arme à la main. — L'élève étant dans la position du tireur, l'instructeur, placé à sa droite et un peu en avant, lui prend le fusil des mains et lui prescrit de laisser tomber les bras naturellement, puis de porter légèrement l'épaule droite en avant, le reste du corps demeurant immobile.

Il lui place ensuite le fusil dans le creux ainsi formé à l'épaule, le talon de la crosse dépassant à peine le haut de l'épaule, le tranchant extérieur de la plaque de couche en dedans de la couture de la manche. Puis il lui prescrit de saisir l'arme avec la main droite à la poignée, avec la main gauche sous la hausse et de la maintenir à peu près horizontalement, en exerçant des deux mains une traction modérée vers l'arrière et en résistant de l'épaule : le coude droit levé, presque à hauteur de l'épaule, le coude gauche abattu. Il soutient lui-même le fusil près de la bouche pour diminuer la fatigue de l'élève.

Le tireur, ayant replacé l'arme à la hanche, s'exerce à la porter lui-même à l'épaule : les deux mains soulevant le fusil le portent un peu en avant, puis le ramènent contre l'épaule, qui s'avance légèrement pour le recevoir.

Il est exercé ensuite à prendre la ligne de mire, l'œil gauche fermé, la tête penchée le moins possible à droite et en avant, et enfin à pointer sur un but désigné.

Observations. — « Dans le placement de l'arme à l'épaule, il est prescrit d'appuyer fortement le fusil, afin d'assurer sa position et d'amortir l'effet du recul.

« Le recul des armes de guerre et de chasse devient pénible quand l'arme n'est pas vigoureusement serrée à l'épaule.

« L'épaule droite est portée en avant pour arrêter le fusil qui, sans cette précaution, serait mal assuré sur une surface oblique et fuyante.

« L'élévation du coude droit facilite le mouvement en avant de l'épaule. Le bras gauche abattu soutient l'arme avec le minimum de fatigue. Dans le pointage, on recommande de pencher aussi peu que possible la tête à droite et en avant, afin d'éviter que le nez, trop rapproché de la main droite, ne soit atteint par le recul.

« Quelques tireurs, particulièrement ceux qui ont le cou long, arriveront difficilement à prendre la ligne de mire en conservant la tête haute; on les autorisera à relever le fusil, en laissant la crosse dépasser plus ou moins le haut de l'épaule.

« L'instructeur ne devra pas perdre de vue que la position de l'arme en joue est assez fatigante et que les tireurs étant laissés trop longtemps dans cette position, involontairement les reins se creusent, le corps se penche en arrière, les bras tremblent, etc.

« Il devra donc se former le coup d'œil, de manière à juger rapidement l'ensemble et les détails de la position du tireur en joue. Il vérifiera le placement des pieds et du corps avant de faire porter le fusil à l'épaule; puis, lorsque l'élève est en joue, il inspectera rapidement le placement des mains, des bras, de l'épaule et de la tête.

« En principe, toute position qui dénote une gêne ou une contrainte est incorrecte et doit être rectifiée. »

IV. — ACTION DU DOIGT SUR LA DÉTENTE

Les détentes des armes à feu sont généralement très longues, c'est-à-dire qu'il faut ramener la détente assez loin en arrière pour déterminer le départ du coup : elles sont plus ou moins dures.

Cette disposition est nécessaire pour prévenir les accidents ou les départs prématurés; mais elle a pour conséquence d'obliger le tireur à maintenir plus longtemps l'arme en pointage.

Dans la plupart des armes de guerre, on a tourné la difficulté par l'adoption d'une détente spéciale « à double bosse'te », qui est organisée de telle sorte que l'action du doigt s'exerce en deux fois. Le fusil étant armé, si l'on appuie sur la détente avec précaution, elle cède à la pression, jusqu'à un certain point où elle marque nettement un arrêt.

La détente est arrivée alors près de la limite de sa course et il suffit d'une courte pression pour faire partir le coup.

Cet arrêt est un avertissement pour le tireur et lui permet de préparer la détente, c'est-à-dire de la ramener en arrière sans crainte de faire partir le coup en attendant qu'il soit prêt à tirer. Il peut ensuite faire feu pour ainsi dire instantanément, lorsqu'il juge le moment convenable.

Il importe que le tireur étudie avec soin la détente de son arme pour en connaître exactement la marche.

L'élève étant dans la position du tireur, l'arme à la hanche, l'instructeur lui prescrit de serrer fortement l'arme à la poignée avec la main droite, d'engager l'index sur la détente et de la presser doucement en fermant graduellement le doigt. Il lui fait remarquer le temps d'arrêt qui se produit au moment où la deuxième bossette prend le contact et lui montre qu'il suffit ensuite d'une courte pression pour faire partir le chien.

Cette dernière pression ne doit pas être donnée toutefois d'un coup sec, mais en fermant graduellement le doigt.

Au besoin, l'instructeur, s'il éprouve des difficultés à se faire comprendre, place son doigt sur celui de l'élève et lui prescrit de céder simplement à la pression : il lui explique ce qu'on entend par le temps d'arrêt de la détente et comment on se sert de la détente à double bossette.

L'élève s'exerce ensuite individuellement à faire partir le chien en deux temps, sans effort et sans saccade : un pour préparer la détente, deux pour achever de fermer le doigt et provoquer le départ.

Observations. — « L'action du doigt sur la détente est essentielle dans le tir; il importe que le tireur soit familiarisé avec le jeu et le fonctionnement de la détente du fusil avec lequel il doit tirer.

« Celui qui ne connaît point sa détente fait partir le coup trop tôt ou trop tard, alors que l'arme n'est pas encore pointée ou qu'elle ne l'est plus. Il est recommandé de serrer fortement l'arme à la poignée. Sans cette précaution, le mouvement du doigt se communique à la main, au bras et à l'épaule, au détriment du pointage. Si la longueur des doigts le permet, il est bon d'engager l'index sur la détente vers le milieu de la deuxième phalange.

« Si l'arme dont on dispose n'est point pourvue d'une détente à double bossette, l'action du doigt est bien plus délicate à enseigner et à pratiquer.

« Il faut alors trouver, par tâtonnements, la quantité dont on peut ramener la détente en arrière, sans faire partir le coup et s'habituer, par des exercices fréquents, à la pression nécessaire. »

V. — FEU SIMULÉ

Lorsque l'élève a ainsi appris, séparément et en détail, les opérations successives que comporte le tir, on les lui fait réunir en une première application par le feu simulé.

L'élève étant dans la position du tireur, face au point à viser, le fusil à la hanche, armé mais non chargé, l'index de la main droite en avant de la détente, l'instructeur lui prescrit de tirer sur un point qu'il lui désigne, d'ordinaire le noir d'un carton placé à la distance réglementaire de 10 mètres.

Le tireur porte l'arme à l'épaule, prépare la détente, prend la ligne de mire et la dirige sur le point à viser, en s'efforçant de la maintenir ou de la ramener sur ce point, lorsqu'elle s'en est écartée par suite des mouvements que le tireur communique involontairement à son arme, il saisit le moment où la ligne de mire passe exactement par le point à viser, pour achever de fermer le doigt sans brusquerie et faire partir le chien.

Il reste un instant en joue après que le coup est parti, puis il replace le fusil à la hanche sans précipitation, arme le chien, puis recommence la même opération sans se presser, en observant tous les principes du placement de l'arme à l'épaule, du pointage et de l'action du doigt sur la détente.

L'instructeur, placé sur le côté, en surveille l'application. Lorsque les élèves ont acquis une certaine pratique du feu simulé, ils s'exercent individuellement, afin de se familiariser avec le maniement du fusil en vue du tir.

Observations. — « L'instituteur se bornera à enseigner le tir dans la position debout; il exigera que cette position soit prise correctement; il interdira les procédés et les postures de fantaisie.

• Il se trouvera que les élèves voient mal de l'œil droit; on pourra les autoriser à tirer à gauche, mais seulement dans les cas où la faiblesse de leur vue les empêcherait absolument de tirer à droite.

• Ne sont admis au tir réel que les seuls qui ont suivi le cours d'instruction; cet enseignement préparatoire est repris, au moins sommairement, tous les ans. »

VI. — PRATIQUE DU TIR

Règles générales. Mesures de sécurité. — Le tir ne peut avoir lieu qu'en présence de l'instructeur.

Celui-ci est responsable de l'ordre et de la sécurité dans les exercices, de l'entretien et de la conservation de l'armement, de la consommation des munitions.

L'accès de la cour où se trouve le stand est interdit à ceux des élèves qui ne prennent pas part aux exercices.

Les élèves admis à tirer sont réunis en arrière du pas de tir ; celui qui doit tirer se présente seul à l'emplacement du tireur, il fait face à la cible, prend la position du tireur, reçoit le fusil des mains de l'instructeur, tire le nombre de coups prescrit, puis rend le fusil à l'instructeur.

Le fusil ne doit être chargé qu'à l'instant où l'on va tirer. L'arme chargée doit toujours être tenue en mains, le canon tourné vers la cible ; il est formellement interdit de l'abandonner ou de la déposer momentanément.

Lorsque le tir est terminé ou interrompu, le fusil doit être déchargé et déposé sur la table, la culasse ouverte.

Exécution des tirs.

Les tirs s'exécutent dans la position debout.

Les séries sont, au minimum, de 5 coups.

Le bon tireur est celui qui sait à la fois produire un tir serré et dont les coups sont groupés le plus près possible du centre.

On peut enseigner séparément à produire un tir serré et à ramener les coups sur le centre. — Le programme suivant servira de guide.

1. — Tir de précision.

Cible, une feuille de papier blanc portant un cercle noir de 1 centimètre de diamètre.

Viser constamment et exactement le bas du noir sans se préoccuper du point où portent les coups.

Le meilleur tir est celui qui est le plus serré.

2. — Correction du pointage, sur un point marqué.

L'instructeur ayant vérifié le tir du fusil et constaté, par exemple, en visant le bas du noir, que les coups portent environ 4 centimètres plus haut et 2 centimètres à droite, placera sur le carton réglementaire un second noir à 4 centimètres au-dessous et 2 centimètres à gauche du noir central.

Il explique aux élèves que, pour atteindre le noir central, il faut pointer l'arme sur le noir auxiliaire.

3. — Correction du pointage sur un point désigné non marqué.

On augmente la difficulté du tir précédent et on se rapproche du tir réel en indiquant seulement au tireur la correction à faire, sans la marquer sur le carton.

Arrivé à ce point, le tireur peut être réputé instruit et admis à faire des cartons.

Pour varier les exercices et soutenir l'intérêt, on pourra faire tirer à commandement. Enfin, on pourra installer des buts variés, silhouettes d'hommes ou d'animaux, fixes ou mobiles, des buts à éclipses, etc. On se gardera toutefois de faire dégénérer le tir en exercice banal ou qui cesserait de répondre au but sérieux et patriotique du tir scolaire.

*En dehors de ces prescriptions matérielles, l'instructeur sur-
veillera de près le côté moral du tir, habituant l'enfant à ne pas
se presser, à tirer toujours avec calme, ne pas s'impatienter ni
se décourager, à donner à chaque coup toute son attention
comme s'il était unique, et, enfin, à ne pas s'émotionner aux derniers coups, de telle sorte que, pour cet enfant si accessible aux
premières impressions, le tir ne soit pas seulement un exercice
d'adresse, mais aussi et surtout une école de patience, d'énergie
et de sang-froid.*

Contrôle.

L'instructeur tiendra un compte sommaire des munitions
reçues et consommées.

Il tiendra note des séances d'instruction et de tir et des élèves
qui y ont pris part.

Les résultats du tir sont relevés pour chaque élève, inscrits
sur un carnet et affichés après chaque séance dans une salle de
l'école.

Ces résultats serviront de base d'appréciation pour les récompenses à décerner.

Nous croyons utile de donner à titre d'indication un modèle
de statuts.

STATUTS DE LA SOCIÉTÉ DE TIR

de

Fondée le

ARTICLE PREMIER. — Sous le titre de
il est formé, conjointement entre toutes les personnes qui
adhèrent ou adhéreront aux présents statuts, une Société ayant
pour but de propager et de vulgariser l'étude théorique et pratique du tir.

ART. 2. — La Société se compose de

1° Membres fondateurs ;

2° Membres titulaires;

3° Membres pupilles;

4° Membres d'honneur.

ART. 3. — Les membres fondateurs, les membres titulaires et
les membres pupilles seront admis par le comité de la Société
sur demande écrite, présentée et signée par un sociétaire,
adressée au président. Cette demande d'admission sera accom-
pagnée d'une acceptation des conditions imposées par les présents statuts et règlements.

Art. 4. — Les membres fondateurs et les membres titulaires devront avoir au moins dix-huit ans révolus.

Les membres pupilles ne seront admis qu'au-dessous de dix-huit ans révolus.

Art. 5. — Seront nommés membres d'honneur ceux auxquels la Société voudra conférer ce titre, soit pour services rendus à la Société, soit pour toute autre cause. Ces nominations seront faites en assemblée générale.

Art. 6. — Tous les adhérents, à quelque titre que ce soit, doivent être Français, et la Société ne pourra admettre aucun individu de nationalité étrangère.

Art. 7. — La cotisation est annuellement de   francs pour les membres titulaires et de   francs pour les membres pupilles.

Art. 8. — Les membres fondateurs, dont le nombre est illimité, verseront une somme de   francs, destinée à constituer un fond de caisse.

Art. 9. — La Société sera administrée par un comité de direction composé de   membres, savoir :

Un président;

Un vice-président;

Un secrétaire;

Un secrétaire adjoint;

Un trésorier;

Un trésorier adjoint;
      commissaires.

Art. 10. — Les membres du comité seront élus en assemblée générale.

Art. 11. — Le comité ne pourra délibérer qu'autant que la moitié de ses membres seront présents.

Les décisions seront prises à la majorité. En cas de partage, la voix du président est prépondérante.

Art. 12. — Le comité a pouvoir d'autoriser tous actes et toutes dépenses utiles au bon fonctionnement de la Société.

Art. 13. — Le président est le représentant officiel de la Société; il dirige les séances, signe tous les écrits passés au nom de la Société, vise les mandats à payer ou à encaisser, etc.

Art. 14. — Les vice-présidents remplacent le président en cas d'absence ou de démission et le secondent dans ses fonctions.

Art. 15. — Les secrétaires sont chargés de la correspondance des circulaires, convocations, etc., etc.; ils rédigent les procès-verbaux, les ordres du jour et les rapports; ils ont la garde des archives.

Art. 16. — Les trésoriers sont chargés de la comptabilité et de la partie financière, recouvrement des cotisations, paiement des dépenses, etc., etc. Leur livre de caisse, constamment à jour, sera contrôlé et visé tous les trois mois par les membres du comité.

Art. 17. — Le comité se réunira au moins une fois tous les mois et plus souvent s'il est nécessaire, sur convocation du président ou de la majorité des membres du comité.

Art. 18. — Une assemblée générale aura lieu régulièrement une fois par an.

Les sociétaires pourront être convoqués, en dehors des époques ci-dessus indiquées, en assemblée générale extraordinaire, sur convocation du président d'accord avec la majorité du comité, ou sur convocation du tiers des membres fondateurs et titulaires inscrits.

Art. 19. — Tous les ans, dans l'assemblée générale ordinaire, il sera procédé au renouvellement des membres du comité. Les nominations se feront au scrutin secret, à la majorité des membres présents. Les membres du comité sont rééligibles.

Art. 20. — Le comité sortant devra présenter à cette assemblée un rapport sur la situation de la Société et sur son fonctionnement pendant l'année écoulée.

Art. 21. — Pour répondre au but de son institution, la Société constituera, au moins une fois tous les ans, un concours public avec prix. Les conditions de ce concours seront déterminées par le comité.

Art. 22. — Le comité pourra déléguer, pour prendre part aux concours étrangers, les meilleurs tireurs de la Société. Les frais de déplacement de ces sociétaires seront supportés par la Société, autant que les ressources en caisse le permettront.

Art. 23. — Les démissions seront adressées au président par écrit. Les membres démissionnaires seront tenus de s'acquitter de leur cotisation due.

Art. 24. — Le comité aura le pouvoir et le devoir de prononcer la radiation d'office de tout membre qui, par sa conduite, aurait porté atteinte à la considération de la Société. Le comité pourra également rayer de la liste des sociétaires tout membre qui serait en retard de plus de six mois pour sa cotisation.

Art. 25. — Tout sociétaire exclu ou rayé des listes perd, de ce fait, tous droits aux avantages et à l'actif de la Société.

Art. 26. — La dissolution de la Société ne pourra être mise en délibération que sur la demande écrite de la moitié au moins des membres inscrits, adressée au président un mois avant une assemblée générale ordinaire ou extraordinaire. Elle ne pourra faire l'objet d'un scrutin secret : elle sera, au contraire, votée sur appel nominal et ne sera prononcée qu'en cas de majorité réunissant les trois quarts des sociétaires inscrits.

Art. 27. — L'assemblée qui prononcera la dissolution de la Société nommera, dans la même séance, une commission, de cinq membres, chargée de la liquidation. — Cette commission, après avoir arrêté et réglé tous les comptes, proposera, dans une assemblée ultérieure, convoquée par elle, l'emploi des fonds disponibles.

Art. 28. — Les membres pupilles n'auront pas voix délibérative aux assemblées générales.

Art. 29. — Les sociétaires sont toujours pécuniairement responsables des dégradations des armes et du matériel de la Société, lorsque ces dégradations proviendront de leur faute ou de leur négligence.

Art. 30. — Des dons de toute nature pourront être acceptés par la Société.

Art. 31. — Les fonds provenant des cotisations, des dons et des bénéfices réalisés par la Société seront destinés à l'achat et à l'entretien des biens et du matériel de la Société; ils pourront être aussi employés, suivant décision du comité, à l'achat de prix pour le concours.

Art. 32. — Les présents statuts pourront être revisés, à la condition que les modifications proposées seront adoptées par les deux tiers au moins des sociétaires inscrits, réunis en assemblée générale.

Art. 33. — Toute discussion politique ou religieuse est rigoureusement interdite dans les réunions ou assemblées.

La Société ainsi organisée n'a plus qu'à faire la déclaration prévue par la loi sur les associations. Elle peut alors adhérer à l'Union des Sociétés de tir de France qui lui donnera toutes les indications nécessaires pour son fonctionnement. Société du tir scolaire, elle n'aura à payer qu'une cotisation de 5 francs par an et recevra gratuitement chaque semaine le « Tir national », journal officiel de l' « Union » qui la tiendra au courant de tout ce qui concerne le tir.

d) TRAVAUX MANUELS (GARÇONS)

Dans la grande majorité des écoles dépourvues d'atelier, les travaux manuels et le dessin aident puissamment à faire comprendre, à de jeunes enfants, les formules géométriques ainsi que les principaux théorèmes : c'est pourquoi nous avons réuni ces deux progrmames (voir page 200).

e) TRAVAUX MANUELS (FILLES)

Les exercices de pliage, de tressage, de cartonnage indiqués pour les garçons conviennent également aux jeunes filles.

Dans les travaux de couture, il y a deux parties bien distinctes, également importantes : 1° la couture proprement dite, c'est-à-dire l'exécution matérielle où l'automatisme des mouvements est nécessaire à la rapidité; 2° le travail raisonné, prévu, conduit avec intelligence. Il ne suffit pas d'exécuter convenablement un point déterminé, il faut savoir pourquoi on l'emploie de préférence à tel autre. Nous procéderons de même dans les exercices de coupe, dans le choix des étoffes, dans la manière de les utiliser. D'où la nécessité d'un enseignement collectif raisonné.

Toute leçon de travail manuel — qu'il s'agisse des garçons ou des jeunes filles — commence par un exposé simple, clair, fait au tableau noir, appuyé d'un dessin figurant les différentes parties, les diverses phases du travail à exécuter. Nous signalons les difficultés à vaincre, les précautions à prendre. Souvent, nous exécutons en même temps que tous les élèves la première partie de l'exercice. Nous examinons ensuite le travail réalisé, nous relevons les fautes individuelles; lorsque quelques-unes sont presque générales nous faisons interrompre le travail pour revenir, pour insister sur la partie de l'exposé qui n'a pas été saisie.

Dans une leçon collective ainsi comprise, les indications générales données au tableau noir et les conseils particuliers profitent à toute la classe, puisque les élèves font la même partie du même travail en même temps et que nous procédons par étapes successives.

Travaux manuels (filles).

COURS ÉLÉMENTAIRE

Octobre.

Couture. — Point devant sur pièce. Point de côté. Couture anglaise. Point devant, ourler la pièce, faire un modèle de mouchoir en papier, ourler un petit mouchoir en étoffe.

Tricot. — Exercices sur la maille à l'endroit et la maille à l'envers. Jarretière.

Novembre.

Couture. — Point arrière sur fil droit. Assemblage de morceaux d'étoffe pour faire des fichus, des mouchoirs ou des torchons.

Tricot. — Mailles à l'endroit et à l'envers. Applications : fichus ou cache-nez.

Décembre.

Couture. — Surjet sur lisière. Assemblage de morceaux pour la confection d'objets simples : brassière ou sac.

Tricot. — Côtes simples. Application : fichus ou cache-nez.

Janvier.

Couture. — Surjet sur lisière, reprise sur étamine ou grosse toile; morceaux d'étoffe pour fichus, torchons, mouchoirs.

Tricot. — Côtes doubles; manchettes.

Marque. — 1" point, point de côté simple.

Février.

Couture. — Reprise sur étamine ou grosse toile; couture rabattue sur fil droit; brassière ou sac.

Marque. — Point de côté double. Lettres : I, II, E, F, L. Chiffre 1.

Mars.

Couture. — Surjet sur étoffe repliée; reprise sur étamine ou grosse toile. Confection d'une ménagère.

Marque. — J, M, N, U. Chiffres 2 et 3.

Avril.

Couture. — Continuation de la ménagère. Point de chausson couture de la flanelle.

Marque. — B, P, Q, R.

Mai.

Couture. — Reprise sur toile ou sur étamine.

Crochet en bois ou en os, étude des principaux points usités pour la confection des objets usuels.

Marque. — K, T. Chiffres 4 et 7.

Juin.

Couture. — Reprise sur grosse toile.

Crochet. — Continuation de l'étude des principaux points usités pour la confection des travaux usuels : brassière ou chausson.

Marque. — A, V, X. Chiffres 5 et 8.

Juillet.

Couture. — Confection d'un objet de lingerie très simple en papier d'abord, en étoffe ensuite.
Marque. — C, D, G, O, Y, Z. Chiffres 6, 9 et 0.

COURS MOYEN

Octobre.

Couture. — Pièce de revision des différents points précédemment étudiés : monter un petite chemise en papier; confectionner la chemise.
Marque. — Lettres et chiffres sur toile.
Tricot. — Côtes simples. Travail d'application : carré tricoté en coton pour servir d'éponge.

Novembre.

Couture. — Piqûre sur fil tiré. Monter en papier une taie d'oreiller et ensuite la confectionner.
Tricot. — Côtes doubles. Travail d'application : bas d'enfant ou chaussettes.

Décembre.

Couture. — Surjet, piqûre sur fil tiré. Taie d'oreiller à finir sans boutonnière, reprise sur toile.
Tricot. — Conduite d'un bas, augmentation et diminution.

Janvier.

Couture. — Surjet, couture rabattue sur fil droit. Travail d'application : brassière, reprise sur tricot.
Tricot. — Continuation du bas.

Février.

Couture rabattue sur fil droit; piqûre sur fil non tiré. Application : bonnet d'enfant, reprise sur drap.
Tricot. — Terminer le bas.

Mars.

Couture. — Piqûre sur fil non tiré. Application : ourlet piqué, serviette ou mouchoir. Reprise sur tricot et sur drap.

Avril.

Couture. — Ourlet piqué; boutonnière. Application : petit objet de layette. Reprise.

Mai.

Couture : *Boutonnière.* — Bride; pose de boutons. Application : jupon ou petit objet de layette.

Juin.

Couture. — Pièce à coins en surjet, boutonnière, bride. Application : tablier d'enfant avec ceinture marquée aux initiales de l'élève.

Juillet.

Crochet. — Étude des principaux points pour ornement de lingerie.

COURS SUPÉRIEUR

Octobre.

Revision des points différents, couture, tricot et crochet étudiés precédemment.

Novembre.

Couture rabattue en biais. Fronces, bordage en biais. Application : tablier.
Tricot. — Jupon ou cache-corset.

Décembre.

Couture rabattue en biais, fronces, plis, reprises en biais. Application : jupon ou pantalon d'enfant.
Tricot. — Continuation de l'objet commencé au mois précédent.

Janvier.

Couture. — Plis, point de flanelle, point de chainette. Application : confection d'un objet en flanelle, reprise sur drap.

Février.

Couture. — Plis, ruches et plissés, point de chainette. Application : jupon ou pantalon. Reprise sur drap.

Mars.

Couture. — Ruches et plissés, point de chainette, point d'épine. Application : jupon ou chemise.

Avril.

Couture. — Point de feston, jours très simples pour ornement de lingerie. Travail d'application : tablier ou blouse d'enfant, pièce à plusieurs coins, raccommodage de vêtements.

Mai.

Couture. — Pièces à plusieurs coins. Étude des divers points au crochet pour ornement de lingerie. Confection d'objets usuels : jupon, brassière ou bonnet.

Juin.

Premières notions de coupe pour objets très simples. Confection d'objets de lingerie d'après un patron. Pièce en rond.

Juillet.

Étude de la machine à coudre : démontage, remontage, maniement.

B. — ÉDUCATION INTELLECTUELLE

·a) LECTURE

Il serait téméraire de vouloir établir une division mensuelle pour l'enseignement de la lecture : tout dépend de la méthode adoptée, du livre employé et des progrès des enfants plus ou moins bien préparés. Nous nous contenterons de donner quelques indications relatives à chacun des trois cours.

Cours élémentaire.

Insistons tout d'abord sur l'importance de la lecture dans ce cours; les élèves n'y lisent pas encore couramment, d'où la nécessité d'accorder dans la répartition horaire une large place à cette matière du programme, et, dans chaque leçon, la plus grande partie du temps à l'exercice mécanique.

Voici comment nous comprenons une leçon de lecture dans le cours élémentaire :

1º Nous écrivons au tableau noir trois ou quatre mots qui présentent une difficulté de prononciation, puis trois ou quatre mots dont le sens nous paraît ignoré de la majorité de nos élèves. Nous énonçons très distinctement les premiers; nous expliquons rapidement les autres, en mentionnant les phrases où ils sont employés et où nous les remplaçons par des synonymes plus simples ou mieux connus;

2° Nous lisons très lentement, très distinctement, en exagérant un peu l'articulation, le premier fragment du morceau; nous le faisons relire ensuite par un bon élève qui essaye de nous imiter; un élève moins avancé reproduit le même texte; la suite est abordée par un troisième et un quatrième. Chaque élève ayant déchiffré une ou deux phrases est invité à expliquer un mot difficile. Nous continuons de la même manière, fragment par fragment, jusqu'à la fin du morceau;

3° Nous relisons le morceau tout entier et nous le faisons résumer, non pas en posant la fameuse question : « Que venons-nous de lire? » qui reste presque toujours sans réponse, mais par une série de questions plus précises. Nous mettons en relief l'idée générale et, s'il y a lieu, nous tirons la conclusion pratique;

4° Nous faisons relire le morceau collectivement; mais, à chaque instant, nous coupons cet exercice par une lecture individuelle de quelques mots, pour soutenir l'attention de tous;

5° Nous croyons que la lecture individuelle est la plus active, la plus fructueuse, la plus probante; mais nous reconnaissons qu'il est difficile d'obtenir que toute la classe la suive effectivement. C'est pourquoi nous invitons les enfants à lire dans un ordre qui n'est connu que de nous; nous ne les interrompons point pour signaler les fautes commises; mais, la phrase lue, nous prions les élèves de nous les indiquer. Nous considérons la lecture collective comme un mal nécessaire dans une classe nombreuse, afin que tous les élèves puissent lire, mais nous la rejetons au second plan.

6° Nous sommes persuadés que la lecture collective nous donne une idée fausse du niveau général de la classe, parce qu'elle est conduite par les élèves les plus forts, que les faibles n'y prennent qu'une part passive et enfin parce qu'elle est trop souvent chantante. Nous connaissons des maîtres de grande valeur qui ne partagent point notre manière de voir et qui obtiennent par l'exercice collectif des résultats remarquables. Ceux-là constituent une exception : ils nous donnent des leçons et n'ont nullement besoin de nos directions.

Cours moyen.

Le plan de la leçon reste le même; nous pouvons supprimer la prononciation des mots difficiles puisque les élèves lisent couramment et qu'ils ont été invités à préparer la leçon en lisant, à la maison, à haute voix, en présence d'un membre de la famille, le morceau indiqué. Quelquefois, un bon élève est appelé à faire la première lecture à titre de récompense ou d'encouragement. L'explication des termes difficiles subsiste, mais elle est limitée à la compréhension générale du morceau et ne dégénère point en digressions grammaticales, historiques, géographiques ou scientifiques. Voici la manière de procéder que nous recommandons :

1° A la fin de la leçon, lorsque le morceau bien compris s'y prête, essayons de faire trouver aux enfants le plan adopté par l'auteur, les moyens qu'il a employés pour éclairer, convaincre ou persuader, ce sera une préparation à la composition française;

2° Ayons plusieurs livres de lecture : les uns, en texte suivi, intéressent davantage les élèves; les autres, recueils de morceaux bien choisis, sont plus littéraires;

3° Conservons à la lecture son véritable caractère; ne réduisons jamais le temps prévu par la répartition horaire; ne lisons pas un morceau qui doit compléter une leçon d'histoire, de géographie ou de sciences : les explications techniques nécessaires à l'intelligence du texte seraient trop nombreuses et tiendraient trop de place;

4° N'oublions pas la lecture hebdomadaire à faire par le maître, qui en choisira le texte dans une revue, dans un ouvrage de sa bibliothèque personnelle, cherchant à faire naître ou à développer chez ses auditeurs le goût des bonnes lectures;

5° Réservons toujours à la leçon de lecture une préparation sérieuse; sans elle, les explications sont longues et superficielles.

Cours supérieur.

Ici, la lecture matérielle est préparée dans la famille; de même, le sens des mots difficiles est cherché dans le dictionnaire avant la leçon : le temps est consacré à la lecture expliquée, à la lecture expressive des morceaux empruntés à nos meilleurs écrivains. Le commentaire est possible; montrons surtout les beautés et provoquons l'admiration, en la justifiant. Les comptes rendus peuvent être plus nourris, plus personnels.

b) ÉCRITURE

Nous laissons à l'instituteur le soin de choisir entre l'écriture droite et l'écriture penchée, car nous sommes absolument persuadés que le genre d'écriture n'a aucune influence sur la bonne ou mauvaise tenue des élèves : tout dépend de la vigilance du maître. Toutefois, nous pensons qu'il convient d'abandonner l'écriture anglaise, élégante peut-être, mais trop fine et trop penchée pour être lisible. La pente la plus avantageuse nous paraît être celle donnée par la diagonale du rectangle dont la hauteur est double de la largeur.

Il importe que le genre d'écriture et la forme des lettres soient arrêtés dans le Conseil des maîtres et suivis très exactement dans toutes les classes sans exception, afin que les enfants ne soient pas déroutés.

Les cahiers à modèles préparés, qui enlevaient toute initiative à l'instituteur, ont à peu près disparu; mais les cahiers à réglure spéciale, avec indication de la pente, présentent des avantages au moins pour la leçon d'écriture proprement dite.

Indications générales.

a) Toute leçon d'écriture doit être l'objet d'un exposé au tableau noir reproduisant la page des enfants, afin de rendre les explications plus claires; le nombre des lettres ou des mots contenus dans une ligne du tableau se retrouve dans la ligne correspondante du cahier;

b) Tous les élèves reproduisent le même texte, autant que possible le même mot simultanément, de sorte que les conseils arrivent pour tous en temps utile;

c) Une seule forme doit être adoptée pour la même lettre dans les trois hauteurs d'écriture : grosse, moyenne et fine, de manière à n'avoir à enseigner que l'écriture moyenne;

d) Varions le texte à reproduire, si nous voulons que notre modèle au tableau noir soit observé;

e) Conservons très net, irréprochable notre modèle; indiquons sur le tableau voisin les fautes généralement commises;

f) Exigeons une écriture correcte dans tous les devoirs : l'écriture courante lisible, nette et rapide, élégante même est le meilleur résultat à obtenir;

g) Rappelons en temps utile les principes relatifs à la tenue du corps, du cahier et de la plume; veillons à ce qu'ils soient observés, non seulement pendant la leçon d'écriture, mais pendant tous les devoirs écrits : ce qui importe, ce sont les bonnes habitudes.

Cours élémentaire.

Gardons-nous de commencer par les bâtons parallèles, c'est un exercice difficile et fastidieux pour des enfants aussi jeunes; rejetons-le beaucoup plus loin car, bien exécuté, il délie les doigts. Adoptons 5 ou 6 millimètres pour le corps de l'écriture; avec une hauteur moindre, les détails des lettres ne sont pas suffisamment nets; une écriture plus grosse exige un effort dont les petits doigts ne sont pas capables.

Voici une gradation proposée :

1° Lettres sans boucle : *i u t n m c o a e v r s x.*

2° Lettres à boucle supérieure : *l b h k d.*

3° Lettres à boucle inférieure : *p q g j y z.*

4° Lettre à boucle supérieure et inférieure : *f.*

Voici le programme d'une leçon :

Nous traçons d'abord la lettre à étudier d'une façon toute spéciale, nous en indiquons le mouvement général, les détails viennent ensuite; nous reproduisons cette lettre

dans toute une ligne, un nombre de fois arrêté à l'avance et donné. Les lignes suivantes sont remplies avec des mots commençant par cette lettre ou la renfermant plusieurs fois. Le modèle tout entier est écrit au tableau noir; il représente exactement, ligne pour ligne, la tâche de l'élève qui est amené à l'écriture normale, par l'obligation de mettre dans la ligne du cahier ce que contient la ligne du tableau.

Le maître circule dans les bancs, surveille et rectifie au crayon de couleur, plus pratique que l'encre rouge, le travail individuel. Les élèves déposent le porte-plume pour profiter d'une remarque générale faite au tableau noir, à côté du modèle respecté.

Au cours de la journée, durant les différents travaux écrits, nous appelons spécialement l'attention des enfants sur la lettre étudiée, de manière qu'elle soit l'objet d'un soin particulier. Nous obtenons ainsi des devoirs très soignés, parce qu'il n'est pas pratiquement possible de bien tracer une lettre et de négliger les autres.

Cours moyen.

Nous conservons tous les procédés indiqués ci-dessus; mais le modèle de la leçon d'écriture étant trop long pour être tracé en entier au tableau noir, nous nous contentons d'écrire le texte de la moyenne cursive, sur lequel nos explications sont données; les enfants le reproduisent dans les conditions précédentes. Le texte en fin est pris dans le livre de lecture où nous avons eu soin de faire séparer, par des traits verticaux, ce qui doit être écrit dans une ligne du cahier. Les élèves ont le livre sous les yeux; l'un d'eux est chargé de dicter lentement chaque mot à mesure qu'il l'écrit. Nous obligeons ceux qui sont trop pressés à attendre leurs condisciples; nous stimulons les retardataires et nous obtenons que tous écrivent presque le même mot, la même lettre en même temps; nous rappelons que telle lettre a telle hauteur, qu'elle commence sous ou sur la ligne, et ce rappel profite à tous. Un enfant constate que ses lettres ou ses mots sont trop espacés lorsque la place lui fait défaut; il passe les mots qu'il n'a pu écrire, afin de commencer la ligne suivante avec le même mot que ses camarades; au contraire, un autre élève laisse un espace vide à la fin de la ligne si son écriture est trop serrée ou ses mots trop rapprochés : la faute saute aux yeux dans les deux cas. Si l'on a soin de ne tolérer qu'une forme unique pour la même lettre, on arrive sûrement à une écriture régulière, la même pour tous : preuve évidente que l'écriture est véritablement enseignée par un maître persévérant et attentif qui y laisse sa marque.

Cours supérieur.

Les enfants sont capables d'une certaine initiative, plus de liberté leur est nécessaire ; ils doivent apprendre les autres genres d'écriture : bâtarde, ronde, gothique, imprimée, dans les différentes grosseurs. Il est nécessaire qu'ils fassent preuve de goût dans la disposition d'une page, d'un tableau, d'un état, d'une facture; qu'ils emploient l'écriture la plus avantageuse dans la confection des titres; qu'ils sachent emprunter au dessin linéaire ou d'imitation quelques ornements disposés convenablement dans la marge.

Un certain nombre d'entre eux vont quitter l'école pour entrer dans le commerce, dans l'industrie, dans les banques, où des travaux de ce genre leur seront demandés : il est nécessaire que l'école les y prépare et leur évite certains tâtonnements, certaines maladresses.

Dans le cours supérieur, la leçon d'écriture et les exercices de dessin doivent souvent se pénétrer et même se confondre quelquefois.

c) LANGUE FRANÇAISE

GRAMMAIRE

Le nombre des règles de grammaire à apprendre est peu considérable, parce que nos jeunes élèves connaissent pratiquement une grande partie de la langue maternelle et que leur oreille, déjà exercée, leur indique la faute commise.

Laissons de côté les exceptions qui n'entrent pas dans le langage courant.

Nous débutons toujours par des exemples; les premiers sont énoncés par le maître; les autres sont cherchés par tous les enfants et nous choisissons les meilleurs pour continuer notre exposé. Nous faisons observer ces phrases complètes, écrites au tableau noir, puis formuler la règle confiée à la mémoire. Quelques devoirs d'application très courts, exécutés en classe et ensuite dans la famille, gravent la règle dans la mémoire.

L'exercice choisi dans le livre de l'élève ou, mieux, préparé par le maître, s'applique d'une manière spéciale à la règle étudiée; mais il offre l'occasion de rappeler les règles précédentes. Souvent même il est intéressant de prendre un fragment de la leçon de lecture pour montrer aux enfants que la grammaire se lie intimement à tous les exercices de français.

Ne nous attardons pas sur un sujet, même lorsque nous constatons quelques fautes : les mêmes règles seront revues dans les deux années de chaque cours et même dans les différents cours; d'autre part, les fautes commises sont souvent dues non à l'ignorance, mais à l'étourderie.

Certaines règles se complètent et se précisent à mesure que les études s'élèvent; mais le plus grand nombre et les plus importantes peuvent être formulées, dès le début, d'une manière définitive. Il est avantageux d'arrêter un texte et de le conserver dans les différents cours, afin que les enfants ne soient point troublés en passant d'une classe dans une autre.

N'oublions pas que le principal rôle appartient, dans la proposition, au verbe ; d'où la nécessité de l'étudier, dans ses formes les plus simples, immédiatement après le nom. Remarquons aussi que l'étude du verbe être, avec un attribut, celle du verbe avoir, avec un complément, sont fructueuses avec les enfants les plus jeunes. Il en est de même des trois temps principaux, précédés des adverbes : aujourd'hui, demain, hier avec le présent, le futur et le passé indéfini, forme beaucoup plus précise malgré son nom que les autres (défini, antérieur, plus-que-parfait). .

Ajoutons ou faisons trouver un complément convenable.

Ce n'est que beaucoup plus tard que nous leur apprendrons les terminaisons des différentes personnes. Le tableau suivant permet d'attendre :

PRONOMS	PERSONNES	RÈGLE GÉNÉRALE	EXCEPTIONS
Je	1re	*s*	$e = e$ $é = ai$
tu	2^e	*s*	»
Il, Elle, nom singulier	3^e	*t*	$e = e$ $a = a$
Nous	1re	*'s*	»
Vous	2^e	*z*	$e = es$
Ils, Elles, nom pluriel. Plusieurs noms sing.	3^e	*nt*	»

On remarque qu'après *je* (1re personne du singulier) on met un *s*, à moins que l'on entende le son de l'*e* muet ou de l'*é* (*ai*).

Après *tu* (2e personne du singulier) le verbe se termine par un *s*; il n'y a pas d'exception puisque dans tu veux, tu peux, l'*x* remplace l'*s*.

Après *il*, *elle*, un nom singulier indiquant la 3e personne, la terminaison est *t*, à moins que l'on entende le son de l'*e* ou de l'*a*; il est prématuré d'insister sur l'imparfait du subjonctif des verbes de la première conjugaison.

Après *nous*, sujet de la première personne du pluriel, on met toujours un *s*; il n'y a aucune exception.

Après *vous*, sujet de la deuxième personne du pluriel, nous mettons toujours un *z*, à moins que l'on entende le son de l'*e* (vous aimâtes).

Enfin après *ils*, *elles*, un nom pluriel ou plusieurs noms au singulier, la terminaison est toujours *nt*, sans exception.

Ce tableau ne préviendra certainement pas toutes les erreurs, notamment celle de la seconde personne du pluriel : le pronom *vous* placé devant un verbe n'en est pas toujours le sujet, mais quelquefois le complément.

L'analyse est nécessaire; presque toujours elle se fera oralement et en classe, quelquefois par écrit et dans la famille, avec des signes abrégés, afin d'éviter les écritures inutiles : ce qu'il importe de reconnaître, c'est la véritable place des mots, leur nature et leur fonction dans la phrase.

Ici encore, il convient d'adopter des signes, des dénominations qui seront conservés dans tous les cours, surtout en ce qui concerne l'analyse logique. Pour l'enfant, tout changement paraît une contradiction.

N'oublions pas l'analyse étymologique sous sa forme la plus simple, sans distinctions savantes : elle appelle l'attention sur la signification des mots cherchée dans leur structure. Rien n'est plus propre à développer chez les enfants l'esprit d'observation, de comparaison, à enrichir leur vocabulaire et à leur faciliter l'étude de l'orthographe d'usage.

On remarquera que, dans notre répartition, nous préconisons l'étude parallèle des trois groupes suivants : *a*) les parties du discours, moins le verbe; *b*) le verbe; *c*) l'analyse et la lexicologie. On peut obtenir ainsi une grande variété dans les leçons et dans les exercices, sans rien sacrifier à l'ordre, qui reste rationnel et bien déterminé.

Nous prions les instituteurs de relire attentivement l'arrêté ministériel du 26 février 1901 relatif à la simplification de la syntaxe. (Voir page 34.) Ils pourront ainsi épargner un temps précieux en tenant compte des tolérances admises.

COURS ÉLÉMENTAIRE

Octobre [1].

1re ANNÉE	2e ANNÉE
1. *Le nom.* — Le nom sert à désigner une personne. Exercices d'invention et d'application.	1. *Le mot et ses éléments.* — Syllabes, lettres; voyelles et consonnes.
2. *Le nom.* — Le nom sert aussi à désigner un animal. Exercices d'invention et d'application.	2. *Accents; remarques diverses* : y, h muette ou aspirée; diphtongue.

1. Les chiffres 1, 2, 3, 4 indiquent le travail de chacune des quatre semaines du mois et donnent une répartition hebdomadaire.

3. *Le nom.* — Le nom sert encore à nommer une chose. Exercices d'invention et d'application : noms de plantes, d'objets de la classe, de la rue.

4. *Le nom.* — Définition. Trouver les noms dans la copie, dans la lecture. Exercices d'invention.

3. *Distinction des noms, des verbes, des adjectifs.*

4. *Première idée de la proposition.*

Novembre.

1. *Le genre.* — Faire trouver des noms d'hommes, de garçons ; — de dames, de filles ; — des noms d'animaux mâles, femelles.

2. *Le genre.* — Le masculin, le féminin. Comment on reconnaît qu'un nom est du masculin ou du féminin. Exercices d'application et d'invention.

3. *Le nombre.* — Faire nommer un ou plusieurs objets, une ou plusieurs personnes : le singulier, le pluriel. Faire reconnaître dans la copie, dans la lecture les noms au singulier ou au pluriel. La lettre *s* marque du pluriel.

4. *Le nombre.* — Exercices d'application : mettre au singulier des noms au pluriel et *vice versa.* Règle générale.

1. *Le nom.* — Définition. Le reconnaître.
Le verbe. — Définition. Le reconnaître ; idée des trois personnes.

2. *Le nom.* — Le genre dans les noms.
Le verbe. — Les trois temps principaux ; les deux nombres ; la conjugaison rangée en trois groupes.

3. *Le nom.* — Le nombre dans les noms.
Le verbe. — Présent de l'indicatif des verbes du 1er groupe.

4. *Le nom.* — Formation régulière du pluriel dans les noms.
Le verbe. — Récapitulation.

Décembre.

1. *Le verbe.* — Le verbe marque ce que font les personnes. Exercices d'invention et d'application. Reconnaître les verbes dans la copie.

2. *Le verbe.* — Le verbe marque aussi ce que font les animaux et les choses. Exercices d'invention et d'application.

1. *Le nom.* — Formation du pluriel ; règle particulière : noms terminés par *s*, *x*, *z*.
Le verbe. — Imparfait de l'indicatif des verbes du 1er groupe.

2. *Le nom.* — Formation du pluriel ; règle particulière : noms terminés par *au, eau, ou,* qui prennent un *x* au pluriel.

3. *Le verbe.* — Exercices d'invention : trouver les verbes convenant à des sujets donnés. Distinction des verbes dans la copie et dans la lecture.

4. *Récapitulation.* — Définition du nom et du verbe. Distinction des noms et des verbes, du genre et du nombre. Analyse.

Le verbe. — Passé simple des verbes du 1er groupe.

3. *Le nom.* — Exceptions à la règle générale du pluriel; noms terminés par *al*, sauf *bal, carnaval, chacal, régal.*

Le verbe. — Verbes du 1er groupe au futur.

4. *Récapitulation.* — Notions préliminaires. Le nom; généralités sur le verbe; exercices de conjugaison aux temps étudiés.

Janvier.

1. *L'adjectif qualificatif* : il marque comment sont les personnes. Exercices d'invention et d'application.

Le verbe. — Idée des trois personnes du discours.

2. *L'adjectif qualificatif* : il marque aussi comment sont les animaux. Exercices.

Le verbe. — Les trois personnes du discours, au singulier, au pluriel.

3. *L'adjectif qualificatif* : il marque comment sont les personnes, les animaux et les choses. Exercices d'invention et d'application.

Le verbe. — Distinction des verbes du 1er groupe : type *aimer.* Étude du présent.

4. *L'adjectif qualificatif.* — Exercices d'invention ; trouver les adjectifs convenant à certains noms; contraires de certains adjectifs. Analyse.

Le verbe. — Exercices de conjugaison. Les terminaisons du présent. Définir le présent.

1. *L'adjectif qualificatif.* — Définition. Formation du féminin. Règle générale.

Le verbe. — Verbes du 2e groupe au présent de l'indicatif.

2. *L'adjectif qualificatif.* — Exception à la règle générale de formation du féminin : adjectifs terminés par *e*, par *er.*

Le verbe. — Verbes du 2e groupe à l'imparfait de l'indicatif.

3. *L'adjectif qualificatif.* — Formation du féminin. Les adjectifs terminés par *f.*

Le verbe. — Verbes du 2e groupe au passé simple de l'indicatif.

4. *L'adjectif qualificatif.* — Formation du féminin. Les adjectifs terminés par *x.*

Le verbe. — Verbes du 2e groupe au futur.

Février.

1. *L'adjectif qualificatif.* — Faire trouver le genre de l'adjectif : lecture, copie, exercice.

Le verbe. — Distinguer la personne, le nombre, la terminaison : verbes conjugués au présent (1er groupe).

2. *L'adjectif qualificatif.* — Faire remarquer la terminaison des adjectifs du féminin (lecture, copie).

Le verbe. — Exercices de conjugaison ; présent de l'indicatif.

3. *L'adjectif qualificatif.* — Règle générale de la formation du féminin. Exercices.

Le verbe. — Reconnaître si un verbe est au singulier ou au pluriel ; remarques sur les terminaisons.

4. *L'adjectif qualificatif.* — Exercices d'application sur la formation du pluriel : mise au pluriel et *vice versa* de noms et d'adjectifs.

Le verbe. — Exercices de permutation de nombre et de personne : verbes du 1er groupe au présent.

1. *L'adjectif qualificatif.* — Règle générale de la formation du pluriel. Remarques : adjectifs terminés par *s*, *x*.

Le verbe. — Verbes auxiliaires avoir et être au présent de l'indicatif.

2. *L'adjectif qualificatif.* — Formation du pluriel : adjectifs terminés par *ou*, *al*.

Le verbe. — Verbes auxiliaires avoir et être à l'imparfait.

3. *L'adjectif qualificatif.* — Accord en genre et en nombre de l'adjectif avec le nom.

Le verbe. — Verbes auxiliaires avoir et être au passé simple.

4. *L'adjectif qualificatif.* — Accord avec le nom. Exercices d'application et d'invention.

Le verbe. — Verbes auxiliaires avoir et être au futur.

Mars.

1. *Le nom et l'adjectif.* — Rappel de la règle générale de formation du féminin. Exception : adjectifs terminés par *x*.

2. *Le verbe.* — Le présent du verbe avoir.

1. *Revision.* — Le mot et ses éléments. Les termes essentiels de la proposition.

2. *Le nom.* — Revision : définition, formation du féminin, du pluriel.

Le verbe. — Revision : conjugaison des verbes du 1er groupe aux temps étudiés.

3. *L'adjectif qualificatif.* —

3. *L'adjectif qualificatif.* —

Formation du féminin des adjectifs terminés par *f*; exercices d'invention et d'application.

Le verbe.—Idée et distinction du temps; le présent, le passé. Exercices d'invention.

4. *Le nom et l'adjectif.* —Formation du pluriel; noms terminés par *au, eu*; adjectifs terminés par *au*.

Exercices d'application sur la règle générale et sur les exceptions étudiées.

Le verbe. — Conjugaison au présent et au passé composé des verbes du 1er groupe.

Revision : définition, formation du féminin.

Le verbe. — Revision : verbes du 2e groupe aux temps étudiés.

4. *L'adjectif qualificatif.* — Revision : formation du pluriel.

Le verbe. — Revision . conjugaison des verbes auxiliaires avoir et être aux temps étudiés.

Avril.

1. *Le nom.* —Récapitulation : définition, genre, nombre; formation du féminin, du pluriel; principales exceptions.

Le verbe. — Les trois temps principaux. Le futur. Exercices oraux de conjugaison (verbes du 1er groupe).

2. *L'adjectif qualificatif.* — Récapitulation : définition; formation du féminin, du pluriel; principales exceptions.

Le verbe. — Le futur, ses terminaisons. Exercice écrit (1er groupe) aux trois temps étudiés.

3. *Le verbe.*—Récapitulation : définition; le nombre et la personne; le radical et la terminaison; les trois temps principaux. Exercices de permutation de nombre, de personne, de temps.

4. *Le nom, l'adjectif, le verbe.* — Exercices d'analyse et de permutation.

1. *L'adjectif.* — Fonction, genre, nombre. Adjectifs démonstratifs : exemples, définition.

Le verbe. — Mode : définition, utilité. Les conjugaisons des deux premiers groupes au mode conditionnel.

2. *L'adjectif.* — Adjectifs possessifs : fonction, définition, emploi.

Le verbe.—Exercices de conjugaison au mode conditionnel (*suite*).

3. *L'adjectif.* — Adjectifs numéraux : fonction, définition; cardinaux et ordinaux.

Le verbe. —Conjugaison des verbes auxiliaires avoir et être au mode conditionnel.

4. Récapitulation.

Mai.

1. *L'adjectif qualificatif.* — Accord avec le nom; règle générale.

Le verbe. — Verbes du 2ᵉ groupe type *finir*; les conjuguer au présent.

2. *L'adjectif qualificatif.* — Accord avec le nom. Particularité : l'adjectif se rapporte à deux noms au masculin singulier.

Le verbe. — Verbes du 2ᵉ groupe au présent et au passé composé.

3. *Le nom et l'adjectif.* — Règle d'accord. Particularité: l'adjectif qualifie deux noms au singulier et au féminin. Exercices.

Le verbe. — Verbes du 2ᵉ groupe au futur.

4. *Le nom et l'adjectif.* — Règle d'accord. Particularité : l'adjectif qualifie deux noms du singulier et de genre différent.

Le verbe. — Récapitulation. Exercices de conjugaison aux trois temps principaux.

1. *Le pronom.* — Sa fonction en général. Le pronom prend le genre et le nombre du nom qu'il remplace.

Le verbe. — Mode subjonctif: conjugaison au présent (1ᵉʳ et 2ᵉ groupes).

2. *Les pronoms personnels.* — Les trois personnes du discours. Fonction des pronoms personnels.

Le verbe. — Mode subjonctif: exercices de conjugaison (le verbe avoir).

3. *Les pronoms démonstratifs.* — Exemples, emploi, définition.

Le verbe. — Les verbes auxiliaires avoir et être au présent du subjonctif.

4. *Les pronoms possessifs.* — Exemples, emploi, définition.

Le verbe. — Récapitulation.

Juin.

1. *Le sujet du verbe.* — Exercices d'invention. Distinction des sujets et des verbes dans la lecture, la copie ou la dictée. Comment on trouve le sujet.

Conjugaison. — Le verbe avoir au présent et au passé composé.

2. *Le sujet du verbe.* — Exercices d'invention et d'application.

Conjugaison. — Le verbe avoir au futur.

1. *Accord du verbe avec le sujet.* — Le verbe est du même nombre que le sujet. Exercices de permutation de nombre; un seul sujet.

2. *Accord du verbe avec le sujet.* — Le verbe est de la même personne que le sujet. Exercices de permutation de personne; un seul sujet.

3. *Accord du verbe avec le sujet.* — Les trois personnes; le verbe s'accorde en personne avec le sujet. Exercices.

Conjugaison. — Le verbe être au présent.

4. *Accord du verbe avec le sujet.* — Le verbe s'accorde en personne et en nombre avec le sujet. Exercices d'application et de permutation.

Conjugaison. — Le verbe être au passé composé et au futur.

---

3. *Accord du verbe avec le sujet.* — Le verbe s'accorde en nombre et en personne avec le sujet.

Exercices de permutation de personne et de nombre.

4. *Accord du verbe avec le sujet* : en nombre et en personne (un ou plusieurs sujets).

Permutations complexes.

Juillet.

Récapitulation.

Récapitulation.

COURS MOYEN

Octobre.

1re ANNÉE

1. *La proposition.* — Termes de la proposition : sujet, verbe, attribut, complément.

2. *La proposition.* — Compléments du sujet et de l'attribut. Compléments directs, indirects.

3. *Le nom et le verbe.* — Leur importance. Définition. Espèces : le nom commun et le nom propre; — le verbe transitif et le verbe intransitif.

4. *Les variations du nom et du verbe* — (Revue du cours élémentaire.)

2e ANNÉE

1. *La proposition.* — Termes de la proposition. Les compléments (comme en 1re année). Compléments de *circonstance* qui marquent le lieu, le temps, la manière, etc.

2. *La phrase.* — Proposition indépendante, principale, subordonnée.

3. *Idée des parties du discours.* — Mots variables et mots invariables.

4. *Importance particulière du nom, du verbe et de l'adjectif.* — Leurs variations.

Novembre.

1. (a) *Le nom.* — Personnes, animaux, choses. Genre.

(b) *Le verbe.* — Radical et terminaison; le temps et le mode.

(c) *Analyse* [1]. — La proposition et ses parties principales.

2. (a) *Le nom.* — Formation du féminin. Règle générale. Principales exceptions. Noms terminés en *er, en, on, el.*

(b) *Le verbe.* — Les trois formes du verbe; active, passive, pronominale, les trois groupes : 1° type *aimer*; 2° type *finir*; 3° tous les autres verbes.

(c) *Analyse.*

3. (a) *Le nom.* — Formation du féminin. Noms terminés en *e, eur, teur.*

(b) *Le verbe.* — Présent de l'indicatif (1er groupe).

(c) *Analyse.*

4. (a) *Le nom.* — Récapitulation. Espèces, genre, formation du féminin.

(b) *Le verbe.* — Présent de l'indicatif (1er groupe). Verbes dont le radical se termine par *l, t, c, g.*

(c) *Analyse.*

1. (a) *Le nom.* — Formation du féminin et du pluriel.

(b) *Le verbe.* — Revue de l'introduction. Le radical et la terminaison. Temps et mode.

(c) *Analyse.*

2. (a) *Le nom.* — Pluriel des noms composés et des noms propres.

(b) *Le verbe.* — Accord du verbe avec le sujet. Règle générale.

Remarques : verbes ayant pour sujet un pronom relatif, un nom, un infinitif. Pluralité des sujets.

(c) *Analyse.*

3. (a) *Le nom.* — Complément du nom. Nombre de ce complément. Récapitulation du nom.

(b) *Le verbe.* — Revue de l'introduction. Les trois formes, les trois groupes.

(c) *Analyse.*

4. (a) *L'article.* — Division des articles : défini, indéfini, partitif. Élision, contraction et analyse.

(b) *Le verbe.* — Tableau comparatif des terminaisons, ressemblances et différences.

(c) *Analyse.*

Décembre.

1. (a) *Le nom.* — Le nombre; singulier et pluriel. Formation du pluriel. Règle générale. Principales exceptions, *s, x, z.*

(b) *Le verbe.* — Présent de l'indicatif (2e groupe).

(c) *Analyse.*

1. (a) *L'adjectif qualificatif.* — Définition et accord. Formation du féminin.

(b) *Le verbe.* — Présent de l'indicatif (1er groupe). Verbes en *eler, eter.*

(c) *Analyse.*

1. Voir note page 110.

2. (a) *Le nom.* — Pluriel. Principales exceptions (suite). Noms en *eau, au, eu, ou.*

(b) *Le verbe.* — Imparfait de l'indicatif (les deux premiers groupes des verbes).

(c) *Analyse.*

3. (a) *Le nom.* — Principales exceptions (suite). Noms en *al, ail* et récapitulation.

(b) *Le verbe.* — Passé simple de l'indicatif (verbes du 1er groupe).

(c) *Analyse.*

4. (a) *Le nom.* — Analyse. Récapitulation de la formation du pluriel.

(b) *Le verbe.* — Revision.

(c) *Analyse.*

2. (a) *L'adjectif qualificatif.* — Formation du pluriel. Accord de l'adjectif avec plusieurs noms.

(b) *Le verbe.* — Présent de l'indicatif (1er groupe). Verbes en *cer, yer, oyer, aller, envoyer.*

(c) *Analyse.*

3. (a) *L'adjectif qualificatif.* — Particularités : *nu, demi, feu.* Adjectifs pris comme noms.

(b) *Le verbe.* — Présent de l'indicatif (verbes du 2e groupe).

(c) *Analyse.*

4. (a) *Récapitulation.* — Nom et adjectif qualificatif.

(b) *Le verbe.* — Présent de l'indicatif (verbes du 3e groupe).

(c) *Analyse.*

Janvier.

1. (a) *L'article.* — Défini, indéfini.

(b) *Le verbe.* — Passé simple (verbes du 2e groupe).

(c) *Lexicologie.* — Suffixes et dérivés.

2. (a) *L'article.* — Élision et contraction. Analyse de l'article.

(b) *Le verbe.* — Futur simple (verbes des deux premiers groupes).

(c) *Analyse.*

3. (a) *L'adjectif qualificatif.* — Rôle et définition. Qualités diverses.

(b) *Le verbe.* — Idée du mode. Indicatif et conditionnel (1er groupe).

1. (a) *L'adjectif.* — Adjectif démonstratif, adjectif possessif.

(b) *Le verbe.* — Imparfait de l'indicatif (verbes des trois groupes).

(c) *Analyse.*

2. (a) *L'adjectif* (suite). — Adjectifs numéraux et indéfinis.

(b) *Le verbe.* — Passé simple (verbes du 1er groupe).

(c) Principes de la ponctuation : virgule.

3. (a) *L'adjectif* (suite). — Particularités sur l'accord de vingt, cent, mille, tout, même, quelque.

(b) *Le verbe.* — Passé simple (verbes du 2e et du 3e groupe).

(c) *Lexicologie*. — Préfixes et composés.

4. (a) *L'adjectif qualificatif*. — Règles d'accord. Formation du féminin. Règle générale et règles particulières. Adjectifs en *e, er*.

(b) *Le verbe*. — Présent du conditionnel (verbes des deux premiers groupes).

(c) *Analyse*.

(c) *Principes de la ponctuation*. — Deux points.

4. (a) *Les adjectifs démonstratifs, possessifs*, etc. — Analyse. Récapitulation.

(b) *Le verbe*. — Exemples d'analyse et de permutation.

(c) *Principes de la ponctuation*. — Point-virgule.

Février.

1. (a) *L'adjectif qualificatif*. — Formation du féminin. Règles particulières; adjectifs en *eur, teur, on, en, el, eil, ol, ul*.

(b) *Le verbe*. — L'impératif. Présent (verbes des deux premiers groupes).

(c) *Lexicologie*. — Formation des mots dérivés et composés.

2. (a) *L'adjectif qualificatif*. — Formation du féminin; adjectifs en *el, ol, s*.

(b) *Le verbe*. — Le subjonctif présent (verbes des deux premiers groupes).

(c) *Analyse*.

3. (a) *L'adjectif qualificatif*. — Formation du féminin; adjectifs de *f, x, gu*.

(b) *Le verbe*. — Le subjonctif. Présent (verbes des deux premiers groupes).

(c) *Lexicologie*.

4. (a) *L'adjectif qualificatif*. — Féminin. *Beau, nouveau, fou, mou, vieux*.

(b) *Le verbe*. — Le subjonctif. Imparfait (verbes des deux premiers groupes).

1. (a) *Pronom en général*. — Pronoms personnels, fonction, place.

(b) *Le verbe*. — (Verbes du 1er groupe).

(c) *Dérivés et composés*.

2. (a) *Le pronom*. — Les pronoms personnels sujets ou compléments. Remarques particulières sur l'emploi des mots *le, la, les, leur*.

(b) *Le verbe*. — Futur (verbes du 2e et du 3e groupe).

(c) *Analyse*.

3. (a) *Le pronom*. — Pronoms démonstratifs; comment ils sont formés.

Leur rôle. Distinguer *ce* adjectif et *ce* pronom.

(b) *Le verbe*. — Présent du conditionnel (verbes des trois groupes).

(c) *Dérivés et composés*.

4. (a) *Le pronom*. — Pronoms possessifs; leur rôle. Remarque : les pronoms personnels comme les pronoms possessifs marquent la personne.

(b) *Le verbe*. — Verbes des

(c) *Analyse.*

trois groupes au présent de l'impératif.

(c) *Analyse.*

Mars.

1. (a) *L'adjectif qualificatif.* — Formation du pluriel. Règle générale et règles particulières. Adjectifs en *s, x.*

(b) *Le verbe.* — Modes personnels, impersonnels. L'infinitif.

(c) *Lexicologie.* — Familles de mots.

2. (a) *L'adjectif qualificatif.* — Formation du pluriel; adjectifs en *eau, al.*

(b) *Le verbe.* — Participe présent et participe passé. Récapitulation.

(c) *Analyse.*

3. (a) *L'adjectif qualificatif.* —Règle d'accord avec plusieurs noms.

(b) *Le verbe.* — Verbes auxiliaires; verbe auxiliaire *avoir.*

(c) *Lexicologie.* — Familles de mots.

4. (a) *Le nom et l'adjectif qualificatif.* — Analyse et revision.

(b) *Le verbe.* — Verbe auxiliaire *être.*

(c) *Analyse.*

1. (a) *Pronoms indéfinis.* — Fonction. Pronoms variables et pronoms invariables. Pronoms relatifs.

(b) *Le verbe.* — Verbes des deux premiers groupes, au présent du subjonctif.

(c) *Lexicologie.* — Familles de mots.

2. (a) *Pronoms interrogatifs.* — Complément et analyse des pronoms.

(b) *Le verbe.* — Verbes du 3e groupe au présent du subjonctif.

(c) *Analyse.*

3. (a) Récapitulation. Nom et adjectif qualificatif.

(b) *Le verbe.* — Verbes des trois groupes à l'imparfait du subjonctif.

(c) *Lexicologie.* — Familles de mots.

4. (a) Récapitulation. — L'adjectif déterminatif et les pronoms.

(b) *Le verbe.* — Deux modes impersonnels.

(c) *Analyse.*

Avril.

1. (a) *L'adjectif.* — Les adjectifs démonstratifs, possessifs.

(b) *Le verbe.* — Temps composés, leur formation; temps composés des verbes transitifs à la forme active.

(c) *Lexicologie.* — Familles de mots.

1. (a) *Participe en général.* — Participe présent. Adjectif verbal.

(b) *Le verbe.* — Revue des verbes auxiliaires. Deux sens du verbe avoir et du verbe être.

(c) *Lexicologie.* — Les homonymes.

2. (a) *L'adjectif.* — Les adjectifs possessifs (suite) et numéraux.

(b) *Le verbe.* — Temps composés des verbes transitifs (suite).

(c) *Analyse.*

3. (a) *L'adjectif.* — Les adjectifs indéfinis.

(b) *Le verbe.* — Temps composés des verbes intransitifs à la forme active.

(c) *Lexicologie.* — Familles de mots.

4. (a) *L'adjectif.* — Les adjectifs interrogatifs, exclamatifs. Revision et analyse.

(b) *Le verbe.* — Tournure négative et tournure interrogative.

(c) *Analyse.*

2. (a) *Participe passe.* — La terminaison. Le participe employé comme adjectif.

(b) *Le verbe.* — Revue de la formation des temps composés à la voix active.

(c) *Analyse.*

3. (a) *Participe.* — Employé avec un auxiliaire; les deux règles d'accord.

(b) *Le verbe.* — Conjugaisons diverses. La forme passive et la forme pronominale.

(c) *Lexicologie.* — Les homonymes.

4. (a) *Participe.* — Exercices de récapitulation.

(b) *Le verbe.* — Conjugaisons diverses (fin).

(c) *Analyse.*

Mai.

1. (a) *Le pronom.* — En général. Les pronoms personnels, leur rôle.

(b) *Le verbe.* — Accord du verbe avec le sujet.

(c) *Lexicologie.* — Homonymes.

2. (a) *Le pronom* (suite). — Les pronoms démonstratifs et les pronoms possessifs.

(b) *Le verbe.* — Accord du verbe. Pluralité des sujets.

(c) *Analyse.*

3. (a) *Le pronom* (suite). — Les pronoms possessifs (suite) et indéfinis.

(b) *Le verbe.* — Accord de l'attribut avec le sujet.

(c) *Lexicologie.* — Homonymes.

1. (a) *Mots invariables.* — Préposition. Remarques : prêt à, près de; voici, voilà.

(b) *Le verbe.* — Conjugaison des verbes impersonnels. Revue de la tournure interrogative et de la tournure négative. Analyse du verbe.

(c) *Lexicologie.* — Synonymes.

2. (a) *Adverbe.* — Les diverses espèces d'adverbes.

(b) *Le verbe.* — Emploi des temps simples de l'indicatif.

(c) *Analyse.*

3. (a) *Adverbe.* — Son complément. Conjonction. Les deux espèces de conjonctions.

(b) *Le verbe.* — Emploi des temps composés de l'indicatif.

(c) *Lexicologie.* — Synonymes.

4. (a) *Le pronom* (fin). -- Les pronoms relatifs et les pronoms interrogatifs. Analyse et revision.

(b) *Le verbe*. — Récapitulation.

(c) *Analyse*.

4. (a) *Conjonction*. — Remarques : parce que, par ce que ; quoique, quoi que, quand, quant à ; ou, où. Interjection. Analyse des mots invariables.

(b) *Le verbe*. — Notions élémentaires sur l'emploi des temps et des modes.

(c) *Analyse*.

Juin.

1. (a) *Les mots invariables*. — La préposition.

(b) *Le participe*. — Le participe présent et l'adjectif verbal.

(c) *Lexicologie*. — Synonymes.

2. (a) *Les mots invariables*. — L'adverbe.

(b) *Le participe*. — Le participe passé ; comment on reconnaît la terminaison au masculin. Participe passé employé seul.

(c) *Analyse*.

3. (a) *Les mots invariables*. — La conjonction.

(b) *Le participe*. — Participe passé employé avec un auxiliaire (verbe ayant un complément direct).

(c) *Lexicologie*. — Contraires.

4. (a) *Les mots invariables*. — Interjection.

(b) *Le participe*. — Participe passé employé avec un auxiliaire (verbe n'ayant pas de complément direct).

(c) *Analyse*.

Récapitulation générale.

Juillet.

Récapitulation générale.

COURS SUPÉRIEUR

Octobre.

1. *Étude de la proposition.* — Définition. Termes essentiels. Rôle de chacun des termes. Formes du sujet, de l'attribut.

2. *Étude de la proposition.* — Comment on complète le sujet. Comment on complète l'attribut, le verbe. — La phrase. Ce qui la constitue; comment on distingue les propositions dans la phrase.

3. *Étude de la proposition.* — Diverses espèces de propositions : indépendante, principale, subordonnée. Les coordonnées. Fonctions diverses des propositions. Remarques diverses : verbe à l'infinitif, au participe, à la forme impersonnelle.

4. *La ponctuation.* — Principales règles en rapport avec l'étude de la proposition.

Novembre.

1. (a) *Le nom.* — Définition, espèces, genre et nombre. Revue des règles étudiées précédemment (féminin et pluriel).

(b) *Le verbe.* — Variations : mode, personne, nombre, temps.

(c) *Analyse.*

2. (a) *Le nom.* — Étude de quelques noms changeant d'acception en changeant de genre : aigle, amour, délice, orgue, couple, hymne, enseigne.

(b) *Le verbe.* — Compléments indiquant l'objet de l'action : *direct* ou *indirect.* Compléments de *circonstance* qui marquent le lieu, le temps, la manière, etc. Particularités; remarques diverses sur l'emploi des compléments.

(c) *Analyse* [1].

3. (a) *Le nom.* — Remarques sur le pluriel de quelques noms. Noms ayant deux formes au pluriel : aïeul, ciel, œil, travail. Le nom gens.

(b) *Le verbe.* — Conjugaisons. Temps simples, composés, verbes auxiliaires, conjugaison d'un verbe; tableau comparatif des terminaisons.

(c) *Analyse.*

4. (a) *Le nom.* — Pluriel des noms propres.

(b) *Le verbe.* — Les deux espèces : transitifs, intransitifs.

---

1. Par ce mot, qui appartient au langage courant, il faut entendre la recherche de la nature (forme) et de la fonction ou rôle (syntaxe) de tel ou tel mot, de telle ou telle proposition.

Les trois formes : active, passive, pronominale; verbes impersonnels.

(c) *Analyse.*

Décembre.

1. (a) *Le nom.* — Pluriel des noms tirés des langues étrangères.

(b) *Le verbe.* — Conjugaisons diverses. Le verbe transitif à la
forme active et à la forme passive. Emploi de l'auxiliaire avoir
pour la première et de l'auxiliaire être pour la seconde. Permutation de forme.

(c) *Notions d'étymologie.* — Formation des mots. Radical. Suffixes, préfixes. Affixes.

2. (a) *Le nom.* — Pluriel des noms composés.

(b) *Le verbe.* — Conjugaisons diverses. Caractères de la forme
pronominale. Les deux pronoms; leur rôle. Verbes qui s'emploient essentiellement ou accidentellement à la forme pronominale.

(c) *Notions d'étymologie.* — Dérivés et composés. Espèces de
mots pouvant être dérivés ou composés.

3. (a) *Le nom.* — Rôle et fonction dans la proposition (sujet,
attribut, complément, apposition).

Noms complétés (nombre du complément).

Noms collectifs (général, partitif).

(b) *Le verbe.* — Conjugaisons diverses. Verbes transitifs et
intransitifs à la forme pronominale. L'auxiliaire être employé
pour l'auxiliaire avoir. Verbes intransitifs qui peuvent prendre
la forme pronominale.

(c) *Notions d'étymologie.* — Études des principaux suffixes.
Formes abréviatives pour exprimer les idées de petitesse, défa-
veur, action, état.

4. (a) *Récapitulation.* — *Le nom.* Revue des règles relatives à la
formation du féminin et du pluriel. Noms changeant de sens
ou de genre. Pluriel de quelques noms.

(b) *Le verbe.* — Conjugaisons diverses. Verbe impersonnel.
Sujet apparent ou réel. Remarques : Tournure interrogative
(*t* euphonique). Tournure négative (place de la négation).

(c) *Analyse.*

Janvier.

1. (a) *Récapitulation.* — *Le nom.* Pluriel des noms propres tirés
des langues étrangères, des noms composés. Rôle et fonction
du nom. Noms collectifs.

(b) *Récapitulation. Le verbe.* — Ses variations. Complément.

Revue de la conjugaison, deux espèces de verbes, trois formes.
Verbes impersonnels, conjugaisons diverses.

(c) *Notions d'étymologie.* — Étude des principaux suffixes;
formes abréviatives pour exprimer les idées de temps, d'origine,
de lieu.

2. (a) *L'article.* — Division des articles : défini, indéfini, partitif. Élision et contraction. Emploi. Suppression et répétition.

(b) *Le verbe.* — Les modes. Leur emploi, les quatre modes personnels, les deux modes impersonnels; comment l'action est
exprimée par chacun d'eux. Définition des modes.

(c) *Notions d'étymologie.* — Suffixes exprimant les idées de
métier, de plénitude, de mérite, de possibilité.

3. (a) *L'adjectif.* — Définition, place, degrés de signification.

(b) *Le verbe.* — Mode indicatif. Règles concernant l'emploi des
temps.

(c) *Notions d'étymologie.* — Suffixes exprimant les idées de
manière, de religion, d'instrument.

4. (a) *L'adjectif.* — Revue de toutes les règles relatives à la formation du féminin et du pluriel étudiées dans le cours moyen.

(b) *Le verbe.* — Le mode indicatif. Remarques sur l'emploi des
temps; le présent employé pour le futur, pour le passé. Le
passé composé employé pour le futur. Temps du 2ᵉ verbe
quand les actions sont simultanées.

(c) *Analyse.*

Février.

1. (a) *L'adjectif.* — Particularités relatives à l'accord de l'adjectif
avec le nom : demi, nu, feu, franc de port. Adjectifs composés.

(b) *Le verbe.* — Le conditionnel et l'impératif. Divers sens de
chacun de ces modes. Emploi du conditionnel dans la proposition subordonnée. Comment on exprime le futur.

(c) *Notions d'étymologie.* — Récapitulation de l'étude des suffixes.

2. (a) *L'adjectif.* — Son complément. Son rôle. L'adjectif
employé comme nom. Récapitulation de l'étude de l'adjectif.

(b) *Le verbe.* — Mode subjonctif. Son emploi.

(c) *Notions d'étymologie.* — Les préfixes : nature, emploi, assi-
milation.

3. (a) *L'adjectif.* — Tableau des diverses espèces : numéraux, possessifs, démonstratifs, interrogatifs, indéfinis. Rôle.
Définition.

(b) *Le verbe.* — Concordance des temps du subjonctif avec
ceux de l'indicatif et du conditionnel.

(c) *Notions d'étymologie.* — Les préfixes. Leur origine.

4. (a) *L'adjectif.* — Emploi et accord des adjectifs numéraux.
Remarques relatives à vingt, cent, mille. L'adjectif numéral
cardinal employé pour l'adjectif numéral ordinal.

(b) *Le verbe.* — Les deux modes impersonnels : infinitif et participe. Définition. Emploi de l'infinitif comme complément. — Récapitulation de l'emploi des modes et des temps.
(c) *Analyse.*

Mars.

1. (a) *L'adjectif.* — Emploi et accord des adjectifs possessifs. Répétition de l'adjectif possessif.
(b) *Le verbe.* — Participe présent. Quels temps il indique. Distinction de l'adjectif verbal et du participe présent. Particularités relatives à l'orthographe des participes présents et adjectifs verbaux correspondants.
(c) *Notions d'étymologie.* — Étude de quelques mots grecs qui jouent en français le rôle d'affixes : cratie, graphie, logie, pathie.
2. (a) *L'adjectif.* — Accord de l'adjectif indéfini. Remarques relatives à même, quelque.
(b) *Le verbe.* — Participe passé. Règles générales d'accord. Le participe passé employé comme adjectif; le participe passé employé avec un auxiliaire.
(c) *Notions d'étymologie.* — Étude de quelques mots grecs qui jouent en français le rôle d'affixes : mètre, phonie, auto, mono.
3. (a) *L'adjectif.* — Remarques relatives à l'adjectif tout. Tout suivi de l'adjectif : autre.
(b) *Le verbe.* — Participe passé. Remarques diverses relatives à l'accord. Participe passé suivi d'un infinitif. Participe passé précédé de en; de l'.
(c) *Notions d'étymologie.* — Étude de quelques mots grecs qui jouent en français le rôle d'affixes : poly, philo, théo, anthropo, zoo.
4. (a) *Récapitulation.* — *L'adjectif.* Adjectif qualificatif : Degrés de signification. Particularités relatives à l'accord. Autres adjectifs. Remarques (vingt, cent, mille, même, quelque, tout).
(b) *Le verbe.* — Participe passé. Cas dans lesquels il est toujours invariable. Participe passé employé avec un nom collectif.
(c) *Analyse.*

Avril.

1. (a) *Le pronom.* — Définition. Diverses espèces. Le pronom personnel, fonction, place. Remarques sur les pronoms personnels employés comme sujets ou compléments. Leur répétition.
(b) *Le verbe.* — Récapitulation des règles concernant l'emploi du participe présent et du participe passé.
(c) *Notions d'étymologie.* — Famille de mots. Radical, dérivés, composés.
2. (a) *Pronoms démonstratifs, possessifs, indéfinis.* — Emploi du

pronom ce par pléonasme. Le pronom possessif employé comme nom.

Remarques sur l'emploi de on, chacun.

(b) *Le verbe.* — Accord avec le sujet. Règle générale. Remarques diverses. Sujets unis par et, ni, ou ; sujets synonymes, par gradation. Les pronoms l'un, ce, qui, sujets.

(c) *Notions d'étymologie.* — Étude de quelques familles de mots.

3. (a) *Pronoms relatifs.* — Rôles. Le pronom relatif a le genre, le nombre, la personne de son antécédent. Dans son emploi, éviter l'équivoque. Remarques sur qui, que, dont.

Pronoms interrogatifs. — Compléments des pronoms.

(b) *Le verbe.* — Accord de l'attribut avec le sujet. Règle générale. Remarques diverses.

(c) *Notions d'étymologie.* — Étude de quelques familles de mots.

4. (a) *Le pronom.* — Récapitulation. Personnes et nombres, genres et cas des pronoms.

(b) *Le verbe.* — Récapitulation de l'accord du verbe et de l'attribut avec le sujet.

(c) *Analyse.*

Mai.

1. (a) *Les mots invariables.* — L'adverbe. Définition. Place. Diverses espèces : lieu, temps, quantité, manière, négation, etc. Moyen de les reconnaître. Locution adverbiale.

(b) *Le verbe.* — Revue des verbes du 3ᵉ groupe.

(c) *Signification des mots.* — Ce qu'on entend par homonymes, synonymes, paronymes.

2. (a) *Les mots invariables.* — L'adverbe. Remarques diverses sur le rôle et l'emploi de divers adverbes. Complément de l'adverbe. Degrés de signification. Plus tôt, plutôt.

(b) *Le verbe.* — Revue des verbes irréguliers.

(c) *Signification des mots.* — Exercices sur les homonymes, synonymes, paronymes.

3. (a) *Les mots invariables.* — La préposition. Définition. Rapports indiqués (temps, lieu, manière, origine, etc.). La locution prépositive.

Une même préposition peut marquer des rapports différents.

(b) *Le verbe.* — Revue des verbes du 3ᵉ groupe.

(c) *Signification des mots.* — Exercice sur les homonymes, synonymes, paronymes.

4. (a) *Les mots invariables.* — La préposition. Son emploi, sa répétition. Remarques diverses : voici, voilà, près de, prêt à, avant, devant. Récapitulation de l'adverbe et de la préposition.

(b) *Le verbe.* — Revue des verbes irréguliers.

(c) *Analyse.*

Juin.

1. (a) *Les mots invariables.* — La conjonction. Définition. Coordination, subordination. Remarques : quand, quant à, quoique, parce que, ou, où. Locution conjonctive.

(b) *Le verbe.* — Revue des verbes du 3ᵉ groupe.

(c) *Signification des mots.* — Exercices sur les homonymes, synonymes, paronymes.

2. (a) *Les mots invariables.* — L'interjection. Définition. Mots qui peuvent être employés comme interjection. Analyse des mots invariables.

(b) *Le verbe.* — Revue des verbes du 3ᵉ groupe.

(c) *Signification des mots.* — Exercices sur les homonymes, synonymes, paronymes.

3. *Récapitulation générale.* — Matières étudiées dans le 1ᵉʳ trimestre.

4. *Récapitulation générale.* — Matières étudiées dans le 2ᵉ trimestre.

Juillet.

Récapitulation générale. — Matières étudiées dans le 3ᵉ trimestre.

Dictée.

Malgré toutes les critiques qu'on en a faites, la dictée bien choisie, suggestive, est un exercice intéressant et fructueux : tantôt elle apprend, tantôt elle contrôle soit l'orthographe d'usage, soit l'orthographe grammaticale ; toujours elle exerce l'intelligence et la mémoire des yeux, de l'oreille et même des doigts. Nous avons renoncé définitivement aux exercices cacographiques et torturés, où les difficultés étaient accumulées souvent d'une manière peu élégante : nous écrivons d'abord au tableau noir et nous expliquons à l'avance les mots que nous croyons nouveaux et qui présentent quelques difficultés : c'est la dictée d'exercice ou d'étude. Une fois par semaine, il est profitable de faire une dictée-contrôle où sont résumées les difficultés étudiées.

Dans le cours élémentaire, nous composons le texte à reproduire avec les mots pris dans le morceau que les enfants prévenus viennent de lire ; nous leur rappelons les règles à appliquer. Pour la correction, nous nous servons du tableau noir ; les fautes, mentionnées par un condisciple, sont reconnues, expliquées et corrigées par l'auteur.

Dans le cours moyen et le cours supérieur, notre dictée est précédée de la lecture expliquée d'un morceau modèle comme fond et comme forme. La correction par l'épellation des mots difficiles est rapide; elle fournit l'occasion de provoquer des rapprochements intéressants. Une dictée mal faite est la reproduction inexacte d'un texte incompris.

Il importe que les élèves de tous les cours respectent l'orthographe, non seulement dans la dictée, mais aussi dans tous les devoirs écrits et notamment dans la composition française.

N'oublions pas que le programme de tous les examens et concours auxquels doivent satisfaire nos élèves pour continuer leurs études ou pour entrer dans une administration, renferme toujours une épreuve d'orthographe avec un coefficient très élevé. (Certificat d'études — Bourses — Brevet — Postes — Douanes — Crédit foncier — Contributions indirectes — etc.).

Récitation.

La mémoire se développe par l'exercice raisonné, d'où une première nécessité de la récitation. Ce qu'il manque au jeune enfant ce sont moins les idées que les mots et les phrases pour exprimer ce qu'il sait ou ce qu'il sent : la récitation est l'un des meilleurs moyens d'apprendre la langue en enrichissant le vocabulaire, d'où la double importance des exercices de mémoire dans les différents cours. Les jeunes élèves peuvent retenir littéralement des phrases entières qu'ils ne comprennent point; mais « il est indubitable qu'on apprend avec une facilité incomparablement plus grande et qu'on retient beaucoup mieux ce qui est enseigné dans le vrai ordre, parce que les idées, qui ont une suite naturelle, s'arrangent bien mieux dans notre mémoire et se réveillent bien plus aisément les unes les autres ». (*Logique de Port-Royal.*)

Souvent, on essaye de faire concorder le programme de récitation avec celui de morale : l'idée est louable, mais on ne la réalise pas facilement. Bien choisir une douzaine de morceaux de récitation tout à fait irréprochables, à la portée des enfants de chacun des trois cours, présente de sérieuses difficultés; ne les compliquons point.

Il est désirable que la liste générale des morceaux de récitation soit arrêtée au commencement de l'année scolaire par le Conseil des Maîtres, afin d'éviter les répétitions et les lacunes regrettables. En général, défions-nous des poésies dites enfantines, souvent sans valeur ; on a cru que pour être compris des enfants on devait employer un style particulier ; c'est une erreur. Avec quelques explications bien préparées, la plupart des chefs-d'œuvre de nos grands écrivains peuvent être appris dans nos écoles : ce sont précisément des chefs-d'œuvre parce qu'ils sont clairs, simples et naturels. Les élèves ne saisiront certainement pas toutes les nuances, toutes les beautés d'une fable de La Fontaine, mais ils y reviendront avec plaisir dans la suite. N'en est-il pas ainsi pour nous de toutes les œuvres de génie?

Nous conseillons aux maîtres de dresser une double liste afin de ne pas étudier les mêmes morceaux au cours de deux années consécutives, là où il y a quelques élèves qui redoublent. Ayons un cahier sur lequel nous transcrirons sur la page de gauche les morceaux et sur la page de droite le plan à suivre pour l'explication approfondie : nous éviterons ainsi un travail inutile, les tâtonnements, le verbiage.

Tout morceau appris et su ne doit pas s'oublier, grâce à la répétition périodique de tous les morceaux précédemment étudiés. Ce qui importe, ce n'est pas le nombre des morceaux appris, mais la manière dont ils sont sus d'une façon définitive.

Cours élémentaire.

Un morceau de récitation doit être, au préalable, l'objet d'une lecture expliquée avec le plus grand soin. D'abord, lecture expressive bien sentie, puis explication générale, interrogations ; les enfants sont invités à reproduire le sujet tel qu'ils l'ont compris et retenu afin de nous permettre de rectifier et de compléter ce récit un peu enfantin. Nous reprenons le morceau, nous indiquons ce que l'auteur a voulu nous montrer ou nous enseigner, nous recherchons le plan suivi, les moyens employés pour atteindre le but qu'il s'est proposé,

Nous commençons l'étude par audition au début de l'année, afin de montrer à nos jeunes élèves comment on apprend par cœur : quatre vers ou quatre lignes de prose exprimant un sens complet nous paraissent une tâche suffisante pour une leçon.

Quels morceaux conviennent aux élèves du cours élémentaire? Sans exclure la prose, faisons une part très large à la poésie, que les enfants retiennent plus facilement. Prenons garde aux descriptions des phénomènes de la nature; elles sont souvent abstraites. Les enfants préfèrent les scènes vivantes où les personnages parlent et s'agitent.

Lorsque les enfants connaissent un morceau, il est un exercice de revision qui les intéresse vivement : invitez-les à décrire les petits tableaux qui pourraient illustrer le récit étudié, à la condition que ces images ne se trouvent pas dans le livre de lecture, ce qui n'exigerait qu'un simple effort de mémoire visuelle, alors que nous leur demandons de faire acte d'imagination. Arrêtez à l'avance la série de questions à poser. Faites l'expérience sur un morceau bien connu : « Ceux que j'aime ». La première strophe peut donner lieu à deux petits tableaux : 1° La mère heureuse embrasse son enfant; 2° La mère un peu triste pardonne à son fils désobéissant. — La deuxième strophe amène naturellement la description de l'atelier où travaille le père toute la semaine, puis le portrait du jeune écolier ouvrant i. porte et montrant dans sa main les bons points qu'il a obtenus. La troisième nous présente d'abord la grand'mère racontant une histoire intéressante à ses petits-enfants et ensuite le petit frère taquinant son aîné qui étudie sa leçon ou fait ses devoirs.

Voilà autant de descriptions simples dont les élèves, qui ont retenu le morceau, possèdent tous les éléments. Il y a plus, ce sont d'excellents sujets de dessin libre sur l'ardoise qui rompent la monotonie des tracés géométriques, en dehors de la leçon de récitation (application des récentes instructions sur l'enseignement du dessin).

Cours moyen.

La marche à suivre est la même; toutefois le rôle de l'élève est plus actif, notamment dans l'explication du morceau à apprendre : il peut déjà découvrir, dans certains récits, le plan suivi par l'auteur, saisir la beauté de certaines expressions employées.

La poésie tient moins de place; les morceaux s'élèvent et s'allongent; les enfants apprennent à la maison sur leur cahier spécial ou dans leur livre. Ne nous inquiétons pas trop s'ils n'en sentent pas immédiatement toute la valeur; pourvu que le texte soit bien su, le morceau se représentera à leur mémoire très souvent lorsque l'étude ou l'âge les aura mûris et portés à la réflexion. A chaque fois, ils comprendront mieux une expression un peu obscure, ils éprouveront le sentiment seulement pressenti; c'est ainsi que l'éducation intellectuelle et morale se continuera après l'école.

Nous estimons que la récitation ainsi conduite est un excellent exercice de vocabulaire et de composition française : ce ne sont pas seulement des mots bien choisis, des expressions heureuses, mais des phrases tout entières que les élèves retiennent et qu'ils emploieront plus tard en les adaptant plus ou moins heureusement.

Veillons à ce que les morceaux appris dans l'année soient exactement sus, au mois de juillet, d'une façon irréprochable : n'oublions pas qu'un texte imparfaitement reproduit est de nulle valeur.

Cours supérieur.

Toutes les indications précédentes sont applicables au cours supérieur. Déjà nous nous sommes servis de la lecture pour faire connaître les chefs-d'œuvre de nos grands écrivains; nous ferons un nouveau choix pour en confier quelques-uns à la mémoire. Rappelons-nous que la forme elle-même a une grande valeur. Corneille, Racine, Molière, etc., nous fourniront, après La Fontaine, une ample provision que nous ne pourrons épuiser. Imposons certains morceaux à toute la classe, mais laissons aussi à chacun de nos élèves la liberté de choisir quelques textes supplémentaires en les invitant à justifier leur choix.

Pour terminer, rappelons que les exercices de récitation ne peuvent être fructueux qu'à la condition d'être préparés très sérieusement et par écrit; autrement, la diction ne provoque pas l'émotion nécessaire, les explications générales sont vagues, le plan n'est pas mis en relief, la signification des mots est noyée dans des formules verbales, le ton manque de mordant et les enfants peu intéressés ne nous suivent point, ne sont pas incités à l'effort nécessaire.

COURS ÉLÉMENTAIRE

Octobre.

1ʳᵉ ANNÉE.

1. Dire merci (Jean Aicard).
2. La Renoncule et l'Œillet (Bérenger).
3. Le Pauvre et son Chien (Bonnard).

2ᵉ ANNÉE.

1. La Main (Jean Aicard).
2. Ceux que j'aime (L. Trautner).

Novembre.

1. Demain (Tournier).

2. Le Dogue et le Bœuf (Boursault).
3. Le Hibou et la Tourterelle (De Fulvy).

1. L'Araignée et le Ver à soie (Le Bailly).
2. La Diligence (Gaudy).

Décembre.

1. Le Lézard et la Tortue (Guichard).
2. Pour le jour de l'an (Blanchard).
3. Récapitulation.

1. Le Petit Sot (Coquard).

2. Récapitulation.

Janvier.

1. Le Pinson et la Pie (Mme de la Féraudière).
2. Les Aveugles (Octave Aubert).

1. Le Chien et le Chat (Arnault).

2. L'Enfant et les Fleurs (Le Bailly).

Février.

1. L'Enfant et le Chat (Guichard).
2. La Mouche rusée (Paul Privat).

1. La Guenon, lé Singe et la Noix (Florian).
2. La Brebis et le Chien (Florian).

Mars.

1. La Cigale et la Fourmi (La Fontaine).
2. Récapitulation.

1. Le Père et l'Enfant (J.-J. Porchat).
2. Récapitulation.

Avril.

1. La Pomme de terre (Villefranche).
2. La Liberté (Devoile).

1. La Souris et ses petits (F. Bataille).
2. Le Cheval et le Taureau (Le Bailly).

Mai.

1. Le Moineau et la Tourterelle (Grenus).
2. Récapitulation.

1. Ma mère (Jean Aicard).

2. Récapitulation.

Juin.

1. Le Corbeau et le Renard (La Fontaine).
2. Récapitulation.

1. Toutdoux (Octave Aubert).

2. Récapitulation.

Juillet.

Récapitulation générale.

COURS MOYEN

Octobre.

1re ANNÉE.
1. Le Renard et la Cigogne (La Fontaine).
2. Un repas chez les Gaulois (Amédée Thierry).

2e ANNÉE.
1. Le Laboureur et ses Enfants (La Fontaine).
2. Les Plantes (Fénelon).

Novembre.

1. Le Loup et l'Agneau (La Fontaine).
2. La Vigne et le Roseau (Bernardin de Saint-Pierre).

1. Humanité française (E. Bersot).
2. L'Huître et les Plaideurs (La Fontaine).

Décembre.

1. Le Grillon (Florian).

2. Le Lion et le Rat (La Fontaine).

1. La Vertu de l'habit (Montesquieu).
2. Les Deux Cortèges (J. Soulary).

Janvier.

1. La Châtaigne (Arnault).

2. La herse (Franklin).

1. La Tortue et les Deux Canards (La Fontaine).
2. La Mort de l'oiseau (F. Coppée).

Février.

1. La Perdrix (La Fontaine).
2. Amour fraternel (J.-J. Rousseau).

1. Après la bataille (V. Hugo).
2. Le Lever du soleil (J.-J. Rousseau).

Mars.

1. Le Dimanche (Henri Mürger).
2. Le Renard et le Bouc (La Fontaine).

1. Le Madrigal de Louis XIV (Mme de Sévigné).
2. La Mort et le Bûcheron (La Fontaine).

Avril.

1. La Brebis et le Chien (Florian).
2. La Vie rustique (A. Vessiot).

1. Le Lièvre et la Tortue (La Fontaine).
2. Le Vieux (A. Daudet).

Mai.

1. La Laitière et le Pot au lait (La Fontaine).

2. Le Retour des champs (Fénelon).

1. Héroïsme et sang-froid d'un soldat au siège de Namur [1692] (Racine).
2. L'Exilé (Lamennais).

Juin.

1. La Colombe et la Fourmi (La Fontaine).
2. Le Matin à la ferme (Erckmann-Chatrian).

1. M. Jourdain et le garçon tailleur (Molière).
2. Le Coche et la Mouche (La Fontaine).

Juillet.

Récapitulation.

COURS SUPÉRIEUR

XVIIe SIÈCLE.

Octobre.

1. Conseils pratiques pour la récitation.
2. Énergie du vieil Horace (Corneille).

3. Le Loup et le Chien (La Fontaine).
4. Id.

Novembre.

1. Le Gendre de Mme Jourdain (Molière).
2. Dialogue entre Harpagon et La Flèche (Molière).

3. Antiques vertus du peuple romain (Bossuet).
4. L'Industrie humaine (Bossuet).

Décembre.

1. Reproches d'Agrippine à son fils Néron (Racine).
2. Monologue de Petit-Jean (Racine).

3. La Curiosité punie (Fénelon).
4. Fragilité de la vie (Fénelon).

XVIIIe SIÈCLE.

Janvier.

1. La Manie des visites (Montesquieu).
2. Le Bon Citoyen (Montesquieu).

3. Bornes de l'esprit humain (Voltaire).
4. La Ferme (Voltaire).

Février.

1. L'Écureuil (Buffon).

2. Les Éléphants (Buffon).

3. La Vraie Charité (J.-J. Rousseau).
4. Amour fraternel (J.-J. Rousseau).

Mars.

1. Grandeur d'âme d'un nègre (Diderot).
2. Mes Parents (Diderot).
3. La Calomnie (Beaumarchais).
4. Revision.

XIXᵉ SIÈCLE.

Avril.

1. Les Canards sauvages (Chateaubriand).
2. L'Amour du pays natal (Chateaubriand).
3. Le Sort des servantes (Lamartine).
4. L'Hirondelle (Lamartine).

Mai.

1. Le Pinceau du Titien (Alfred de Musset).
2. Souvenir (Alfred de Musset).
3. La France en 1796 (Thiers).
4. Mort de Mirabeau (Thiers).

Juin.

1. La Pitié (Michelet).
2. Le Général Hoche (Michelet).
3. Une Cuisine d'auberge (Victor Hugo).
4. L'Enfant (Victor Hugo).

Juillet.

Récapitulation.

Composition française.

Les résultats obtenus laissent souvent à désirer parce que l'exercice est difficile : nous nous en rendons compte chaque jour par nous-mêmes. Peut-être nos prétentions sont-elles exagérées et les procédés employés ne sont-ils pas irréprochables? Nous devons être satisfaits si, en sortant de l'école, nos élèves sont capables de faire un travail de composition exact, clair, concis et ordonné.

Et d'abord, exigeons toujours un langage correct, des réponses formulées par des phrases complètes. Habituons ensuite nos élèves à observer méthodiquement. N'oublions pas que l'exemple peut tenir lieu de bien des explications. Au cours de nos lectures, choisissons tel ou tel extrait qui servira de modèle à nos élèves. S'agit-il d'apprendre à composer un portrait, celui d'un camarade, d'un parent? Le maître dicte, à l'heure de la leçon d'orthographe, le morceau qu'il a noté. Quand la dictée est corrigée, on procède à l'analyse des idées; on découvre la marche suivie par l'écrivain; on voit quels détails il a omis ou retenus; on retrouve la raison des choses et leur coordination. L'élève voit que rien n'est livré au hasard. C'est alors qu'il entreprend son travail personnel, non pour reproduire, mais pour imiter.

Choix et préparation des sujets.

Dans le cours élémentaire, demandons à nos enfants de trouver le mot juste qui complète une phrase, — d'énumérer les objets réunis ordinairement ou accidentellement dans un même lieu, — d'indiquer les différentes parties d'un objet placé sous leurs yeux. Ce n'est qu'à la fin de l'année que nous exigerons un texte suivi, dont le plan sera tracé au tableau noir.

Dans le cours moyen, gardons-nous encore des abstractions ou des sujets d'imagination : il importe que les enfants restent vrais. Essayons la description d'un objet, d'un végétal, d'un animal, d'une image que les élèves ont sous les yeux et qu'ils examinent guidés par le maître. Nous passons au portrait de différents types (poli, paresseux, malpropre); puis viendra le récit d'un incident dont toute la classe aura été le témoin. Nous ferons trouver le plan, les procédés de développement de l'auteur d'un morceau du livre de lecture. Nous terminerons par les lettres les plus simples.

Avec les élèves du *Cours supérieur*, nous continuerons les mêmes sujets d'examen, de description, un peu plus larges (phénomènes naturels). Nous emprunterons quelques textes à l'histoire, à la géographie, aux sciences; les comptes rendus de lectures ne doivent pas être négligés; la mise en prose des fables connues, le développement de pensées morales, de proverbes présentent de sérieuses difficultés.

Afin d'obtenir le travail personnel des élèves et d'éviter l'aide trop complaisante des parents, nous pensons qu'il convient de faire exécuter à l'école même le travail de composition française.

Correction des devoirs.

Tous les devoirs doivent être lus attentivement, en dehors de la classe et notés par le maître qui, au moyen de signes rapides et conventionnels, indique dans la marge les différentes fautes commises. Nul besoin d'annotations nombreuses que les élèves ne liraient point. Cette correction individuelle, nécessaire, prépare la correction collective en classe. L'instituteur, grâce aux notes prises, aux bons et aux mauvais passages mentionnés, traduit et motive son impression générale; puis il développe le sujet au moyen des extraits des différentes copies où les élèves se reconnaissent avec plaisir. Quelquefois ce développement modèle est écrit au tableau noir et transcrit au dos de chaque copie.

Les devoirs sont remis aux enfants qui, associés deux à deux, corrigent leurs travaux, grâce aux indications générales entendues, aux signes particuliers tracés dans la marge. L'instituteur, circulant dans les bancs, vient au secours des groupes embarrassés. Ces corrections individuelles, où chacun revoit ses fautes et les redresse avec l'aide réciproque d'un camarade, peuvent être aussi rapides que fructueuses.

COURS ÉLÉMENTAIRE

Octobre.

1re ANNÉE	2e ANNÉE
1. *Exercices d'observation directe* : la règle.	1. *Description d'objets vus* : Le tableau noir; un sou.
2. L'eau.	2. Un morceau de craie; un canif.
3. La canonnière.	3. Mon encrier; une allumette.
4. Le coke.	4. Mon porte-plume; une clef.

Novembre.

1. Un morceau de pain.	1. *Description d'objets vus* (suite). — La boîte à craie; un dé à jouer.
2. Une pomme.	2. Mon plumier; un verre à boire.
3. Une salière.	3. Ma règle; une éponge.
4. Un morceau de sucre.	4. Ma gibecière; une enveloppe.

Décembre.

1. Une poire.	1. *Description d'objets vus* (suite). — Mon tablier; un porte-monnaie.
2. Une boîte de conserves (sardines, pois).	2. Le chapeau du maître; une cuiller.
3. Une assiettée de soupe.	3. Ma toupie; une cuvette.
4. Un bocal de cornichons.	4. Une cage d'oiseau; un saladier.

Janvier.

1. Un sac en toile.	1. *Description d'un végétal* (d'après nature ou d'après images). — Le blé; une carotte.
2. Un mouchoir.	2. Un oignon; une salade.
3. Une blouse de laine.	3. Le rosier; un poireau.
4. Un bas.	4. Le thym; un arbre de la cour.

Février.

1. Une cravate.	1. *Description d'un animal* (d'après nature ou d'après images). — Un cheval; un âne.
2. Un foulard.	2. Un chat; un chien.
3. Un gant.	3. L'hirondelle; l'épervier.
4. Un cahier.	4. Le hareng; la carpe.

Mars.

1. Un morceau de savon.	1. *Description de l'homme.* — Portrait physique d'un camarade.
2. La brosse à habit.	2. Id.
3. Un chapeau.	3. Description (d'après images) de personnages illustres. — Vercingétorix; Charlemagne.
4. Une ceinture de cuir.	4. Pasteur; Bara.

Avril.

1. Une planche de sapin.

2. Une ardoise.
3. Le sable.

4. Un bol.

1. *Description d'un lieu déterminé et vu.* — Le préau de l'école; la salle de classe.
2. La cour de l'école; une rue.
3. Une place publique; un boulevard.
4. La rue habitée par l'élève.

Mai.

1. Un verre à boire.

2. Un pot à eau.

3. Une pièce de 1 franc.

4. Une sonnette.

1. *Description (d'après image) d'une scène familière.* — Un berger gardant ses moutons; le laboureur à sa charrue.
2. Mineurs dans une galerie; un boulanger à son four.
3. Les joueurs de billes; l'aveugle et son chien.
4. La trempe de l'acier; le fauchage des foins.

Juin.

1. Une clé.

2. La porte.
3. Une chaise.
4. Une armoire.

1. *Description (d'après image) d'une scène historique.* — Pépin le Bref dans l'arène.
2. Un repas gaulois.
3. Le roi franc sur le pavois.
4. La mort de Roland.

Juillet.

Récapitulation.

COURS MOYEN

Octobre.

1re ANNÉE

1. *Description d'objets vus :* un crayon; une aiguille.
2. Un couteau; une épingle.

3. Un mètre, un étui à aiguilles.
4. Ma gibecière: un râteau.

2e ANNÉE

1. *Description d'objes vus :* le marteau de l'atelier; une scie.
2. Une fenêtre de la classe; mon livre de lecture.
3. *Description d'un végétal :* le pied de maïs; le dahlia.
4. Le cerisier du jardin de l'école; un arbre du boulevard.

Novembre.

1. *Description d'un végétal* : un fraisier ; le thym.
2. Un pommier ; un peuplier.
3. Un oranger ; un sapin.

4. Un salsifis ; un tilleul.

1. *Description d'un animal* : la pie ; un paon.
2. Une tortue ; la girafe.
3. *Description de l'homme* : Portrait physique d'un élève.
4. Portrait physique (d'après image) : Victor Hugo ; l'amiral Courbet.

Décembre.

1. *Description d'un animal* : un mouton ; la souris.

2. Un canard ; l'éléphant.
3. Un papillon ; le pinson.

4. Un moineau ; le maquereau.

1. *Description de l'homme* (suite). Portrait intellectuel et moral (d'après l'histoire) : Henri IV ; Louis XIV.
2. Sully ; Richelieu.
3. Portrait type : L'enfant poli ; le paysan gaulois.
4. Le bon camarade ; le flatteur.

Janvier.

1. *Description de l'homme* : Portrait d'un camarade.
2. Portrait (d'après image) : Thiers ; Kléber.
3. Bernard Palissy ; Duguesclin.

4. Molière ; Mme Roland.

1. *Description d'un lieu vu* : l'école ; le jardin de l'école.
2. La salle de dessin ; un bazar.
3. *Description d'un phénomène naturel* : La neige ; la rosée.
4. Le dégel ; le coucher du soleil.

Février.

1. *Description d'un lieu vu* : Ce qu'on voit autour de l'école ; l'intérieur d'une boulangerie.
2. Le vestibule de l'école ; la cave.
3. Le carrefour ; le lavoir.

4. La place du marché ; le grenier.

1. *Description d'une scène familière* : une partie de billes ; une partie de tonneau.
2. Le déjeuner au préau de l'école ; le dîner en famille.
3. L'exécution d'un chant scolaire ; le concert public.
4. Un exercice gymnastique ; le défilé des pompiers.

Mars.

1. Description d'une scène familière : La visite de propreté, le matin; la revaccination.

2. La distribution des récompenses; le tir.

3. La rue par un temps de pluie; le passage de l'omnibus.

4. La sortie de l'école; la sortie de l'usine.

1. Description (d'après image) *d'une scène historique* : François Iᵉʳ armé chevalier par Bayard; le *Vengeur*

2. Les bourgeois de Calais; le chevalier d'Assas.

3. Récit d'un fait dont l'enfant a été témoin : le carreau cassé; la nappe tachée.

4. Une bonne action; une mauvaise action.

Avril.

1. Description (d'après image) *d'une scène historique* : Bayard et Bourbon; Saint Louis à Vincennes.

2. Henri IV assiégeant Paris; Jeanne d'Arc à Reims.

3. Description d'un phénomène naturel : L'arc-en-ciel; la nuit.

4. Une giboulée; une ondée orageuse.

1. Narration : l'enfant qui jette des pierres; la colombe surprise par le chat.

2. L'enfant et l'aveugle; une partie de pêche.

3. Le petit voleur de pommes; la visite au moulin.

4. Respectons les nids; une promenade.

Mai.

1. Récit d'un fait dont l'enfant a été témoin : le cahier sali; la page déchirée.

2. Un acte de franchise; un petit mensonge.

3. Fait intéressant de la journée scolaire.

4. Un accident survenu dans la rue.

1. Lettre familière : Pour demander le prêt d'un livre; lettre à un frère soldat.

2. Pour remercier du prêt d'un livre; — d'un renseignement demandé.

3. Un enfant écrit à son père en voyage; — à sa grand'mère.

4. À un camarade, en conva-lescence à la campagne; — au bord de la mer.

Juin-Juillet.

Récapitulation générale.

COURS SUPÉRIEUR

Octobre.

1. *Description d'objets vus :* Ma table de classe; le bureau du maître.

2. Id. La pendule de ma classe; ma gibecière.

3. *Description d'un végétal :* le lierre du jardin; le chrysanthème.

4. *Description d'un animal :* Un lapin; un serin.

Novembre.

1. *Portrait physique :* mon camarade; mon portrait (d'après nature).

2. *Portrait physique :* Sadi Carnot; Gambetta (d'après image).

3. *Portrait intellectuel et moral :* Louis IX; Louis XI.

4. *Portrait type :* L'étourdi; le paresseux.

Décembre.

1. *Description d'un lieu vu :* l'école; l'atelier de travail manuel.

2. Id. La grande place; la rue de l'école.

3. *Description d'une scène familière :* Entrée à l'école; le marché à 10 heures.

4. Id. Aspect d'une rue le matin; — le soir.

Janvier.

1. *Description d'une scène historique* (d'après image) : Daumesnil à Vincennes; le serment du Jeu de Paume.

2. *Description d'un phénomène naturel :* l'orage; un jour de pluie.

3. *Notions sur le dialogue :* Après la batterie; une trouvaille (lecture appropriée).

4. *Notions sur le discours* (d'un enfant) : l'école buissonnière; le pain gâché (lecture appropriée).

Février.

1. *La Narration :* recherche des règles principales (lectures appropriées) : but, moyens. Les trois divisions. Contraste et gradation. La narration renferme tous les genres.

2. *La Narration :* Exemple de fraternité; ami de la justice.

3. Id. Faute d'un clou; le couteau repassé.

4. *Narration historique :* les bourgeois de Calais; Chevert à Prague.

Mars.

1. *La lettre* (règles principales) : lettre familière, envoi
d'une photographie; lettre à
une tante cônvalescente.

2. *Lettre familière* : Invita-
tion pour venir à Paris; — à la
campagne.

3. *Lettre d'excuse* : Promenade manquée; ouvrage non
fait.

4. *Lettre de demande* : Demande de service; demande de
conseils.

Avril.

1. *Compte rendu d'une lecture* : Un voyage en Calabre
(P.-L. Courier); l'écuelle de
bois (Grimm).

2. *Traduction en prose* :
L'automne (Lamartine); la Cigale et la Fourmi (La Fontaine).

3. *Explication d'un proverbe* :
Tout ce qui reluit n'est pas or;
qui trop embrasse mal étreint.

4. Id. On a souvent besoin
d'un plus petit que soi; petit
à petit, l'oiseau fait son nid.

Mai-Juin-Juillet.

Récapitulation. — Exercices alternatifs sur la confection et
sur le développement d'un plan.

d) HISTOIRE

Ne nous attardons pas à discuter si l'enseignement de
l'histoire doit être concentrique ou fragmenté. Les deux
manières de procéder sont bien près l'une de l'autre dans
l'application. Tout dépend surtout de l'importance de
l'école et du nombre des classes : dans une école à un seul
maître, l'enseignement concentrique s'impose; dans les
écoles à plusieurs classes, il est plus avantageux de se
conformer à l'arrêté du 4 janvier 1894 en réservant une
part assez large à la revision des matières étudiées précédemment. Ne nous faisons pas d'illusions sur la valeur de
l'enseignement de l'histoire au cours élémentaire : les
enfants sont bien jeunes pour comprendre et retenir utilement l'histoire.

Il importe de bien choisir, afin d'étudier à fond, de
mettre en relief les événements importants, même très
anciens, et de mentionner simplement les autres, même

s'ils appartiennent à l'histoire contemporaine. Bien enseignée, l'histoire montre à la jeune génération le chemin parcouru, les progrès réalisés, les libertés obtenues en comparant la situation actuelle à celle de ses ancêtres ainsi que les souffrances supportées, les luttes engagées, les efforts consentis pour obtenir les avantages que nous trouvons aujourd'hui naturels : nous jouirons du présent en rendant justice au passé et nous prendrons conscience des devoirs qui nous incombent pour l'avenir.

N'oublions pas que, pour bien juger les hommes et les événements, nous devons d'abord bien connaître les uns et les autres, puis nous placer dans le milieu et à l'époque où ils ont vécu et où ils se sont accomplis; autrement nous serions injustes. Rattachons autant que possible l'histoire locale à l'histoire nationale, notre enseignement en sera plus vivant.

Comment doit-on faire une leçon d'histoire?

La manière de procéder varie avec le sujet; néanmoins, il convient de s'assurer par des interrogations précises que la matière de la leçon précédente a été retenue et comprise, avant de commencer l'exposé de la leçon du jour. Il est bon, pour ne pas jeter le trouble dans l'esprit des enfants, de suivre à peu près le plan de l'ouvrage qu'ils ont entre les mains. Le maître parle avec clarté, souvent avec émotion; il montre sur la carte les pays et les villes mentionnés; il note au tableau noir les dates nécessaires, les mots importants, la phrase courte qui résument la première partie de la leçon; plusieurs élèves sont invités à reproduire brièvement ce qui vient d'être dit avant de passer à la seconde partie. A la fin de la leçon, l'idée générale est mise en relief dans la conclusion. Des questions très claires et très précises sont posées à toute la classe : l'élève désigné y répond, aidé de ses camarades et du résumé écrit au tableau noir. Souvent une lecture empruntée à un grand historien termine l'entretien.

Prenons un soin tout particulier des interrogations; évitons celles qui sont trop vagues ou trop générales. Combien de fois en avons-nous entendu qui étaient pitoyables après un exposé souvent remarquable!

Un dernier conseil pour finir : rappelons-nous que nous

parlons à des enfants, même dans le cours supérieur; surveillons notre langage et nous constaterons que, sans les avoir précisées, nous employons des expressions, des phrases dont nos élèves ne comprennent pas le sens exact. Lorsque nous en rencontrons dans nos lectures, et lorsque nous jugeons le moment opportun, expliquons-les. Tels sont les mots suivants : race, dynastie, maison, pouvoir temporel, régime féodal, commune, charte, liberté de conscience, droit divin, constitution, blocus continental, cens électoral, suffrage restreint, suffrage universel, suffrage à plusieurs degrés, scrutin de liste,... dont l'énumération pourrait être complétée.

COURS ÉLÉMENTAIRE

Octobre.

1re ANNÉE.	2e ANNÉE
1. Aspect de la Gaule indépendante.	1. *Ce que c'est que l'histoire.* — Peuples qui ont une histoire. Notre pays. Manière de calculer le temps; le siècle, l'ère, les différents âges.
2. Portrait d'un Gaulois.	2. *La Gaule ancienne.* — Limites, forêts, monuments. Les Gaulois; aspect, vêtements, huttes; caractère : défauts et qualités.
3. La prise de Rome par les Gaulois.	3. *Religion des Gaulois.* — Culte des arbres, le gui; les druides, leur puissance. Les Gaulois et les autres peuples, Les Gaulois en Grèce et en Italie. Les Grecs en Gaule. Marseille.
4. La fondation de Marseille.	4. Récapitulation mensuelle.

Novembre.

1. La récolte du gui.	1. *Les Romains en Gaule.* — Avantages des Romains sur les Gaulois. La discipline. Divisions des Gaulois. Jules César en Gaule. Vercingétorix. Siège

2. Le dévouement de Vercingétorix.

d'Alise. La lévée en masse. La défaite des Gaulois. Idée de patrie.

2. *La Gaule romaine.* — Organisation et transformation de la Gaule; routes, villes, monuments, écoles, arènes.

Lutèce. Origine de Paris. Les bateliers. Les armes de la Ville.

3. Origine de Paris; les bateliers parisiens.

3. *Le Christianisme en Gaule.* — Les Gaulois et les dieux de Rome; le christianisme, son importance sociale. L'église de Lyon. Les martyrs, grande autorité des évêques. Les anciens druides.

4. Description d'une villa romaine.

4. *Récapitulation.* — La Gaule romaine.

Décembre.

1. Portrait d'un guerrier franc.

1. *Les Barbares.* — La grande invasion de 406; les Huns, Attila.

Ligue contre Attila : Bataille de Méry-sur-Seine.

2. Le vase de Soissons.

2. *Les Francs.* — Leur portrait. Mérovée; Clovis et Syagrius à Soissons. La reine Clotilde. Vouillé. Le royaume des Francs.

3. Description d'un monastère.

3. *Les fils et petits-fils de Clovis.* — Partage du royaume à la mort de Clovis. Meurtre des enfants de Clodomir. Clotaire seul roi. Nouveau partage à la mort de Clotaire. La Neustrie et l'Austrasie. Frédégonde et Brunehaut.

4. Frédégonde et Brunehaut.

4. *Récapitulation.* — La Gaule indépendante, la Gaule romaine, les Barbares, les Francs.

Janvier.

1. Histoire de saint Éloi.

1. *Dagobert.* — Réputation ridicule non méritée. Activité, faste; le palais; recueil de lois franques; la loi salique. La société mérovingienne : les leudes, les bénéfices, champs de mars, la justice; puissance de l'Église.

2. Charles Martel à Poitiers.

2. *Les rois fainéants et les maires du palais.* — Occupations du roi, du maire; puissance des maires d'Austrasie, Pépin d'Héristal.

Charles Martel; les Arabes, leur origine, leur religion, leur but. Poitiers.

3. Force et bravoure de Pépin le Bref.

3. *Les Carolingiens.* — Pépin le Bref roi; déposition du dernier roi mérovingien; pouvoir temporel des papes.

Charlemagne : ses guerres, étendue de son empire; couronnement.

4. Portrait de Charlemagne.

4. *Administration de Charlemagne.* — Les capitulaires; écoles; mort à Aix-la-Chapelle.

Récapitulation : Dagobert, les rois fainéants et les maires du palais; les deux premiers Carolingiens.

Février.

1. Roland à Roncevaux.

1. *Les successeurs de Charlemagne.* — Louis le Débonnaire; traité de Verdun, 843. Son fils Charles le Chauve; capitulaire de Kiersy-sur-Oise; les Normands.

Robert le Fort, siège de Paris; le duché de Normandie; faiblesse des derniers Carolingiens. Hugues Capet.

2. Le siège de Paris par les Normands.

2. *La féodalité.* — Les fiefs, les seigneurs, ducs, comtes;

	l'hommage; suzerain, vassal, roi.
	Les droits féodaux; chasse, gite, banalité, péage, banvin. La justice des seigneurs.
3. Description d'un château féodal.	3. *Le seigneur dans son château.* — Description du château féodal; guerre privée, chasse; la châtelaine; fêtes, trouvères, ménestrels.
	Le peuple. — La cabane, condition du serf, vêtements, nourriture; il appartient au seigneur; esclavage.
4. La vie au château; le seigneur; la châtelaine.	4. *Le peuple.* — Les vilains ou roturiers. Comparer leur condition à celle des serfs. La taille, la dîme.
	Le duel judiciaire. La trêve de Dieu; puissance de l'Église.

Mars.

1. Le village et les hameaux autour du château.	1. *Expéditions françaises.* — Faiblesse des premiers Capétiens. L'activité des seigneurs. La conquête de l'Angleterre par les Normands.
	Les pèlerinages. La croisade. Pierre l'Ermite. Le concile de Clermont. La croisade des pauvres.
2. Portrait du paysan au moyen âge.	2. *La croisade des seigneurs.* — Prise de Jérusalem. La Palestine. Royaume chrétien; Godefroy de Bouillon.
	La chevalerie : éducation et armement d'un chevalier; les armoiries; les noms de famille; les tournois.
3. Exemples de droits féodaux.	3. *Les communes.* — La population des villes; armuriers, orfèvres, drapiers, bouchers, tisserands, corporations; association communale pour conserver l'indépendance, charte; droits des communes, armée,

4. La justice : épreuves, duel judiciaire.

finances, sceau, maire et jurés; les premières communes. Le beffroi, le tocsin.

4. *Récapitulation.* — Les successeurs de Charlemagne; les Normands, la féodalité, les premiers Capétiens. La 1re croisade. Les communes.

Avril.

1. Portrait et sacre d'un chevalier.

1. *Louis le Gros.* — Le domaine, le pouvoir royal. Les seigneurs pillards. Le roi les frappe sans pitié. Châteaux rasés. Il a le concours des paysans.

Louis VII. — La 2e croisade; entreprise pourquoi? Éléonore d'Aquitaine. Possessions du roi d'Angleterre en France; conséquences.

2. Histoire de la commune de Laon.

2. *Philippe-Auguste.* — Son caractère; Richard Cœur de Lion; la 3e croisade.

Jean sans Terre : la confiscation; Ligue contre Philippe-Auguste. Bouvines; le retour de Bouvines.

3. La première victoire nationale : Bouvines.

3. *La 4e Croisade.* — Prise de Constantinople. Les Albigeois, hérétiques, prospérité du Midi. La croisade de Simon de Montfort, l'Inquisition.

Administration de Philippe-Auguste. — Baillis et prévôts. Paris; enceinte fortifiée; pavage de deux grandes rues, marché couvert; Notre-Dame, Louvre, Université.

4. Paris sous Philippe-Auguste.

4. *Récapitulation.* — Des origines à Charlemagne; de Charlemagne à Philippe-Auguste.

Mai.

1. Blanche de Castille et les serfs.

1. *Saint Louis.* — Minorité; régence de Blanche de Cas-

2. Saint Louis sous le chêne de Vincennes.

tille; éducation de Louis IX. Blanche de Castille et le servage.

Les deux dernières croisades; captivité de Saint Louis; sa mort.

2. *Administration de Saint Louis.* — Les Établissements : justice, charité. Interdiction du duel judiciaire, des guerres privées. Le Parlement, les Quinze-Vingts.

La société au XIII° siècle. — Époque de progrès. Les corporations, le livre des métiers. Confréries ou sociétés de secours mutuels; les arts et les lettres; les cathédrales.

3. Charité de Saint Louis.

3. *Philippe le Bel.* — Portrait et caractère; la Champagne; mariage d'Isabelle; la Flandre.

Querelle du roi et du pape : les premiers États Généraux; la papauté à Avignon.

4. Supplice des Templiers.

4. *Administration de Philippe le Bel.* — Les impôts; altération des monnaies; supplice des Templiers.

Récapitulation : Saint Louis, Philippe le Bel.

Juin.

1. Dévouement d'Eustache de Saint-Pierre.

1. *La loi salique.* — Les fils de Philippe le Bel; la loi salique appliquée trois fois de suite. Avantages de cette loi pour la royauté française; cause de la guerre de Cent Ans.

La guerre de Cent Ans. — Édouard III et Philippe VI de Valois. Guerre indirecte; bataille de Crécy; prise de Calais.

2. Le grand Ferré.

2. *Jean le Bon.* — Son caractère, désastre de Poitiers, le traité de Brétigny.

Charles V; son caractère,

3. Duguesclin.

4. Jeanne d'Arc.

Récapitulation.

Duguesclin, les grandes compagnies; nouveau système de guerre. Expulsion des Anglais, mort de Duguesclin.

3. *Charles VI.* — Sa minorité, sa folie; Armagnacs et Bourguignons; Azincourt. Traité de Troyes.

Charles VII. — Jeanne d'Arc. Domrémy. Vaucouleurs, Chinon, Orléans, Reims, Paris, Compiègne. Mort de Jeanne d'Arc.

4. *Les temps modernes.* — Fin des guerres civiles entre Armagnacs et Bourguignons; fin de la guerre de Cent Ans.

Inventions et découvertes : poudre à canon, imprimerie; — l'Amérique.

Juillet.

Récapitulation.

COURS MOYEN

Octobre.

1re ANNÉE.

1. *La Gaule indépendante.* — Limites et aspect du pays. Les Gaulois. Marseille, Rome.

La Gaule romaine. — La conquête; le christianisme. Bienfaits de la domination romaine.

2. *La Gaule franque.* — La grande invasion de 406. Les Huns, les Francs. Clovis (481-511). Les fils et les petits-fils de Clovis. La Neustrie et l'Australie.

Dagobert. — Les rois fainéants. La société franque. Rôle de l'Église.

2e ANNÉE.

1. *La Gaule indépendante; la Gaule romaine.*

2. *La Gaule franque.* — Les grandes invasions; le royaume des Francs (481). Les maires du palais, Charlemagne; ses conquêtes, son administration.

3. *L'empire franc.* — Les Héristals. Les maires du palais. Charles Martel à Poitiers (732). Pépin le Bref (752). Charlemagne, ses guerres. Étendue de son empire (800).

Son administration.

4. *Démembrement de l'empire franc.* — Louis le Débonnaire et ses fils. Verdun (843). La France. Les Normands et Charles le Chauve. Les derniers Carlovingiens. Les ducs de France. Hugues Capet (987).

Tableaux synoptiques groupant les principaux événements depuis les origines jusqu'à 987.

3. *La Féodalité.* — Démembrement de l'empire franc; le royaume des Francs; la société féodale.

4. *Les premiers Capétiens.* — Conquête de l'Angleterre (1066). Les communes. Victoire de Bouvines.

Novembre.

1. *La Féodalité.* — Causes de ce régime. Le domaine des Capétiens. L'aristocratie féodale. Guerres privées; justice féodale. Le peuple. La corvée. L'Église; sa puissance.

2. *Les premiers rois Capétiens.* — La royauté élective d'abord devient héréditaire. Faiblesse du pouvoir royal. Rôle de l'Église : le sacre. L'an mille. Conquête de l'Angleterre (1066). Première croisade.

3. *Le mouvement communal.* — Causes; la charte. Droits des communes. Louis VI et Louis VII.

4. *Philippe-Auguste.* — La troisième croisade. Lutte contre Jean sans Terre. Bouvines.

Administration. Tableau synoptique (814 à 1223).

1. *Progrès de la royauté.* — Louis IX et la justice. Les premiers États Généraux (1302).

2. *Guerre de Cent Ans.* — Crécy, Calais, Poitiers. — Étienne Marcel. La Jacquerie. Duguesclin. Jeanne d'Arc.

3. *Ruine de la féodalité.* — Louis XI; les temps modernes. Découvertes et inventions.

4. *Les Guerres d'Italie.* — L'équilibre européen. Lutte contre Charles-Quint. Bayard, François de Guise. La Renaissance.

Décembre.

1. *Progrès de la royauté.* — Louis VIII; les Albigeois. Saint

1. *Les Guerres de religion.* — Intolérance religieuse; guerres

Louis; ses guerres; son administration. Philippe le Bel; la Flandre, le pape, les Templiers.

Administration. Premiers États Généraux.

2. *La société française au XIIIe siècle.* — Époque de progrès. Les corporations; les confréries. L'industrie, l'agriculture. Résultats des croisades pour la civilisation; naissance du tiers état.

3. *La guerre de Cent Ans.* — Causes. Crécy; prise de Calais; Poitiers. Charles V et Duguesclin; première expulsion des Anglais. Charles VI; sa minorité, sa folie, Azincourt. Traité de Troyes.

4. *La guerre de Cent Ans* (suite). — Charles VII; Jeanne d'Arc. Expulsion des Anglais. Tableaux synoptiques : de 1223 à 1453; des origines à 1453.

civiles. La tolérance triomphe avec l'édit de Nantes.

2. *Le Gouvernement de Henri IV.* — Sully; apaisement, prospérité.

3. *Louis XIII.* — La régence; l'œuvre de Richelieu.

4. *Triomphe de la monarchie absolue.* — Louis XIV; sa minorité; l'œuvre de Mazarin.

Janvier.

1. *Les temps modernes.* — Malheurs causés par la guerre de Cent Ans. Perfectionnement des armes. La poudre à canon. L'imprimerie. Les découvertes maritimes. Temps nouveaux. Louis XI; accroissement du pouvoir royal. Charles le Téméraire. Ruine de la féodalité. Administration.

2. *Les guerres d'Italie —.* Charles VIII; Anne de Beaujeu. Causes des guerres d'Italie; Fornoue. Louis XII. Le Milanais et le royaume de Naples. La Sainte Ligue. Gaston de Foix.

3. *L'équilibre européen.* — La Maison d'Autriche. Charles-Quint et François Ier. Pavie.

1. *Gouvernement personnel de Louis XIV.* — Première période (1643-1678). Colbert, Louvois, Vauban. Conquêtes. Apogée du règne. Politique intérieure : soumission du clergé, du parlement, de la noblesse. Versailles. La bourgeoisie; le peuple.

2. *Louis XIV* (suite). — Deuxième période (1678-1715). Les fautes de Louis XIV. Revers.

Les lettres, les arts et les sciences au XVIIe siècle.

3. *Décadence de la royauté absolue.* — Louis XV. La régence; le système de Law. Les

Traité de Madrid. Les alliances de François Ier. Paix de Crespy.

Les guerres sous Henri II. Prise des Trois-Évêchés. Prise de Calais. Paix de Cateau-Cambrésis.

4. Tableau synoptique (1153-1559).

trois guerres du règne. Empire colonial. Dupleix et Labourdonnais. Choiseul. Le déficit. Les écrivains du **xviii**^e siècle.

1. *Fin de la monarchie absolue.* — Louis XVI. Malesherbes, Necker. Turgot. Le déficit. Guerre d'Amérique. Convocation des États Généraux.

Février.

1. *Formation de la monarchie absolue.* — Sous François Ier et sous Henri II. « Tel est notre bon plaisir. » La cour, l'administration, les finances, la justice, l'armée, la marine. Le Havre. La Renaissance.

2. *Guerres civiles de religion.* — La Réforme. Luther et Calvin. — François II; la conjuration d'Amboise. Guises et Bourbons. — Charles IX. Catherine de Médicis. Le chancelier de l'Hôpital. La Saint-Barthélemy.

3. *Henri III.* — Son caractère. La ligue. Ambition des Guises. Les Espagnols. Mort de Henri de Guise et de Henri III.

Henri IV. Arques et Ivry. Le siège de Paris. La Ligue et les Espagnols. L'abjuration. L'édit de Nantes. Paix de Vervins.

4. *Gouvernement de Henri IV.* — État des campagnes à son avènement. Mesures en faveur de l'agriculture, du commerce, de l'industrie. Sully. Embellissements de Paris. Projet contre la Maison d'Autriche. Assassinat de Henri IV.

1. *La Révolution française.* — Ouverture des États Généraux. La question du vote. L'Assemblée nationale; le serment du Jeu de Paume. Mirabeau. L'Assemblée nationale constituante.

2. *Abolition des privilèges.* — Prise de la Bastille. La garde nationale. Les trois couleurs. La nuit du 4 août. Les journées des 5 et 6 octobre 1789. La fête de la Fédération.

3. *Les principes de 1789.* — La déclaration des droits de l'homme et du citoyen. Plus de sujets, des citoyens. La volonté nationale. Caractère universel des principes de 1789; leur influence dans le monde.

4. *Œuvre de la Constituante.* — La constitution de 1789; l'unité, les départements. Organisation administrative, organisation judiciaire. L'égalité, la liberté. Réformes financières.

La Législative. — Deux pouvoirs; les décrets; le veto.

Tableau synoptique (1559-1610).

Journées du 20 juin, du 10 août. Massacres de septembre 1792. Campagne de 1792. Valmy. La Marseillaise.

Mars.

1. *Louis XIII.* — La régence de Marie de Médicis. Concini et Albert de Luynes. États-Généraux de 1614. Richelieu; ses trois projets.

2. *Administration de Richelieu.* — Destruction des châteaux féodaux. L'armée, la marine, les colonies. Créations.
Louis XIV. — Sa minorité. Régence d'Anne d'Autriche. Mazarin. Le Parlement, la Fronde.
3. *Fin de la guerre de Trente Ans.* — Condé et Turenne; traités de Westphalie. Guerre contre l'Espagne; traité des Pyrénées. Mort de Mazarin. Son œuvre.
4. Récapitulation.

1. *La Convention.* — Œuvre gouvernementale : Girondins et Montagnards. La République. Exécution de Louis XVI. La Terreur. Chute de Robespierre.
2. *La Convention.* — Œuvre militaire : fin de la campagne de 1792. Lille, Jemmapes, Savoie, Nice. Première coalition, guerre de Vendée.
Réformes financières, commerciales.

3. *Le Directoire.* — Les deux pouvoirs. Première campagne d'Italie. Campagne d'Allemagne. Traité de Campo-Formio. Campagne d'Égypte, Deuxième coalition. Le 18 brumaire.
4. *Le Consulat.* — Constitution de l'an VIII. Bonaparte. Fin de la 2ᵉ coalition. Institutions du Consulat; administration.
Récapitulation générale.

Avril.

1. *Louis XIV.* — Gouvernement personnel. « L'État c'est moi! » Caractère de Louis XIV. Colbert et son œuvre. Louvois et son œuvre. Vauban.
2. *Conquêtes de Louis XIV.* Guerre de Flandre; guerres de Hollande. Paix de Nimègue.
Les fautes de Louis XIV. Révocation de l'Édit de Nantes· Guillaume d'Orange, roi d'Angleterre. La ligue d'Augsbourg.

1. *L'Empire.* — Constitution impériale. Gouvernement absolu de Napoléon. Politique extérieure. Grandes guerres : Allemagne (1805), Prusse (1806).
2. *Le blocus continental.* — Campagnes d'Espagne (1808-1814), d'Autriche (1809), de Russie (1812), d'Allemagne (1813), de France (1814). Chute de l'Empire.

Luxembourg et Catinat. Paix de Ryswick.

3. *La succession d'Espagne.* — Causes, revers. Humiliations. L'hiver de 1709. Villars à Denain. Paix d'Utrecht.

Gouvernement absolu de Louis XIV.

4. *Le siècle de Louis XIV.* — Écrivains et artistes. Philosophes et moralistes. Les poëtes. Le palais de Versailles.

Récapitulation.

3. *La première Restauration.* — Louis XVIII et la Charte. Les Cent Jours. Waterloo. La Sainte-Alliance en 1815 et le congrès de Vienne.

4. *La seconde Restauration.* — Gouvernement de Louis XVIII et de Charles X. Réveil de l'esprit politique. Les chambres, les ordonnances. Révolution de 1830. Expédition d'Espagne. Affranchissement de la Grèce. Prise d'Alger.

Mai.

1. *Louis XV.* — La régence; système de Law; le papier-monnaie. Belzunce et la peste de Marseille.

La majorité du roi; son éducation, son caractère. Le cardinal Fleury. Guerre de la succession de Pologne. La Lorraine.

2. *Louis XV* (suite). — Guerre de la succession d'Autriche. Maurice de Saxe à Fontenoy. Traité d'Aix-la-Chapelle.

La guerre de Sept Ans. Causes. Soubise à Rosbach; d'Assas. Choiseul : ses projets, sa disgrâce. La Corse. Le pacte de famine.

3. *Empire colonial.* — Nos colonies au xvii° et au xviii° siècles. L'Angleterre rivale. Dupleix, puis Lally-Tollendal aux Indes. Montcalm au Canada. Traité de Paris. Perte de nos colonies.

4. Récapitulation (1710-1774).

1. *Louis-Philippe* (1830-1848). — La charte revisée. Indépendance de la Belgique. Principaux ministres.

Difficultés du règne. Demandes de réformes. Les chemins de fer. L'Instruction primaire.

2. *Conquête de l'Algérie.* — Alger, Constantine, Isly. Soumission d'Abd-el-Kader.

3. *La République de 1848.* — Le suffrage universel. Les journées de juin. Le prince Louis-Napoléon président. L'Assemblée législative. Le coup d'état du 2 décembre 1851.

4. *Le second Empire.* — Napoléon III. La politique impé-

riale. Développement économique. Libre-échange. Grands travaux.

Juin.

1. *Grands écrivains du XVIIIe siècle.* — Voltaire, Montesquieu, Rousseau. Demandes de réformes, de suppression des privilèges de la noblesse et du clergé.

2. *Louis XVI.* — Son caractère; essai de réformes. Turgot; sa chute.

Necker, les économies. Les ministres dissipateurs. Rôle de Marie-Antoinette. Le déficit. Rappel de Necker. Les États-Généraux de 1789.

3. *La guerre pour l'Indépendance américaine.* — La République des États-Unis. Washington et Franklin. La Fayette et Rochambeau. Traité de Versailles.

4. Récapitulation.

1. *Le second Empire* (suite). — Politique extérieure. « L'Empire, c'est la paix ! » Guerre de Crimée, guerre d'Italie, guerre de Chine, guerre du Mexique.

2. *Guerre franco-allemande (1870-71).* — Causes. Revers. Siège de Strasbourg, siège de Metz. Capitulation de Sedan. Chute de Napoléon III. La défense nationale. La 3e république. Paris assiégé. Gambetta en province. Traité de Francfort.

3. *La Constitution de 1875.* — Relèvement de la France; réorganisation militaire, grands travaux. Améliorations politiques, économiques, sociales. Lois scolaires. Accroissement du domaine colonial.

4. Récapitulation.

Juillet.

Récapitulation générale. | Récapitulation générale.

COURS SUPÉRIEUR

Octobre.

1. *Les peuples de l'antiquité.* — Peuples qui ont une histoire. Les grandes divisions de l'histoire. Étendue et caractère de chaque période. — L'Orient : Egyptiens, Assyriens, Juifs, Phéniciens, Perses. Idée de la civilisation de ces peuples.

2. *Les Grecs et les Romains.* — La Grèce. Religion. Sparte et Athènes. Civilisation. Décadence et asservissement (Alexandre le Grand). Rome. Fondation, institutions, plébéiens et patriciens. — Carthage. La Gaule. L'empire; la décadence.

3. *Les grandes invasions.* — Les peuples envahisseurs. L'em-

pire à Constantinople, son partage (395). Chute de l'empire d'Occident (476). Commencement du moyen âge. Les Mérovingiens. Les Arabes : Mahomet, Islam, Hégire, Coran; conquêtes arabes. Poitiers. Civilisation arabe. Influence des Arabes (Espagne).

4. *Les Carlovingiens.* — Origine. Empire de Charlemagne; son démembrement. Les Normands; leur établissement en Gaule. Causes de la chute des deux premières races. La féodalité; grandes expéditions; les communes.

Novembre.

1. *Les Capétiens.* — Revision des grands faits de 987 à 1328; insister sur les règnes de Philippe-Auguste, de Louis IX, de Philippe le Bel.

Les Valois. — Tableau synoptique de la guerre de Cent Ans. Malheurs et misère de la France. Progrès du tiers-état (Étienne Marcel). Le patriotisme (Duguesclin, Jeanne d'Arc).

2. *L'Europe au moyen âge.* — Angleterre : conquête, conséquences. Parlement. — Allemagne : fondation de la maison de Habsbourg ou d'Autriche. — Le royaume des Deux-Siciles. — Affranchissement de la Suisse. Rapports de la France avec les autres puissances. Tableau récapitulatif de l'histoire du moyen âge.

3. *Progrès du pouvoir royal en France.* — Charles VIII, ses réformes. — Louis XI, lutte opiniâtre contre la féodalité; administration. Jugement sur Louis XI.

Progrès du pouvoir royal en Europe. — Angleterre : longue guerre civile. Perte des libertés. Les Tudors. Espagne : formation de l'unité; quatre royaumes chrétiens. Ferdinand le Catholique et Isabelle; les Maures chassés. L'Inquisition; ses résultats : despotisme; puissance et décadence de l'Espagne.

4. *Guerres d'Italie.* — La France sort de son isolement en Europe. Causes des guerres d'Italie. Charles VIII (sa sœur); ses droits. Conquêtes. Fornoue. — Louis XII; ses droits. — Ligue de Cambrai. Sainte-Ligue. Ravenne, Novare. Père du peuple, bourgeoisie.

François Ier. — Fin des guerres d'Italie proprement dites. Marignan. Concordat. Paix perpétuelle.

Résultats des guerres d'Italie.

Décembre.

1. *L'équilibre européen.* — François Ier et la maison d'Autriche. Tableau pour expliquer la formation de l'empire de Charles-Quint. Election à l'empire d'Allemagne. Pavie. Traité de Madrid. Alliances de François Ier. Traité de Crespy.

Henri II et la Maison d'Autriche. — Le duc de Guise. Les

Trois-Évêchés. Abdication de Charles-Quint. Partage de son empire. Philippe II. Saint-Quentin. Calais. Traité de Cateau-Cambrésis. Résultats de cette longue lutte. L'équilibre européen.

2. *Revision.* — Tableau synoptique des guerres d'Italie (1483-1559). Formation de la monarchie absolue (bon plaisir, cour, armée, administration, le Havre).

Grandes découvertes. — Portugal : Diaz aborde le premier au cap de Bonne-Espérance. Vasco de Gama double ce cap et fait trois voyages aux Indes. Immense empire; disproportion. — Espagne : Christophe Colomb découvre l'Amérique; Magellan fait le premier voyage autour du monde. Cortez au Mexique; Pizarre au Pérou. — Conséquences : développement de la richesse mobilière; dépréciation de la richesse féodale; déplacement du commerce maritime.

3. *La Renaissance.* — Causes du réveil de l'esprit humain. En Italie : le siècle de Léon X ou des Médicis. Léonard de Vinci, Michel-Ange, Raphaël. — En France : François Ier surnommé le Père des Lettres; artistes et savants. — En Europe : les peintres flamands Van Dyck et Rubens; l'écrivain espagnol Michel Cervantès; le poète portugais Camoëns; l'astronome polonais Copernic; le plus grand des poètes anglais, Shakespeare.

La Réforme. — En Europe. Causes. Allemagne : Luther. Opposition de Charles-Quint. Paix d'Augsbourg (liberté de conscience). — Suisse : Calvin. — Angleterre : Luttes. Religion anglicane. Suprématie du roi. — Espagne : Phillippe II. Lutte opiniâtre, cruelle. — Les Jésuites. Révolte des Pays-Bas (Guillaume d'Orange).

4. *La Réforme en France.* — Calvin. Intolérance. Persécutions. — François II. Guises, Bourbons. Conjuration d'Amboise.

Charles IX. Catherine de Médicis et Michel de l'Hôpital. Longues guerres, courtes trêves. Places de sûreté. Saint-Barthélemy. Henri III. Ligue. Espagne. Guerre des trois Henri.

L'œuvre de Henri IV. — Henri IV. Sa famille, sa jeunesse. Arques et Ivry. Paris. Abjuration. Édit de Nantes. Réflexions morales : tolérance. Les Espagnols. Fontaine-Française. Vervins. Henri IV et Sully : leur œuvre. Revision : Tableau synoptique.

Janvier.

1. *La Monarchie absolue.* — Louis XIII et Richelieu. Régence de Marie de Médicis. Concini, de Luynes. Richelieu. Ses trois projets : Lutte contre les grands seigneurs. Lutte contre les protestants. Guerre de Trente Ans. — (Lutte de la maison d'Autriche contre les protestants; Ferdinand II. Période palatine. Période danoise. Période suédoise. Gustave-Adolphe. Action diplomatique de Richelieu.)

Guerre de Trente Ans (suite). — Période française. Fin de la guerre. Mazarin. Condé, Turenne : leurs victoires. Traités de Westphalie; leur importance.

Minorité de Louis XIV. Mazarin. La Fronde.

2. *Louis XIV.* — Monarchie absolue. Orgueil. Cour, étiquette. Ministres. Gouvernement intérieur. Révocation de l'Édit de Nantes. Misère de la France à la fin de son règne. Morale : l'ambition, l'orgueil.

Politique extérieure de Louis XIV. — Guerres de conquête. Ambition démesurée. Guerre de dévolution, conquête de la Flandre, traité d'Aix-la-Chapelle.

Guerre de Hollande. État de ce pays, son développement, son activité commerciale. Héroïsme. Guillaume d'Orange. Condé, Turenne. Paix de Nimègue. La France devient la première des puissances de l'Europe.

3. *Politique extérieure de Louis XIV* (suite). — Les fautes de Louis XIV; ses luttes contre l'Europe. (La Révolution de 1688 en Angleterre; ses conséquences : monarchie constitutionnelle en Angleterre; coalition européenne contre Louis XIV. Guillaume d'Orange. La ligue d'Augsbourg.) Luxembourg et Catinat. La guerre maritime. Paix de Ryswick. — Guerre de la succession d'Espagne. Causes, revers, humiliations. Villars. Les traités d'Utrecht et de Rastadt.

Siècle de Louis XIV. — Pourquoi le xviiᵉ siècle a été ainsi appelé. Première période, avant Louis XIV; seconde période, sous Louis XIV. Influence du roi. Le théâtre; la satire et la fable; le genre épistolaire; l'éloquence de la chaire; les arts et les sciences. Domination intellectuelle de la France.

4. *Aperçu de la situation de la France et de l'Europe en 1715.* — Coup d'œil d'ensemble sur le règne de Louis XIV; tableau synoptique. France affaiblie; la dette s'élève à deux milliards. Misère des campagnes. — Angleterre prépondérante en Europe; — deux nouvelles puissances, la Prusse et le Piémont; — l'Espagne diminuée de ses possessions en Italie et dans les Pays-Bas.

Louis XV. — La régence de Philippe d'Orléans. Le papier-monnaie; la banque de Law. Gouvernement personnel. Caractère du roi. Ministres : Fleury, Choiseul. Scandales judiciaires et religieux.

Février.

1. *Les guerres de Louis XV.* — Incohérence de notre politique étrangère. Guerre de la succession de Pologne : causes, faits principaux, traité de Vienne. Guerre de la succession d'Autriche : causes, faits principaux, rôle de la Prusse, traité d'Aix-la-Chapelle. Guerre de Sept Ans. Causes, incapacité des Français, puissance croissante de la Prusse; l'Angleterre. Défaites des armées françaises. Perte de l'Inde et du Canada français. Jugement sur Louis XV.

Louis XVI. — Son caractère; situation critique de la France. Essai de réformes; Turgot et ses projets; Malesherbes. Disgrâce de Turgot. Necker; économie, disgrâce. Rôle de la reine Marie-Antoinette. Ministres dissipateurs. Convocation des États-Généraux.

2. *Louis XVI* (suite). — L'esprit philosophique révolutionnaire au xviii* siècle. Écrivains précurseurs de la Révolution. Voltaire, Montesquieu, Rousseau, Diderot, Beaumarchais. Aspirations populaires. Abus de l'ancien régime.

L'indépendance américaine. — Colonies anglaises d'Amérique. Leur révolte (causes). Franklin. Appui de la France. La Fayette, Rochambeau. — G. Washington. Lutte contre l'Angleterre; nos marins. Traité de Versailles. Organisation de la République des États-Unis.

Revision du xviii* *siècle.* — Tableau synoptique de 1715 à 1789. Récapitulation générale par grandes périodes, des origines jusqu'à 1789.

3. *États Généraux et Constituante.* — Situation de la France en 1789. — Révolution. Causes. But. Cahiers du Tiers État. — Du 5 mai au 14 juillet 1790. Faits principaux. Souveraineté nationale. Liberté, égalité, fraternité.

Œuvre de la Constituante. — Principes de 1789. Constitution de 1791. Division administrative. Clergé national. Justice. Biens nationaux, assignats.

4. *Assemblée législative.* — La Constitution, les deux pouvoirs. Les décrets. Le veto. Journées du 20 juin, du 10 août. Massacres de septembre 1792. Campagne de 1792. Valmy. La Marseillaise.

Convention. — Œuvre gouvernementale (Girondins, Montagnards). — La République. Exécution de Louis XVI. Proscription des Girondins. La Terreur. Robespierre. Comité de Salut public. Tribunal révolutionnaire, loi des Suspects. Chute de Robespierre. État des esprits.

Mars.

1. *Convention.* — Œuvre militaire. — 1° Fin de la campagne de 1792. Lille, Jemmapes, Savoie, Nice. 2° Première coalition. Cause. Campagne de 1793. Carnot. Campagnes de 1794-1795. Jourdan, Hoche, Pichegru. Le *Vengeur.* Traités de Bâle. 3° Guerre de Vendée : Kléber, Marceau, Hoche.

Convention (suite). — Réformes financières, commerciales, intellectuelles, politiques. Conclusion morale : Jugement sur la Convention.

2. *Revision de 1789 à 1795.* — Les trois grandes assemblées de la Révolution. Tableau synoptique.

Le Directoire. — Son organisation. Les deux pouvoirs. Embarras financiers. Impuissance du Directoire, troubles. Suite de la première coalition (Autriche). Première campagne d'Italie. Bonaparte, 1796-1797. Campagne d'Allemagne. Jourdan (Marceau), Moreau, Hoche. Traité de Campo-Formio.

3. *Le Directoire* (suite). — Fin de la première coalition (Angleterre). Campagne d'Égypte. Pyramides, le Caire, Aboukir, Kléber. Deuxième coalition. Causes. Revers. Victoire de Zurich (Masséna). Coup d'État du 18 brumaire. Nouvelle Constitution (an VIII). Jugement sur le Coup d'État.

Le Consulat. — La Constitution. Ses deux pouvoirs. Bonaparte, premier consul, consul à vie, puis empereur.

Fin de la deuxième coalition. — Campagne d'Italie, Marengo. Campagne d'Allemagne. Paix de Lunéville et d'Amiens. Institutions du Consulat. Administration. Légion d'honneur. Instruction. Justice. Concordat.

4. *Récapitulation générale.* — Revision de 1793 à 1804. Tableau synoptique de 1789 à 1804.

Le Premier Empire. — Cour. Caractère de Napoléon Ier. Guerres. Période heureuse. Troisième coalition. Quatrième coalition. Cinquième coalition. Causes et principaux faits. Traités. Blocus continental. Apogée de l'Empire. Étendue du territoire. Puissance fragile.

Avril.

1. *Le Premier Empire* (suite). — Période désastreuse. Guerre d'Espagne, guerre de Russie. Sixième coalition, campagne d'Allemagne, campagne de France. Causes et principaux faits. Gouvernement provisoire. Déchéance et abdication de l'Empereur. L'île d'Elbe.

Traité de Paris (1814). — Première Restauration (fautes de Louis XVIII). Les Cent Jours. Septième coalition. Waterloo. Seconde abdication. Sainte-Hélène.

Situation de la France. Épuisement. Les traités de Paris (1814-1815).

2. *L'Europe en 1815.* — Nouvel équilibre européen. Royaume des Pays-Bas; Belgique et Hollande.

Confédération germanique : Bavière, Hanovre, Saxe, Wurtemberg. — Prusse : agrandie vers l'Autriche et le Rhin. — Italie : partagée entre l'Autriche (Lombardie, Vénétie), le pape, la Sardaigne, les Bourbons (Naples, Sicile). — Suisse : neutre. — Autriche : diminuée (Pays-Bas), augmentée (Italie). — Russie : Pologne. — Suède et Norvège : Bernadotte. — Angleterre : Reine des mers.

Revision du Premier Empire. — Tableau synoptique. Jugement sur Napoléon Ier : le génie, la gloire, l'ambition.

3. *La Restauration.* — Louis XVIII. — Première et deuxième Restauration. Les partis politiques. La réaction. Terreur blanche. Le parti modéré (Richelieu, Decazes). Nouvelle réaction

(Villèle). Expédition d'Espagne (opposition des libéraux).

La Restauration. — *Charles X.* — Son attitude. Mesures réactionnaires (Villèle). Les modérés (Martignac). Les ultra-royalistes (Polignac). Les trois ordonnances. Révolution.

Question d'Orient : Grecs et Turcs. Missolonghi. Intervention européenne. Navarin. La Grèce indépendante. — Expédition d'Alger, 1830.

4. *Louis-Philippe.* — Révolution de 1830. Changement de dynastie. — Gouvernement intérieur : Les partis politiques. La charte de 1830. Réformes de 1831. Nombreuses crises ministérielles. Guizot, Thiers. Mouvements insurrectionnels et attentats. Scandales ministériels. Poussée de l'opinion : suffrage universel.

Relations extérieures. — Révolte de la Belgique. Anvers. La Belgique indépendante. La Pologne écrasée par la Russie. La question d'Orient. Égypte, Turquie. Traités de Londres (échec à la France), des Détroits. Conquête de l'Algérie. Causes. Trois phases : côtes, intérieur, Abd-el-Kader. Principaux faits. Pacification, colonisation.

Mai.

1. *Louis-Philippe* (suite). — Situation matérielle. Armée. Instruction publique (1833). Justice. Travaux publics. Commerce et industrie. Découvertes scientifiques. Lettres et arts. Situation du budget. Disette.

Révolution de 1848. — Causes. Journées de février. Gouvernement provisoire (Lamartine).

Revision de 1815 à 1848. — Caractériser chacun des règnes de Louis XVIII, Charles X, Louis-Philippe, et chacune des révolutions de 1830, 1848.

2. *Deuxième République.* — Suffrage universel. Assemblée Constituante. Troubles de mai, de juin. Cavaignac. Constitution de 1848. Présidence de Louis-Napoléon. Élection, serment. Expédition de Rome.

L'Assemblée législative. — Lois de réaction : instruction, suffrage universel, transportation. Dissentiments avec le président. Coup d'État. Faits principaux. Réflexion. Jugement.

Le Second Empire. — Gouvernement intérieur. Despotisme. Attentat d'Orsini. L'opposition. Incidents de 1869. Essai de libéralisme. Plébiscite. Situation de la France. Travaux publics. Mouvement financier. Traités de commerce. Exposition. « L'Empire, c'est la paix! »

3. *Le Second Empire* (suite). — Guerres. Expéditions lointaines : Chine, Cochinchine, Mexique. Causes, principaux faits, résultats.

Guerres européennes : Crimée, Italie. Causes, principaux faits, résultats.

Guerre franco-allemande. — Causes diverses. Comparaison : France et Allemagne. Guerre : en Alsace, en Lorraine ; armée de Châlons (Sedan). Chute de l'Empire.

Revision de 1848 à 1870. — Tableau synoptique. Les nationalités.

4. *Troisième République.* — La défense nationale. Fin de la guerre. Sièges de Paris, de Metz (Bazaine). Châteaudun, Saint-Quentin, Belfort. Armées de la Loire, du Nord, de l'Est. Traités de Francfort.

Assemblée Nationale. — La Commune. Thiers (libération du territoire). Mac-Mahon, ordre moral, réaction. Constitution de 1875. Le Parlement. Le 16 mai. Exposition. Démission de Mac-Mahon.

De 1878 à nos jours. — Les divers présidents. Les réformes militaires, scolaires, sociales. Expéditions coloniales.

Juin et juillet.

Récapitulation générale.

e) GÉOGRAPHIE

Bien compris, l'enseignement de la géographie plaît aux enfants et donne avec les plus jeunes des résultats supérieurs à ceux de l'histoire.

Faut-il partir de l'école, de la rue, de la commune, pour terminer par la description de la terre en passant par le canton, l'arrondissement, le département, la France et l'Europe ; ou vaut-il mieux suivre l'ordre inverse ? Nous pensons qu'il faut adopter presque en même temps les deux marches avec les élèves du cours élémentaire, pour qui la connaissance locale ne va pas au delà du canton : le plan de la commune d'abord, puis bientôt le globe terrestre intéressent également.

Ne nous attardons pas à la définition des termes : l'exemple et la réalisation lui sont préférables. Avant de nous élever aux considérations générales, trop abstraites, étudions à fond la géographie physique, mais ne nous embarrassons pas de noms inutiles. Dégageons bien l'influence prépondérante de la montagne et de la mer sur la vie d'un pays. Sans donner trop d'importance aux bassins des fleuves, n'en disons pas trop de mal : exactement présentés, ils rendent service aux élèves sans nuire à l'étude des régions agricoles, industrielles, commerciales, économiques.

Prenons garde aux chiffres absolus : ils ne donnent pas l'idée nette qui résulte d'une comparaison bien choisie. S'il s'agit de l'étendue d'un pays quelconque, rapprochons-la de celle de la France; si nous nous occupons des productions, rapprochons les chiffres des statistiques moyennes pour la France et l'étranger.

Servons-nous de la carte pour l'ensemble, du tableau noir pour le croquis accompagnant la leçon. Chaque enfant exécute ce croquis sur le cahier ou sur l'ardoise en se servant, pour commencer au moins, du procédé dit des « carreaux ». Exerçons nos élèves à lire exactement sur leur atlas, à traduire les signes conventionnels, en un mot, à étudier.

Évitons les nomenclatures trop complètes, où, par exemple, toutes les sous-préfectures sont présentées sur le même plan (Reims et Sainte-Menehould); mieux vaut citer les villes importantes. Bornons-nous à l'essentiel.

COURS ÉLÉMENTAIRE

Octobre.

1re ANNÉE.	2e ANNÉE.
1. *La terre.* — Sa forme, le globe terrestre, la terre tourne.	1. *Le plan de la classe.* — Place des principaux objets. Les quatre points cardinaux.
2. *La terre.* — Ce qu'on y voit. Terres et eaux. Leur importance relative.	2. *Comment on s'oriente* le jour, la nuit. La boussole. Orientation d'un plan. Plan de l'école.
3. *La montagne.* — Ce qui la constitue, ce qu'on y voit. La vie dans la montagne : l'homme, les animaux, les végétaux.	3. *Notions de géographie locale.* Tracés au tableau noir.
4. *Un volcan.* — Montagne, crevasse, éruption, lave, cendres, aspect du ciel, volcans éteints.	4. *Carte de la France.* — *Planisphère* : les montrer. Ce que c'est qu'une carte. Forme générale de la France; hexagone. Quelques points de repère; la faire dessiner.

Novembre.

1. *Les eaux*. — Origine des cours d'eau ; neiges et glaciers.

1. *La Terre*. — Démonstration familière de sa forme ; les deux pôles.

Le mouvement de rotation ; le jour et la nuit ; lever, coucher du soleil ; aurore, crépuscule.

2. *Le fleuve*. — La source, la vallée. l'embouchure.

2. *Le mouvement de translation*. — Durée, l'année, les quatre saisons.

Le méridien, l'équateur.

3. *Le fleuve*. — Voyage en bateau ; rives et lit du fleuve.

3. *Grandes divisions*. — La terre, les eaux ; les trois continents, les cinq parties du monde.

La mer en général. Étendue. Eau salée. Profondeurs. Ce qu'elle renferme.

4. *Le fleuve*. — Son bassin, ses affluents, le confluent.

4. *Les cinq grands océans*. — Importance, situation. Récapitulation mensuelle.

Décembre.

1. *Les eaux*. — Les nuages et la pluie.

1. *La montagne*. — Neiges éternelles, forêts, pâturages, avalanche.

Chaîne de montagnes, colline, coteau, volcan, lave, cratère.

2. *Les eaux courantes*. — Le fleuve, la rivière, le torrent.

2. *Plaine*. — Plateau, vallée, vallon. Le désert, Sahara africain, pampas de l'Amérique du Sud.

3. *Un moulin sur un cours d'eau*. — Chute d'eau. L'eau force motrice.

3. *Îles*. — Archipel, presqu'île. Golfe, baie, port.

4. Récapitulation trimestrielle.

4. *Côtes*. — Rivages, cap, phare, détroit, isthme.

Janvier.

1. *Voies de communication*. — Le canal et ses écluses.

1. Récapitulation.

2. *Voies de communication*. — Les routes et les chemins ; un pont, un ravin.

2. *Id.*

3. Un aqueduc.

4. *Chemin de fer.* — La voie ferrée : rails, talus, le viaduc, le tunnel. La gare.

3. *La France.* — Situation, population, gouvernement.

Bornes naturelles, artificielles. Un mot de l'Alsace-Lorraine.

4. *Côtes de la France.* — Nature, aspect, élévation, principaux golfes ; iles, presqu'iles, détroit.

Montagnes. —Ligne de séparation. Groupes montagneux, faune, flore.

Février.

1. *La mer.* — Son étendue, sa profondeur, eau salée, ses habitants.

2. *La mer.* — Flux et reflux, vagues et tempête.

3. *Un vaisseau.* — Ses parties essentielles, rôle et utilité de chacune d'elles.

4. Récapitulation.

1. *Régions des plaines.* — Les grandes plaines : situation, productions.

Les eaux. — Ligne de partage des eaux, bassin, lit, fleuve, source, embouchure, rives.

2. *Les eaux* (suite). — Rivière, ruisseau, torrent, affluent, confluent, descendre, remonter.

Récapitulation.

3. *Le cours de la Seine.* — Source, cours ; la Tranquille, ses bords, estuaire, mascaret ; dans Paris, rives, quais, deux iles ; navigation.

4. *Grandes villes arrosées.* — Troyes, Melun, Paris, Rouen, le Havre.

Les principaux affluents : Aube, Marne (Châlons, vins). Oise, Yonne, Eure (Chartres, blé).

Mars.

1. *La mer.* — Golfe, port, arsenal.

2. *Les côtes.* — Le cap, le phare, l'ile.

1. *Grandes cultures* du bassin de la Seine : blé, vigne, betterave.

2. *Grandes industries* du bassin de la Seine : produits de ferme, cotonnades.

3. *Récapitulation.* — Leçons du 1er trimestre.

4. *Récapitulation.* — Leçons du 2e trimestre.

3. *Révision du bassin de la Seine.*

4. *Le cours de la Loire.* — Source, lit, longueur, inondations, ensablements.

Grandes villes arrosées : Orléans, Blois, Tours, Nantes, Saint-Nazaire (son importance).

Avril.

1. *L'orientation.* — Le soleil à midi, le vent du nord, le soleil levant et le soleil couchant.

1. *Principaux affluents.* — La Maine (Angers), Allier, Cher, Indre, Vienne; régime de ces cours d'eau.

Grandes industries et cultures. — Vin, ânes, mulets, bœufs, moutons, ardoise, flottage, houille.

2. *Le jour et la nuit.* — Le soleil, la lune, les étoiles.

2. *Récapitulation* du bassin de la Loire.

Le cours de la Garonne. — Source, confluent avec la Dordogne, Gironde, estuaire.

3. *L'orientation* des diverses parties de l'école, les points cardinaux trouvés par les élèves.

3. *Grandes villes arrosées et principaux affluents.* — Toulouse, Agen, Bordeaux, population du Midi. — Ariège, Tarn, Lot, Dordogne, Gers, le canal du Midi.

4. *Le plan de l'école.* — Représentation des parties principales. Orientation du plan.

4. *Grandes cultures, industries.* — Vin, eau-de-vie, maïs, tabac, eaux thermales, résine.

Récapitulation du bassin de la Garonne.

Mai.

1. Notions de géographie locale. Tracés au tableau noir.

1. *Le cours du Rhône* et *grandes villes arrosées :* Source, glaciers, lac de Genève, rapidité, delta, Camargue.

Lyon, population, situation, industrie, Avignon, papes, fertilité.

2. *Id.*

2. *Principaux affluents.* — Saône, Ardèche, Gard, Isère,

3. *Id.* Notions de géographie locale. Tracés au tableau noir.

4. Récapitulation.

Drôme, Durance; leur régime.

Grandes cultures : vins de Bourgogne, oliviers, orangers.

3. *Industries* : le Creusot (forges, mines, fonderies); soieries de Lyon.

Marseille, Toulon (port militaire).

4. *Récapitulation* : La France en général; le bassin de la Seine.

Bassin de la Loire, de la Garonne et du Rhône.

Juin.

1. *La France.* — Forme générale, les frontières, les peuples voisins.

2. *La France.* — Principaux fleuves, les grandes villes, les grands ports.

3. *La terre.* — Les cinq parties du monde, les trois continents. Les montrer sur le globe, sur la mappemonde.

4. *Les cinq Océans.* — Leur importance, leur situation; les grandes races humaines.

1. *L'Europe* : Étendue comparée, bornes, race, population, situation.

Relief du sol, Pyrénées, Alpes et Karpathes.

Cours d'eau. Rhin, Danube, Volga.

Grandes îles. Gibraltar.

2. *L'Europe* : principaux États avec leurs capitales; situation, puissance respective.

3. *L'Asie* : étendue comparée; population, races; Chine, Japon, Hindoustan, colonies françaises : Tonkin, Cochinchine.

L'Afrique : étendue comparée, population, races, situation, Égypte, Cap, Maroc; influence française.

4. *L'Océanie* : par quoi elle est formée; étendue, situation; Australie; îles de la Sonde, Nouvelle-Calédonie.

L'Amérique : étendue, situation, population, races, principaux États, la Guyane française.

Juillet.

Récapitulation générale.

COURS MOYEN

Octobre.

1re ANNÉE.	2e ANNÉE.

1. *Notions préliminaires.* — La terre : forme, situation, mouvements. Globes et cartes. Le méridien et l'équateur.

2. *L'orientation.* — Les points cardinaux. Comment on s'oriente le jour, la nuit. La boussole.

Les grandes divisions du globe. — Les terres et les eaux; étendue comparée. Les trois continents; les cinq parties du monde.

3. *Les grandes divisions du globe* (suite). — Les Océans : leur situation, leur étendue; leurs profondeurs diverses.

L'Europe. — Sa situation, son aspect général; physionomie particulière.

4. *L'Europe* (suite). — Les contrées de l'Europe; leurs capitales. — La France. Récapitulation.

1. *Notions préliminaires.* — Comme en 1re année. — Axe, pôles. Les cinq zones.

2. *L'orientation.* — Comme en 1re année. La rose des vents. Les races humaines.

3. *Les grandes divisions du globe.* — Comme en 1re année. Montrer que l'Europe est une contrée essentiellement maritime.

4. *L'Europe.*

Novembre.

1. *La France.* — Situation, forme générale, étendue. Tracé.

Le littoral. — Côtes de la mer du Nord et de la Manche; description et tracé.

2. *Le littoral* (suite). — Côtes de l'Atlantique ; côtes de la Méditerranée. Description et tracé. Récapitulation.

3. *Relief du sol.* — Les deux grandes régions : les plaines,

1. *La France.* — Situation, forme, limites, étendue. Conséquences.

Le littoral. — Caractères généraux et particuliers. Côtes de la mer du Nord et de la Manche. Dimensions.

2. *Le littoral* (suite). — Côtes de l'Atlantique et de la Méditerranée. Comme en 1re année. Caractères particuliers; dimensions. Récapitulation.

3, *Relief du sol.* — Comme en 1re année. Caractères géné-

les montagnes. Les grandes plaines : nord-ouest, sud-est, sud-ouest. Collines qui les séparent. Description et tracé.

Les montagnes. — Divisions générales : chaines, massifs et plateaux. Étude du Massif central.

4. *Les montagnes.* — Massif des Pyrénées : élévation, étendue, aspect. Même étude pour les Alpes, le Jura et les Vosges.

Récapitulation.

raux de la région des plaines; caractères particuliers de chacune des grandes plaines.

Les montagnes. — Caractères généraux et caractères particuliers de chacune des divisions générales. Le massif central.

4. *Les montagnes.* — Comme en 1re année; caractères généraux et particuliers.

Récapitulation.

Décembre.

1. *Cours d'eau.* — Notions générales.

Description du cours de la Seine : source, altitude, longueur, changements de direction, volume et niveau des eaux, crues, estuaire, importance commerciale.

Les affluents de la Seine : leur importance; leurs directions; les confluents.

2. *Cours d'eau* (suite). — Description du cours de la Loire et de ses affluents.(Mêmes détails que pour la Seine).

3. *Cours d'eau* (suite). — La Garonne et ses affluents.

4. *Cours d'eau* (suite). — Le Rhône et ses affluents.

1. *Cours d'eau.* — Comme en 1re année.

La Seine et ses affluents.
La Loire et ses affluents.
Particularités.

2. *Cours d'eau* (suite). — Comme en 1re année.

La Garonne et ses affluents.
Le Rhône et ses affluents.

3. *Cours d'eau* (suite). — Fleuves de la mer du Nord : Moselle, Meuse, Escaut.

Fleuves côtiers tributaires : 1° de la Manche; 2° de l'Atlantique; 3° de la Méditerranée (s'en tenir aux principaux).

4. *Cours d'eau* (suite). — Comparaison entre les grands fleuves français.

Récapitulation.

Janvier.

1. *Étude des régions de la France.* La formation territoriale. — Domaine des premiers

1. *Étude des régions de la France.* — Comme en 1re année.

Capétiens. Accroissements successifs. Les anciennes provinces; la division en départements.

2. *La France divisée par régions naturelles.* — Carte spéciale. Cadre de l'étude de chaque région : nomenclature des départements avec les chefs-lieux; aspect et description physique du pays; principales productions et industries.

3. *La France centrale.* — Région du Massif central.

4. *La France centrale* (suite). — Les Pays de la Loire. Récapitulation.

2. *La France divisée par régions naturelles.* — Même programme qu'en 1re année, en y ajoutant les villes les plus importantes au point de vue de la population (50 000 habitants), de l'industrie et du commerce.

3. *La France centrale.* — Comme en 1re année. Région du Massif central.

4. *La France centrale* (suite). — Comme en 1re année. Les pays de la Loire.

Février.

1. *La France du Nord-Est.* — Le plateau lorrain; les plaines du Nord.

2. *La France du Nord-Est* (suite).—La région parisienne : plaines de Champagne et de Paris.

3. *La France du Nord-Est* (suite). — Etude détaillée du département de la Seine et de Paris : situation, importance. description physique.

4. *La France du Nord-Est* (fin). — Paris industriel et Paris commercial.

1. *La France du Nord-Est.* — Comme en 1re année. Le plateau lorrain; les plaines du Nord.

2. *La France du Nord-Est* (suite).—La région parisienne; les plaines de la Champagne et de Paris.

3. *La France du Nord-Est* (suite). — Comme en 1re année. Etude détaillée du département de la Seine et de Paris.

4. *La France du Nord-Est* (fin). — Paris industriel, Paris commercial et intellectuel.

Mars.

1. *La France de l'Ouest.* — Plaines et collines de Normandie.

2. *La France de l'Ouest* (fin). — Région bretonne, région vendéenne.

3. *La France du Sud-Ouest.*

1. *La France de l'Ouest* (comme en 1re année). — Plaines et collines de Normandie.

2. *La France de l'Ouest* (fin). — Comme en 1re année. Région bretonne, région vendéenne.

3. *La France du Sud-Ouest.*

— La région de la Garonne.
4. *La France du Sud-Ouest.*
— La région pyrénéenne.

— La région de la Garonne.
4. *La France du Sud-Ouest*
(fin). — La région pyrénéenne.

Avril.

1. Récapitulation de l'étude des régions étudiées.

2. *La France de l'Est.* — La région du Jura et la région de la Saône.

3. *La France de l'Est* (fin). — La région des Alpes.

4. Récapitulation.

1. *La France de l'Est.* — Comme en 1re année. La région du Jura et la région de la Saône.

2. *La France de l'Est* (fin). — Comme en 1re année. La région des Alpes.

3. *L'Alsace-Lorraine.* — Les pays annexés. Description. Productions et industries. Habitants et gouvernement.

4. Récapitulation.

Mai.

1. *Voies de communication.* — Les routes; leur origine; leur accroissement. A qui elles appartiennent. Développement des tramways, des chemins de fer sur route, des automobiles.

2. *Voies de communication* (suite). — Les canaux. Comment fonctionne un canal. A quoi servent les canaux. Quelques exemples.

3. *Voies de communication* (fin). — Les chemins de fer. Leur origine, leurs avantages, leur accroissement. Idée des grands réseaux français. Récapitulation.

4. *La défense militaire.* — L'armée; les principales manufactures d'armes. Défense terrestre, défense navale.
L'Alsace-Lorraine. — Histo-

1. *Voies de communication.* — Principaux moyens de communication par terre et par eau.
Différentes sortes de routes.
Les canaux : diverses sortes. Principaux canaux.

2. *Les chemins de fer de la France.* — Origine et avantages des chemins de fer. Leur construction. Transport des voyageurs, des marchandises.
Les grandes lignes.

3. *La France agricole.* — Céréales, boissons, prairies et pâturages. Cultures industrielles. Animaux domestiques.
La France industrielle. — Houille, métaux. Industries métallurgiques; industries textiles.

4. *Le commerce français.* — Commerce intérieur : multiplicité et variété des voies de communication; commerce extérieur : appropriation des

rique. La nouvelle frontière. Ce que la France a perdu. Tracé des pays annexés.

ports. Marine marchande. Récapitulation.

Juin.

1. *La France agricole.* — Les grandes cultures alimentaires; les principales cultures industrielles.

2. *La France industrielle.* — Les grandes industries métallurgiques; les industries textiles.

3. *La France commerciale.* — Matières premières et objets fabriqués. Importation et exportation.

4. *La France coloniale.* — Définition et but des colonies. Exemples. Montrer sur la carte les principales colonies françaises. Un mot de leur importance.

1. *La France coloniale.* — Tableau général des colonies actuelles de la France; les montrer sur la carte.

2. L'*Algérie-Tunisie.* — Situation; description sommaire. Grandes villes, productions, voies de communication.

3. *L'Indo-Chine française.* — Situation; description sommaire. Climat, productions.

Colonies secondaires : en Asie, en Océanie, en Amérique.

4. *Colonies secondaires en Afrique* : le Soudan, le Congo, Madagascar, la Réunion.

Juillet.

Récapitulation.

COURS SUPÉRIEUR

Octobre.

1. *La terre dans l'univers.* — Notions de cosmographie; quelques chiffres, l'immensité. Étoiles, soleil. La terre : forme, dimensions, pôles, mouvement, orientation, jour, nuit, saisons.

Figuration de la terre; cercles, zones; globes, cartes. Position d'un lieu : méridien du lieu, méridien d'origine; longitude, latitude. Continents et océans. Exercices au planisphère.

2. *L'Asie et l'Océanie.* — Géographie physique sommaire; géographie politique : États indépendants; colonies d'Europe.

3. *L'Amérique.* — Géographie physique sommaire; géographie politique : Amérique du Nord, Amérique centrale, Amérique du Sud.

4. *L'Afrique.* — Géographie physique sommaire; géographie politique : États indépendants; colonies d'Europe. Récapitula-

tion. L'Europe comparée aux autres parties du monde : étendue, population, commerce. Influence de l'Europe.

Novembre.

1. *L'Europe.* — Géographie physique. Situation; les côtes. Coup d'œil d'ensemble. Relief du sol; versants. Les grands fleuves; leur régime.

2. *L'Europe.* — Climats variés; zones de végétation. Ressources minérales, animales.

Les grandes puisances. Gouvernements et religions; races.

3. *L'Europe.* — Géographie politique sommaire des États du Nord et des États du centre.

4. *L'Europe.* — Géographie politique sommaire des États du Sud. Récapitulation. La France comparée aux autres nations : étendue, population, commerce, industrie, civilisation.

Décembre.

1. *La France.* — Situation; étendue; configuration. Le littoral. Description des côtes.

2. *La France.* — La formation géologique : où l'on trouve les différents terrains des quatre grands âges de l'histoire du globe.

Climat. — Caractères généraux du climat français; principaux climats secondaires.

3. *La France.* — Relief du sol. Deux grandes régions : celle des plaines, celle des montagnes. Grandes plaines, plateaux. Pyrénées, Massif Central, Cévennes, Jura, Alpes.

4. *La France.* — Les eaux; centres hydrographiques. Cours d'eau : source, altitude, longueur, direction, crues, embouchure, importance commerciale, navigation, profil, affluents. Les quatre grands fleuves; les fleuves secondaires.

Janvier.

1 et 2. *La France.* — Bassin de chacun des quatre grands fleuves. Description du cours d'eau principal et de ses affluents.

3. *La France.* — Les fleuves secondaires : tributaires de la mer du Nord, de la Manche, de l'Atlantique, de la Méditerranée.

4. Récapitulation.

Février.

1. *La formation territoriale.* — Divisions naturelles; régions, pays. Le domaine des premiers Capétiens; accroissements successifs. Les anciennes provinces, la division en départements. Carte de la France divisée par régions. Cadre de l'étude de

chaque région (1° nomenclature des départements, chefs-lieux et villes principales; 2° aspect et description physique du pays; 3° principales productions et industries).

2. *La France centrale.* — Région du Massif Central et des Pays de la Loire.

3. *La France du Nord-Est.* — Le plateau lorrain; les plaines du Nord; la région parisienne (plaines de Champagne et de Paris).

4. *La France du Nord-Est (suite).* — Étude plus détaillée du département de la Seine et de Paris : situation, importance, description physique. Paris industriel; Paris commercial; Paris intellectuel.

Mars.

1. *La France de l'Ouest.* — Plaines et collines de Normandie; région bretonne; région vendéenne.

2. *La France du Sud-Ouest.* — La région de la Garonne; la région pyrénéenne.

3. *La France de l'Est.* — La région du Jura; la région des Alpes; la région de la Saône.

4. Récapitulation.

Avril.

1. *Voies de communication.* — Les routes, les rivières, les canaux. Diverses sortes de canaux. Principaux canaux.

2. *Les chemins de fer de la France.* — Notions générales sur leur établissement, sur leur fonctionnement. Étude sommaire des réseaux.

3. *La France agricole.* — Céréales, boissons, prairies. Forêts; pêche. Animaux domestiques. Cultures industrielles.

La France industrielle. — La houille; métaux. Industries métallurgiques; industries textiles. Autres industries.

4. *Le commerce français.* — Commerce intérieur; commerce extérieur. Octroi; système douanier. Importation; exportation. La marine marchande. Le commerce français comparé au commerce des autres nations.

Mai.

1. *La France coloniale.* — Utilité des colonies; développement colonial de la France. Le devoir colonial : métropole et colonie; colons et indigènes. Tableau général des colonies actuelles de la France.

2. *L'Algérie-Tunisie.* — Superficie; relief; cours d'eau principaux; races d'habitants. Grandes villes. Productions; voies de communication. Gouvernement.

3. *L'Indo-Chine française.* — Étendue, population, aspect du pays. Description physique. Climat. Productions.

Colonies secondaires. — En Asie, en Océanie, en Amérique.

4. *Colonies secondaires en Afrique.* — Le Soudan, le Congo, Madagascar, la Réunion.

La France dans le monde. — Grandes lignes de navigation.

Juin et Juillet.

Récapitulation.

f) INSTRUCTION CIVIQUE

L'instruction civique fait connaître aux élèves notre organisation administrative, politique et sociale, en leur montrant les droits mais aussi les devoirs des futurs citoyens.

Elle touche donc à l'histoire, à la géographie et à la morale; souvent même il est difficile d'établir nettement une différence entre ces leçons diverses.

Il est nécessaire de provoquer des comparaisons entre le présent et le passé, de faire appel à certains souvenirs historiques, d'appuyer l'exposé sur une lecture bien choisie.

Pour être mieux compris des enfants, montrons-leur des documents, qu'ils connaissent sans doute, mais qu'ils n'ont pas bien examinés : le rôle des contributions, les feuilles d'impôt, la liste électorale, le bulletin de vote, etc.

Sans considérer nos institutions comme définitives, idéales, faisons-les aimer, parce qu'elles sont supérieures à beaucoup d'autres et qu'elles sont le résultat d'efforts considérables, accomplis par les générations qui nous ont précédés.

COURS MOYEN

Octobre.

1re ANNÉE.	2e ANNÉE.
1. *La Commune.* — Idée de la commune. Origine des premiers villages.	1. *La Commune.* — Revue du programme de 1re année. — Le système communal date de 1789. Un mot de l'affranchissement des communes au
Village, bourg, ville, 36.000 communes en France.	

moyen âge. Les villes seules organisées en communes; les anciennes paroisses.

2. *Idée de la communauté.* — La propriété particulière opposée à la propriété en commun. Biens communaux, exemples.

2. *Idée de la communauté.* — Comme en 1re année.

3. *Le Conseil municipal.* — Les dépenses et les recettes communales. Rôle du Conseil municipal.

3. *Le Conseil municipal.* — Revue du programme de 1re année. — Qualités du conseiller municipal : capacité, dévouement.

4. *Élection du Conseil municipal.* — Conditions pour être 1° électeur; 2° éligible. Le citoyen, le suffrage universel. La liste électorale.

4. *Élection du Conseil municipal.* — Comme en 1re année.

Novembre.

1. *Élection du Conseil municipal* (suite). — Description de la carte électorale.

1. *Élection du Conseil municipal* (suite). — Comme en 1re année.

2. *Le Vote.* - Détail de l'opération.

2. *Le Vote.* — Détail de l'opération. La majorité absolue, la majorité relative. Réunion du conseil municipal.

3. *Le Budget.* — Dresser au tableau noir le budget par dépenses et par recettes d'un ménage d'ouvriers.

3. *Le Budget.* — Comme en 1re année.

4. *Le Budget communal.* — Dresser brièvement au tableau noir le budget d'une commune : dépenses, recettes, balance.

4. *Le budget.* — Comme en 1re année. — Le budget extraordinaire.

Décembre.

1. *Le Maire.* — Qui l'élit, pour quelle durée; il représente la commune et le gouvernement; il préside le conseil municipal, prépare le budget, nomme les employés communaux. Il fait exécuter les lois.

1. *Le Maire.* - · Comme en 1re année.

2. *Le Maire* (suite). — Il dresse la liste électorale, celle du tirage au sort; il reçoit les déclarations de l'état civil. — Les adjoints au maire.

3. *Le Maire* (fin). — C'est un magistrat. Il veille aux intérêts, à la sécurité de tous.

4. Récapitulation.

2. *Le Maire*. — Comme en 1re année.

3. *Le Maire*. — Comme en 1re année. Fonction gratuite : respect et reconnaissance dus au maire et aux adjoints par les habitants de la commune.

4. Récapitulation.

Janvier.

1. *Le Canton*. — En donner une idée par rapport à la commune; ce n'est qu'une division administrative; fonctionnaires du gouvernement qui résident au chef-lieu de canton.

2. *L'Arrondissement*. — En donner une idée par rapport au canton. Le conseil d'arrondissement; il émet des vœux; pas de budget. Le sous-préfet; le tribunal de première instance.

3. *L'Arrondissement* à Paris. — Paris capitale : pas de mairie centrale; vingt sections. Les deux préfets. Les maires d'arrondissement : officiers de l'état civil, surtout.

4. Récapitulation.

1. *Le Canton*. — Comme en 1re année. — 2 800 cantons en France; les grandes villes sont divisées en cantons.

2. *L'Arrondissement*. Comme en 1re année. — 362 arrondissements en France. Le receveur particulier.

3. *L'Arrondissement* à Paris. — Comme en 1re année.

4. Récapitulation.

Février.

1. *Le Département*. — Administration concrète, comme la commune; propriétés, budget. Donner des exemples de propriétés départementales. — Le préfet, le conseil général.

2. *Le Préfet*. — Son rôle, qui le nomme; ses attributions.

3. *Le Conseil général*. — Analogie avec le conseil muni-

1. *Le Département*. —Comme en 1re année. Origine de la division de la France en départements; 86 départements.

2. *Le Préfet*. — Comme en 1re année. Le conseil de préfecture.

3. *Le Conseil général*. — Comme en 1re année.

cipal; nombre de membres; les deux sessions. Le budget départemental. Electeur sénatorial.

4. Récapitulation.

4. Récapitulation.

Mars.

1. *L'État.* — Rappeler l'administration d'une commune, puis celle d'un département. Montrer l'importance de celle du pays entier. Budget de plusieurs milliards. La République, la souveraineté nationale. Les trois pouvoirs de l'État.

1. *L'État.* — Comme en 1re année. Court parallèle avec l'ancien régime.

2. *Le Pouvoir législatif.* — Qu'est-ce qu'une loi? Qui fait les lois? Rôle de la Chambre des députés, du Sénat.

2. *Le Pouvoir législatif.* — Comme en 1re année. Qui faisait les lois autrefois?

3. *Le Pouvoir exécutif.* — Le Président de la République; son origine; durée de son mandat; ses attributions.

3. *Le Pouvoir exécutif.* — Le Président de la République; son origine, durée de son mandat; ses attributions. Ses frais de représentation comparés à la liste civile des anciens rois.

4. *Le Pouvoir exécutif* (suite). — Les Ministres. Qui les nomme? Expliquer les mots : cabinet, président du conseil, décret, arrêté.

4. *Le Pouvoir exécutif* (suite). — Les Ministres. Comme en 1re année. — La responsabilité personnelle des ministres.

Avril.

1. *L'Impôt.* — Nécessité de l'impôt. Dépenses de l'État : lesquelles? Qu'est-ce que l'impôt? Services rendus à chacun par le pays.

1. *L'Impôt.* — Comme en 1re année. — L'Impôt a toujours existé.

2. *Impôts divers.* — Impôts en rapport avec la situation des citoyens. Impôts directs, indirects.

2. *Impôts divers.* — Comme en 1re année. Objets divers de luxe et de nécessité imposés par l'État.

3. *La douane et les octrois.* — Catégories d'objets imposables.

3. *La douane et les octrois.* — Comme en 1re année. Droit de l'État; taxe municipale.

4. *Le Ministère des Finances.* — Son rôle. Fonctionnaires divers. Le budget.

4. *Le Ministère des Finances.* — Comme en 1re année. La Cour des comptes.

Mai.

1. *La Justice.* — Les magistrats; leur rôle; le ministère public. Expliquer les termes : contravention, délit, crime. Tribunaux correspondants.

2. *La Cour d'assises.* — Elle juge les crimes; son siège; le jury. Expliquer son fonctionnement.

3. *Le Juge de paix.* — Insister sur son rôle conciliateur : exemples.

4. *Les Tribunaux.* — Montrer le rôle de chacun d'eux par l'histoire de deux plaideurs entêtés épuisant toutes les juridictions.

1. *La Justice.* — Comme en 1re année. Magistrature assise, debout, inamovible.

2. *La Cour d'assises.* — Comme en 1re année.

3. *Le Juge de paix.* — Comme en 1re année. Qui le nomme? — Il n'est pas inamovible.

4. *Les Tribunaux.* — Comme en 1re année. Insister sur le rôle de la Cour d'appel et sur celui de la Cour de cassation.

Juin.

1. *Le service militaire.* — Le tableau de recensement; le tirage au sort. Les engagements volontaires.

2. *Service obligatoire.* — Deux obligations principales : service personnel, — durée égale pour tous. Le conseil de revision.

3. *Organisation de l'armée.* — Le ministre; les officiers, écoles spéciales. La feuille de route.

4. *La Marine.* — Son organisation. Utilité de la marine. Les cinq préfectures maritimes.

1. *Le service militaire.* — Comme en 1re année.

2. *Service obligatoire.* — Comme en 1re année. Divisions de la durée du service militaire.

3. *Organisation de l'armée.* — Comme en 1re année. Le conseil de guerre. Code militaire.

4. *La Marine.* — Comme en 1re année. Inscription maritime; utilité de la marine.

Juillet.

Récapitulation générale.

COURS SUPÉRIEUR

Octobre.

1. *L'ancien régime.* — Sujets. Monarchie absolue. Droits féodaux. Redevances au roi. Inégalité. Liberté nulle. Cahiers du Tiers Etat.

2. *Déclaration des droits de l'homme.* — Principes de 1789. Etude des considérants de la Déclaration. La liberté et l'égalité (4 premiers articles).

3. *La loi,* dans ses rapports avec l'égalité et la liberté individuelle (Articles 5, 6, 7, 8, 9).

La liberté de conscience (Art. 10, 11).

4. *La force publique.* — La sûreté. Droit de propriété (Art. 12 à 17).

Novembre.

1. *La devise républicaine.* — Résumé de la Déclaration des droits de l'homme. L'Etat doit respecter et faire respecter les libertés inviolables des citoyens.

Sa protection s'étend également sur tous. L'Etat paternel. Tous les citoyens sont des frères.

2. *Obligations du citoyen.* — Pourquoi? Nombreux droits garantis. L'honneur d'être citoyen impose des devoirs sacrés.

Devoirs : militaire, scolaire, fiscal, électoral.

3. *L'Etat civil.* — Vie légale du citoyen. Actes de l'Etat civil (Registres, Officiers de l'Etat civil.) Etablissement de ces actes (conditions, témoins).

4. *Revision.* — Le citoyen. La Morale civique.

Décembre.

1. *Le suffrage universel.* — Égalité. Souveraineté nationale. Représentation. Conditions pour être électeur. Qualités du vote : libre, éclairé, désintéressé.

2. *La loi.* — Expression de la volonté nationale. Diverses sortes de lois : fatales, morales, civiles. Les lois variables (civilisation). Obéissance à la loi. « Nul n'est censé ignorer la loi. »

Codes (civil, pénal). Promulgation : affiches, *Officiel, Bulletin des lois.*

3. *Pouvoirs de l'Etat et Constitution de 1875.* — Définition des pouvoirs d'un Etat (autorités). Définition de la Constitution. Les trois pouvoirs de chaque Constitution. Séparation des pouvoirs. La Constitution de 1875 (lois constitutionnelles).

4. *Le Parlement.* — Sa constitution. Deux Chambres. Chambre des députés. Age d'éligibilité; durée du mandat d'un député.

Validation, bureaux, commissions. Séances publiques. Droite, gauche.

Sénat, 300 membres. Suffrage restreint. Age d'éligibilité, durée du mandat d'un sénateur.

Fonctionnement. Haute Cour de justice.

Avantages des deux Chambres.

Janvier.

1. *Le Parlement, Pouvoir législatif.* — Confection des lois. Commission. Rapporteur. Discussion publique et vote (pour les deux Chambres). Haute mission. Devoirs du représentant.

2. *Le Pouvoir exécutif.* — Le Président de la République, chef du Pouvoir exécutif. Élection, réélection. Privilèges : fonctionnaires, force armée, droit de grâce, traités, promulgation des lois.

3. *Le Pouvoir exécutif.* — Les ministres. Ministère. Choix. Responsabilité. Dépendance du Parlement. Crise. Départements ministériels. Administration, circulaires, arrêtés ministériels.

4. *Revision.* — Pouvoir législatif. Pouvoir exécutif.

Février.

1. *Administration centrale.* — L'administration en général. Son rôle. Administration centrale. Ministère de l'Intérieur. Chef hiérarchique des préfets, sous-préfets, maires. Autres attributions.

Administration départementale. — Préfet (conseil de préfecture, secrétaire général, sous-préfets). Attributions du préfet.

2. *Administration départementale* (suite). — Conseil général. Un membre par canton. Age d'éligibilité, durée du mandat d'un conseiller généra). Rôle. Deux sessions. Commission. Mission politique (souveraineté nationale). L'arrondissement. Sous-Préfet. Conseil d'arrondissement (ses attributions).

3. *Administration communale.* — La commune, personne civile. 36.000 communes. Cadastre.

Le Maire. Election. Adjoints. Double rôle : Etat, commune.

Fonctions : pouvoir exécutif, police, officier de l'Etat civil, administration communale (Paris : préfets).

4. *Le conseil municipal.* — Election. Age d'éligibilité; durée du mandat d'un conseiller municipal. Scrutin de liste. Attributions : Election du maire, des délégués sénatoriaux. 4 sessions. Budget. Délibérations (approbation du préfet).

Condition morale : Maire, conseil municipal (fonction gratuite, dévouement).

Mars.

1. *L'impôt.* — Caractères : nécessité, universalité, proportionnalité.

Deux sortes d'impôts ou contributions : directs, indirects; pourquoi. Enumération.

2. *La douane.* — Régimes douaniers. Les douaniers. L'octroi. Son but. Etablissement : Demande du conseil municipal, approbation du gouvernement. Prélèvement du 1/10°. — La fraude, grave faute civique.

3. *Le ministère des Finances.* — Budget (recettes, dépenses). Trésor. Employés des contributions directes et indirectes. Contrôle rigoureux. Cour des Comptes.

4. *Revision.* — L'administration : centrale, départementale, communale. L'impôt.

Avril.

1. *La Justice.* — Le ministre (Garde des sceaux).

La Justice. Caractères : publique, égale pour tous, très coûteuse. Tribunaux et Juges : assis (inamovibles), debout (Parquet, Ministère public). Police judiciaire (procureurs, substituts). Tribunaux exceptionnels.

2. *La Justice civile.* — Son objet. Code civil (peines). Divers degrés de juridiction; leurs attributions. Justice de paix, 1re instance. Cour d'appel. Cour de cassation.

3. *La Justice pénale.* — Son objet (contraventions, délits, crimes). Code pénal (peines). Divers degrés de juridiction; leurs attributions. Simple police. Police correctionnelle. Cour d'assises. Cour de cassation.

4. *L'armée.* — Le ministre de la Guerre. Ses attributions. La loi militaire, transformations diverses, 1889, 1905 et 1903. Organisation militaire de la France. L'armée, armes, grades. La discipline. Le drapeau (Honneur et Patrie).

Mai.

1. *L'armée, la marine.* — Le ministre. Ses attributions. Armée de mer : troupes, flotte. L'inscription maritime. Engagements. Organisation maritime du littoral. Les grades. Discipline. Dévouement.

2. *L'instruction publique.* — Le ministre. Ses attributions. L'Université : Enseignement supérieur, secondaire, primaire. Organisation de la France. 16 académies. Recteur, conseil supérieur : fonctionnaires.

Enseignement supérieur : But. Facultés (quatre sortes). Universités : Grades. Grandes écoles.

3. *Enseignement secondaire.* — But. Lycées, collèges. Baccalauréat. Bourses.

Enseignement primaire. Ses trois caractères. Sacrifices de la 3ᵉ République. Devoir de reconnaissance des écoliers.

4. *Révision.* — La Justice. L'Armée. L'Enseignement.

Juin.

1. *Autres ministères.* — Travaux publics. Agriculture. Commerce. Travail et Prévoyance. Industrie : attributions diverses. But commun : prospérité de la France.

2. *Affaires étrangères.* — Attributions du Ministère. Agents diplomatiques. Leur rôle.

Colonies. Possessions et protectorats, définitions, exemples. L'Algérie (régime spécial).

3. *Récapitulation générale.* — Le citoyen.

4. *La Souveraineté nationale.*

Juillet.

Récapitulation générale. — L'Administration.

g) ARITHMÉTIQUE

NUMÉRATION

Insistons et revenons souvent sur la numération concrète. Les enfants la connaissent mal ; elle est réellement difficile. Essayez de vous représenter cent mille francs, un million ; étudiez un autre système de numération et vous serez convaincus qu'il faut procéder avec une sage lenteur ; autrement nous raisonnerons sur des signes conventionnels. Il importe, par exemple, que les élèves ne lisent point le nombre 36 comme ils prononcent la syllabe BA : il est nécessaire qu'ils voient réellement les 3 dizaines et les 6 unités ; sans cette condition le calcul mental, qui repose exclusivement sur les quantités, n'est pas possible.

CALCUL MENTAL

Le calcul mental doit précéder le calcul écrit, car généralement l'un fait tort à l'autre ; veillons à ce que les enfants ne fassent point mentalement de calcul écrit, comme on résout des problèmes d'arithmétique par l'algèbre, c'est de la paresse. Lorsque nous aurons indiqué quelques procédés relatifs aux quatre opérations, les élèves en trouveront d'autres adaptés à leur tournure d'esprit; leurs parents les y aideront même, stimulés par nous. A chaque leçon de calcul, consacrons cinq minutes à la solution mentale de quelques exercices gradués; de plus, proscrivons en toute circonstance une opération écrite par trop simple.

OPÉRATIONS ET PROBLÈMES

Aux enfants du cours élémentaire, nous montrons le plus tôt possible le mécanisme des quatre opérations sans nous arrêter aux définitions; l'addition, la soustraction, la multiplication et la division seront raisonnées plus tard.

Choisissons les problèmes d'application surtout dans le milieu de l'école, dans les transactions de la vie journalière; bien adaptés aux véritables besoins de l'enfant, ils sont préférables à ceux qu'on trouve dans les recueils, nécessairement généraux. Tenons-en les données au courant des modifications importantes du marché, afin de ne pas faire sourire les parents. Les statistiques annuelles qu'en qualité de secrétaires de mairie nous dressons sur la population, sur les surfaces différemment ensemencées, sur les rendements, etc., nous fourniront une foule de sujets. Notre localité est-elle une commune moyenne comme étendue, comme population, comme production, etc., dans le canton, dans l'arrondissement, dans le département, dans la France? Se suffit-elle à elle-même en blé, en avoine, en pommes, en pâturages, en forêts, etc.? Que de notions utiles et justes on peut donner à l'enfant, en l'habituant à se rendre compte par des comparaisons constantes. N'oublions pas que le nombre absolu ne lui dit rien.

Ne rejetons pas trop loin la règle de trois : il y avantage à rompre les enfants à cet exercice de raisonnement qui permet de résoudre, au moyen des quatre opérations seulement, une foule de questions pratiques. Inutile d'attendre pour cela l'étude des rapports et des proportions. A partir de la deuxième année du cours moyen, une leçon par semaine peut être réservée à la solution de ces problèmes.

Ne résolvons pas trop de problèmes, mais habituons nos élèves à raisonner rigoureusement, en observant que la question et la solution ne doivent jamais être séparées. Obligeons l'enfant à lire attentivement l'énoncé, à mettre en relief les données et les inconnues pour en bien saisir les rapports : un énoncé compris est un problème à demi résolu. Demandons ensuite d'indiquer immédiatement une réponse approximative, vraisemblable : nous éviterons ainsi les réponses absurdes provenant d'une erreur de calcul, d'une virgule mal placée. Faisons trouver les éléments de la solution en prenant pour point de départ la question finale et en remontant jusqu'à la première partie de l'énoncé. Quand la réponse est trouvée, n'oublions pas la vérification rapide afin d'arriver à une certitude absolue.

Indiquons aussi et, mieux, faisons trouver la partie délicate, l'erreur que l'on peut commettre dans un problème proposé. Une solution ainsi conduite demande beaucoup de temps; mais elle oblige les enfants à ne pas se payer de mots, à analyser scientifiquement un texte. Mieux vaut exiger un effort intellectuel pour résoudre des questions nouvelles, que de se contenter de solutions *faites par imitation.*

SYSTÈME MÉTRIQUE

Montrons et faisons manier les mesures afin d'en donner une idée exacte.

Dans le cours élémentaire, associons, le plus possible, les exercices de système métrique à ceux de calcul. Faisons porter l'étude de la numération et celle des quatre opérations sur les mesures métriques : mètre, litre, gramme.

Conformons-nous aux prescriptions de la loi du 11 juillet 1903 et du décret du 28 juillet 1903 relatifs aux nouvelles abréviations adoptées; n'oublions pas, au moins à partir du cours moyen, que le kilogramme — bien connu, d'un usage constant, — a été substitué au gramme — trop petit, peu employé, — comme unité principale des mesures de poids.

GÉOMÉTRIE APPLIQUÉE

Il ne s'agit point, même dans le cours supérieur, de notions théoriques, mais d'applications pratiques que l'on rencontre journellement : ce n'est que le complément du système métrique. Néanmoins, les démonstrations simples sont à la portée des jeunes élèves, si l'on a recours aux exercices de travail manuel et de dessin linéaire pour la définition des termes employés, pour la construction des figures, pour la justification des formules en usage.

Rappelons les constructions nécessaires : différence entre la verticale et la perpendiculaire; différents angles; parallèles; rectangle divisé en bandes égales et l'une de ces bandes partagée en carrés pour montrer la surface et la nature des unités obtenues; carré ou rectangle particulier; parallélogramme se transformant en rectangle de même base et de même hauteur; parallélogramme se décomposant en deux triangles égaux de même base et de même hauteur; deux triangles quelconques égaux se réunissant pour former un parallélogramme; losange se décomposant en deux triangles; trapèze se décomposant en deux triangles; quadrilatère et polygones quelconques se décomposant en triangles; circonférence avec ficelles tendues montrant les diamètres perpendiculaires et les rayons; circonférence inscrite dans un carré et circonscrite à un hexagone; comparaison des trois périmètres en fonction du diamètre de la circonférence pour montrer la longueur de la circonférence; cercle divisé en secteurs nombreux ou triangles pour arriver à la surface du cercle et des polygones réguliers; construction de deux carrés égaux dont les surfaces couvertes différemment montrent la valeur du carré de l'hypoténuse.

Cube; parallélipipède rectangle dont la base est divisée

en carrés couverts de cubes pour montrer la formule du volume et la nature des unités obtenues; parallélipipède droit se transformant en parallélipipède rectangle; parallélipipède avec section droite; parallélipipède se décomposant en deux prismes triangulaires égaux; deux prismes triangulaires égaux se réunissant pour former un parallélipipède; prisme polygonal se décomposant en prismes triangulaires; cylindre droit couvert d'une feuille de papier se développant pour montrer la surface rectangulaire latérale; pyramide creuse et prisme creux de même base; cône couvert d'une feuille de papier se développant; sphère décomposable en deux hémisphères.

Arithmétique et système métrique.

COURS ÉLÉMENTAIRE

Octobre.

1ʳᵉ ANNÉE.

1. Numération des nombres entiers. — Formation, lecture et écriture des dix premiers nombres. Idée de l'unité; idée de la dizaine.

2. Formation des cent premiers nombres.

3. Lecture et écriture des cent premiers nombres.

4. Récapitulation.

2ᵉ ANNÉE.

1. *Calcul.* — Numération des nombres entiers de 1 à 100. Formation, lecture, écriture.
Système métrique. — Ce que c'est que mesurer. Exemples.

2. *Calcul.* — Les trois ordres : unité, dizaine, centaine.
Système métrique. — Le mètre; différentes formes. Exercices pratiques de mesurage.

3. *Calcul.* — Numération des nombres entiers de 1 à 1 000.
Système métrique. — Les multiples du mètre; bornes kilométriques, hectométriques. La chaine d'arpenteur.

4. Récapitulation.

Novembre.

1. Formation des nombres de 1 à 1 000. Idée du mille :

1. *Calcul.* — Numération des nombres décimaux. Idée de la

dix centaines, cent dizaines. Lecture et écriture des nombres de 2 et de 3 chiffres.

2. Formation des nombres. Classe des unités, classe des mille. Lecture et écriture de nombres de 4, 5 et 6 chiffres.

3. Lecture et écriture de nombres de 4, 5 et 6 chiffres. Particularité : un ordre manque; le zéro.

4. Règle pour rendre un nombre entier 10, 100, 1 000 fois plus grand.

fraction décimale donnée par des exemples.

Système métrique. — Les sous-multiples du mètre : le décimètre.

2. *Calcul.* — Idée du centième, du millième. Exemples.

Système métrique. — Les sous-multiples du mètre : le centimètre, le millimètre.

3. *Calcul.* — Écriture et lecture des nombres décimaux; la virgule.

Système métrique. — Lecture et écriture de nombres exprimant des mètres, des décimètres, des centimètres, des millimètres.

4. *Calcul.* — Règle pour rendre un nombre entier ou un nombre décimal 10, 100, 1 000 fois plus grand ou plus petit.

Système métrique. — Exercices sur les multiples et sur les sous-multiples du mètre.

Décembre.

1. Addition et soustraction (1er cas) sans retenue. Nombres d'un seul chiffre. Étude des deux tables combinées.

2. Addition et soustraction (1er cas) sans retenue. Nombres de plusieurs chiffres. Étude des tables.

3. Addition et soustraction

1. *Calcul.* — Addition; ce que c'est. Addition mentale de deux nombres d'un seul chiffre. Addition mentale de dizaines, de centaines, de mille.

Système métrique. — Multiples et sous-multiples du mètre. Exercices de conversion; changement d'unité.

2. *Calcul.* — Addition (1er cas). Sans retenue. Exercices sur les nombres entiers.

Système métrique. — Application de l'addition des nombres entiers aux mesures de longueur.

3. *Calcul.* — Addition (1er cas).

(suite). Petits problèmes d'application. Étude des tables.

4. Récapitulation.

Sans retenue. Exercices sur les nombres décimaux.

Système métrique. — Application de l'addition des nombres décimaux aux mesures de longueur.

4. Récapitulation.

Janvier.

1. *Calcul.* — Addition et soustraction. 1" cas (sans retenue). Étude des deux tables combinées.

Système métrique. — Idée de mesure. Le mètre sert à mesurer les longueurs. Mesurage de diverses dimensions.

2. *Calcul.* — Addition et soustraction (suite). Petits problèmes d'application. Étude des tables.

Système métrique. — La dizaine de mètres ou *décamètre*; la centaine de mètres ou *hectomètre*; mille mètres ou un *kilomètre.*

3. *Calcul.* — Addition et soustraction (suite).

Système métrique. — Les multiples du mètre. Changement d'unité. Conversions.

4. Récapitulation.

1. *Calcul.* — 2° cas (avec retenue). Opérations comprenant deux nombres de deux chiffres.

Système métrique. — Application aux mesures de longueur.

2. *Calcul.* — Addition (suite). Exercices portant sur trois nombres de 1 ou 2 chiffres.

Système métrique. — Application aux mesures de longueur.

3. *Calcul.* — Addition (suite). Exercices portant sur plusieurs nombres de 1 à 5 chiffres. Preuve.

Système métrique. — Application aux mesures de longueur.

4. *Calcul.* — Addition. 2° cas (avec retenue). Application aux nombres décimaux.

Système métrique. — Application aux sous-multiples du mètre. Conversions.

Février.

1. *Calcul.* — Addition. 2° cas (avec retenue). Commencement de l'étude de la table de multiplication.

1. *Calcul.* — Soustraction. Ce que c'est. Soustraction mentale d'unités, de dizaines, de centaines, de mille.

Système métrique. — Le litre; le montrer. Exercices de mesurage.

2. *Calcul.* — Addition (suite).

Système métrique. — Application portant sur le mètre et sur le litre.

3. *Calcul.* — Addition (suite).

Système métrique. — Le litre; ses multiples.

4. Récapitulation.

Système métrique. — Le litre. Petite expérience montrant à quoi correspond cette mesure.

2. *Calcul.* — Soustraction. 1ᵉʳ cas (sans retenue). Exercices sur les nombres entiers.

Système métrique. — Multiples et sous-multiples du litre.

3. *Calcul* — Soustraction. 2ᵉ cas (avec retenue). Exercices sur les nombres entiers. La preuve.

Système métrique. — Mesures de capacité du commerce; les trois catégories. Les montrer.

4. *Calcul.* — Soustraction. 2ᵉ cas (avec retenue). Applications aux nombres décimaux.

Système métrique. — Applications aux sous-multiples du litre. Conversions.

Mars.

1. *Calcul.* — Soustraction. 2ᵉ cas (avec retenue). Suite de l'étude de la table de multiplication.

Système métrique. — Application portant sur les multiples du mètre et sur les multiples du litre.

2. *Calcul.* — Soustraction (suite).

Système métrique. — Mesures de capacité employées pour les graines et les matières sèches. Les montrer.

3. *Calcul.* — Soustraction (suite). La preuve.

Système métrique. — Mesures de capacité employées pour les liquides. Les montrer.

1. *Calcul.* — Multiplication. Ce que c'est. Multiplication mentale de deux nombres d'un seul chiffre. Multiplication mentale de dizaines, de centaines, de mille.

Système métrique. — Mesures employées pour les grains et les matières sèches.

2. *Calcul.* — Multiplication. Construction et étude de la table.

Système métrique. — Mesures employées pour les liquides.

3. *Calcul.* — Multiplication. Étude et application de la table. 1ᵉʳ cas : deux nombres d'un seul chiffre.

Système métrique. — Exercices de numération, d'addition et de soustraction appli-

4. Récapitulation. Addition et soustraction. Exercices et problèmes sur ces deux opérations combinées.

qués au mètre et au litre, à leurs multiples et à leurs sous-multiples.
4. Récapitulation.

Avril.

1. *Calcul.* — Multiplication. Idée de cette opération. Exemples. Revision et application de la table; 1er cas : le multiplicande et le multiplicateur sont des nombres d'un seul chiffre.
Système métrique. — Le gramme; le montrer. Ses multiples; le kilogramme : le montrer.
2. *Calcul.* — 1er cas (suite).
Système métrique. — La balance; ses parties essentielles.

3. *Calcul.* — Multiplication. 1er cas (suite).
Système métrique. — Exercices de pesée en présence des élèves.
4. *Calcul.* — Récapitulation : numération, addition et soustraction appliquées aux mesures de poids.

1. *Calcul.* — Multiplication, 2e cas (un nombre de plusieurs chiffres par un nombre d'un seul chiffre). Opérations dans lesquelles le multiplicande n'a que deux chiffres.
Système métrique. — Le gramme. Petite expérience montrant à quoi correspond ce poids.
2. *Calcul.* — Multiplication. 2e cas (suite). Multiplier un nombre de plus de deux chiffres par un nombre d'un seul chiffre.
Système métrique. — Les multiples du gramme.
3. *Calcul.* — Multiplication. 3e cas (opérations sur deux nombres de plusieurs chiffres).
Système métrique. — Les sous-multiples du gramme.
4. *Calcul.* — Multiplication. 3e cas (suite). La preuve en intervertissant les facteurs.
Système métrique. — Les trois séries de poids du commerce.

Mai.

1. *Calcul.* — Multiplication. 2e cas : le multiplicateur n'a qu'un chiffre; le multiplicande en a plusieurs.
Système métrique. — Les poids en fonte de fer. Exercices de pesée.
2. *Calcul.* — Multiplication. 2e cas (suite).

1. *Calcul.* — Multiplication. Cas particulier : l'un des facteurs a des zéros intercalaires.
Système métrique. — Les monnaies; à quoi elles servent. Le franc. Peser une pièce de 1 franc.
2. *Calcul.* — Multiplication. Autre cas particulier : l'un

Système métrique. — Les poids en cuivre. Exercices de pesée.

3. *Calcul.* — Multiplication. 3ᵉ cas : le multiplicande a plusieurs chiffres; le multiplicateur n'a qu'un chiffre significatif suivi d'un zéro.

Système métrique. — Petite expérience : peser un litre d'eau. Exercices : changement d'unité; conversions.

4. Récapitulation.

des facteurs est terminé par des zéros.

Système métrique. — Multiples et sous-multiples du franc. Les séries de monnaies françaises.

3. *Calcul.* — Multiplication. Application de l'opération au calcul des nombres décimaux.

Système métrique. — Monnaies. Changement d'unité. Conversions.

4. Récapitulation.

Juin.

1. *Calcul.* — Multiplication. 4ᵉ cas : le multiplicande et le multiplicateur sont des nombres quelconques.

Système métrique. — Les monnaies, diverses sortes.

2. *Calcul.* — Multiplication. 4ᵉ cas (suite).

Système métrique. — Les pièces d'argent; leur poids.

3. *Calcul.* — Division. Idée de cette opération. Exemples. 1ᵉʳ cas : le diviseur et le quotient n'ont qu'un chiffre.

Système métrique. — Les pièces de bronze; leur poids.

4. *Calcul.* — Division. 1ᵉʳ cas (suite).

Système métrique. — Exercices de numération, de conversion, de calcul appliqués aux monnaies.

1. *Calcul.* — Division. Ce que c'est. Le diviseur et le quotient n'ont qu'un chiffre. Division mentale de dizaines, de centaines, de mille.

Système métrique. — Problèmes et exercices sur les mesures de longueur.

2. *Calcul.* — Division. Demi, tiers, quart, cinquième. Le reste.

Système métrique. — Problèmes et exercices sur les mesures de capacité.

3. *Calcul.* — Division. Opérations graduées dans lesquelles le quotient seul n'a qu'un chiffre.

Système métrique. — Problèmes et exercices sur les mesures de poids.

4. *Calcul.* — Division (suite). La retenue. Essai du chiffre du quotient. Preuve par la multiplication.

Système métrique. — Problèmes et exercices sur les monnaies.

Juillet.

Récapitulation. | Récapitulation.

a) Arithmétique.

COURS MOYEN

Octobre.

1re ANNÉE.

1. *Notions préliminaires.* — Quantité, unité, nombre; nombre abstrait, concret; entier, décimal.

La numération parlée. — Formation des nombres de 1 à 1 000. Exercices et problèmes (revision du cours élémentaire).

2. *La numération écrite.* — Représentation des nombres de 1 à 1 000.

3. *La numération (suite).* — Formation et représentation des nombres compris entre mille et un million. Classes, ordres.

4. *Numération des nombres décimaux.* — Principes : rendre un nombre entier ou un nombre décimal 10, 100, 1 000 fois plus grand ou plus petit.

2e ANNÉE.

1. (a) *Notions préliminaires.* — Grandeur, unité, nombre.

Numération des nombres entiers. — Principe fondamental de la numération parlée; — de la numération écrite.

(b) *Réduction à l'unité* : règle de trois simple et directe.

2. (a) *Numération des nombres décimaux.* — Définitions, principes. Lecture et écriture des nombres décimaux.

(b) *Règle de trois simple et directe* (suite).

3. (a) *Les chiffres romains.* — Trois règles. Exercices d'application.

(b) *Règle de trois simple et directe* (suite).

4. (a) *Addition des nombres entiers et des nombres décimaux.* — Définition, exemples, signe, divers cas.

(b) *Règle de trois simple et directe* (suite).

Novembre.

1. *Addition.* — Différents cas; opérations sur des nombres entiers.

1. (a) *Soustraction des nombres entiers et des nombres décimaux.* — Définition, exemples, signe, divers cas.

(b) *Règle de trois simple et inverse.*

2. *Addition* (suite). — Exercices et problèmes.

2. (a) *Multiplication des nombres entiers.* — Définition, exemples, signe. Différents cas.
(b) *Règle de trois simple et inverse* (suite).

3. *Addition* (suite). — Preuves.

3. (a) *Multiplication des nombres décimaux.* — Différents cas.
(b) *Règle de trois simple et inverse* (suite).

4. *Addition* (suite). — Nombres décimaux.

4. (a) *Principes relatifs à la multiplication.* — On peut intervertir l'ordre des facteurs; on peut remplacer plusieurs facteurs par leur produit effectué.
(b) *Règle de trois simple et inverse.*

Décembre.

1. *Soustraction.* — Différents cas; nombres entiers.

1. (a) *Division des nombres entiers.*—Définition, exemples, signe. Différents cas.
(b) *Règle de trois simple et directe.*

2. *Soustraction* (suite). — Preuve.

2. (a) *Division des nombres entiers* (suite). — Cas particuliers.
' (b) *Règle de trois simple et inverse.*

3. *Soustraction des nombres décimaux.*

3. (a) *Division des nombres décimaux.* Différents cas.
(b) *Règle de trois simple et directe.*

4. *Récapitulation.* — Addition et soustraction combinées.

4. (a) *Principes relatifs à la multiplication et à la division.*
(b) *Règle de trois :* 1° simple et directe; 2° inverse.

Janvier.

1. *Multiplication.* — 1er cas. Le multiplicande et le multiplicateur n'ont qu'un chiffre. 2e cas. Le multiplicande a plusieurs chiffres et le multiplicateur n'en a qu'un.

1. (a) *Récapitulation* des principes relatifs à la numération et aux quatre opérations. Problèmes types.
(b) *Règle d'intérêt :* recherche de l'intérêt par an.

2. *Multiplication* (suite). — 3ᵉ cas. — Le multiplicateur n'a qu'un chiffre significatif suivi d'un ou plusieurs zéros.

3. *Multiplication* (suite). — 4ᵉ cas. Le multiplicateur a plusieurs chiffres.

4. *Multiplication* (suite). — Cas particuliers : le multiplicateur contient des zéros intercalés; les deux facteurs sont terminés par des zéros. — Preuve.

2. (a) *Divisibilité.* — Nombres divisibles, diviseurs. Nombres premiers. Caractères de divisibilité par 2 et par 5, par 4 et par 25, par 8 et par 125.
(b) *Règle d'intérêt* : recherche de l'intérêt par mois, par jour.

3. (a) *Divisibilité.* — Caractères de divisibilité par 3 et par 9.
(b) *Règle d'intérêt* : recherche du taux.

4. (a) *Divisibilité.* — Caractères de divisibilité par 10, 100, 1 000. Exercices récapitulatifs de simplification d'expression.
(b) *Règle d'intérêt* : recherche du taux.

Février.

1. *Multiplication des nombres décimaux.* — 1ᵉʳ cas. Le multiplicande seul est un nombre décimal.

2. *Multiplication des nombres décimaux.* — 2ᵉ Cas. Le multiplicateur est un nombre décimal.

3. *Multiplication des nombres décimaux.* — 3ᵉ cas. Les deux facteurs sont des nombres décimaux.

4. *Récapitulation.*

1. (a) *Fractions ordinaires.* — Propriétés générales. Écriture et lecture d'une fraction. Nombre fractionnaire. Comparaison des fractions.
(b) *Règle d'intérêt* : recherche du temps.

2. (a) *Fractions* (suite). — Principes. Comment on rend une fraction un nombre de fois plus petite ou plus grande. Nombres et expressions fractionnaires; conversions.
(b) *Règle d'intérêt* : recherche du temps.

3. (a) *Fractions* (suite). — Réduction au même dénominateur.
(b) *Règle d'intérêt* : recherche du capital.

4. (a) *Fractions* (suite). — Simplification. Exercices de récapitulation.
(b) *Règle d'intérêt* : recherche du capital.

Mars.

1. *Division.* — 1ᵉʳ cas. Le diviseur et le quotient n'ont qu'un chiffre. 2ᵉ cas. Le diviseur n'a qu'un chiffre et le quotient en a plusieurs.

2. *Division.* — 3ᵉ cas. Le dividende et le diviseur sont quelconques, mais le quotient n'a qu'un chiffre.

3. *Division.* — 3ᵉ cas (suite).

4. *Division.* — 4ᵉ cas. Le dividende et le diviseur sont quelconques, mais le quotient a plusieurs chiffres.

1. (a) *Addition des fractions ordinaires.* — Différents cas : les fractions ont ou n'ont pas le même dénominateur.

(b) *Règle d'escompte* : Notions sur le billet, l'escompte, l'échéance.

2. (a) *Addition des nombres fractionnaires.*

(b) *Règle d'escompte* : recherche de l'escompte d'un billet.

3. (a) *Soustraction des fractions ordinaires.* — Différents cas : les fractions ont ou n'ont pas le même dénominateur.

(b) *Règle d'escompte* : escompter un billet.

4. (a) *Soustraction de nombres fractionnaires.* — Expression à calculer; addition et soustraction combinées. Problèmes.

(b) *Règle d'escompte* : escompter un billet.

Avril.

1. *Division.* — 4ᵉ cas (suite).

2. *Division.* — 4ᵉ cas (suite).

3. *Division.* — Récapitulation. Cas particulier : il faut mettre des zéros au quotient.

1. (a) *Fractions.* — Exercices et problèmes sur l'addition et soustraction.

(b) *Réduction à l'unité.* — Exercices de revision sur la règle de trois simple et directe, puis inverse.

2. (a) *Fractions.* — Exercices et problèmes sur l'addition et la soustraction.

(b) *Réduction à l'unité.* — Exercices de revision sur la règle de trois simple et directe, puis inverse.

3. (a) *Multiplication des fractions.* — Multiplier une fraction par un nombre entier et réciproquement.

4. *Division.* — Récapitulation. Cas particulier : le dividende et le diviseur sont terminés par des zéros.

(b) *Réduction à l'unité.* — Exercices de revision sur la règle d'intérêt.

4. (a) *Multiplication des fractions.* — Multiplier une fraction par une fraction; nombres fractionnaires.

(b) *Réduction à l'unité.* — Exercices de revision sur les règles d'intérêt et d'escompte.

Mai.

1. *Division des nombres décimaux.* — 1er cas. Le dividende seul est un nombre décimal.

1. (a) *Fractions.* — Exercices et problèmes sur les trois premières opérations.

(b) *Réduction à l'unité.* — Problèmes sur les remises.

2. *Division des nombres décimaux.* — 2e cas. Le dividende ne contient pas d'unités entières.

2. (a) *Division des fractions.* — Différents cas : division d'un nombre entier par une fraction et réciproquement.

(b) *Réduction à l'unité :* gains et pertes de tant pour cent.

3. *Division des nombres décimaux.* — 3e Cas. Le diviseur seul est un nombre décimal.

3. (a) *Division des fractions.* — Diviser une fraction par une fraction; nombres fractionnaires.

(b) *Réduction à l'unité.* — Problèmes de récapitulation.

4. *Division des nombres décimaux.* — 4e cas. Le dividende et le diviseur sont tous deux décimaux.

4. (a) *Fractions.* — Récapitulation. Exercices et problèmes sur les quatre opérations.

(b) *Réduction à l'unité.* — Problèmes de récapitulation.

Juin.

1. *Fractions ordinaires.* — Idée générale. Comment on les représente.

1. (a) *Fractions décimales.* — Écriture, lecture. Convertir une fraction ordinaire en fraction décimale et réciproquement.

(b) *Règle de partages proportionnels.*

2. *Fractions ordinaires.* — Rendre une fraction un nombre

2. (a) *Fractions ordinaires et fractions décimales.* — Montrer

de fois plus petite ou plus grande.

3. *Fractions ordinaires.* — Réduction des fractions au même dénominateur.

4. *Fractions ordinaires.* — Récapitulation.

que le calcul décimal rend les opérations plus simples. Résultat approximatif. Exercices et problèmes par le calcul décimal, par les fractions ordinaires.

(b) *Règle de partages proportionnels.*

3. (a) *Fractions ordinaires.* — Récapitulation.

(b) *Règle de mélange.*

4. (a) *Fractions ordinaires et fractions décimales.* — Récapitulation.

(b) *Règle d'alliage.*

Juillet.

Récapitulation générale.

b) Système métrique.

COURS MOYEN

Octobre.

1re ANNÉE.	2e ANNÉE.
1. *Ce que c'est que mesurer.* — Exemples. Inconvénients des anciennes mesures. Avantages du système métrique.	1. *Notions générales.* — Système métrique et décimal : avantages qui en résultent. Un mot des anciennes mesures et des inconvénients de leur emploi.
2. *Grandeurs à mesurer.* — Faire trouver les six espèces de grandeurs à mesurer. Définir chacune des six unités de mesure.	2. *Ce qu'on entend par mesurer.* — Diverses espèces de mesure ; leur emploi. Définition des unités de mesure ; leur rapport avec le mètre. Rappeler ce qu'on entend par mesures effectives, multiples, sous-multiples ; doubles et moitiés.
3. *Les multiples décimaux :* déca, hecto, kilo, myria. *Les sous-multiples décimaux :* déci, centi, milli.	3. *Mesures de longueur.* — Le mètre ; unités plus grandes, plus petites. Valeurs relatives des différentes unités de longueur.

4. Récapitulation.

4. *Mesures de longueur.* — Exercices de numération et de conversion des unités de longueur.

Novembre.

1. *Mesures de longueur.* — Le mètre; mètre droit, mètre à ruban, mètre pliant. Les montrer, les décrire. Exercices de mesurage.

2. *Le mètre.* — Les sous-multiples du mètre. Exercices de mesurage, en prenant chacun des sous-multiples pour unité. Exercices de numération appliquée.

3. *Le mètre.* — Les multiples du mètre. — Exercices de numération appliquée, de conversion par changement d'unité.

4. *Le mètre.* — Récapitulation. Tableau des unités de longueur. Exercices et problèmes.

1. *Mesures de longueur.* — Choix des unités de longueur. Exemples; exercices.
Les mesures itinéraires. Bornes routières,

2. *Mesures de longueur* (suite). — Valeur en mètres d'un degré du méridien; de la lieue métrique; de la lieue terrestre; de la lieue marine. Exercices et problèmes.

3. *Mesures de longueur* (suite). — Mesures réelles ou effectives de longueur. Les montrer; les faire décrire.

4. *Mesures de longueur* : Récapitulation.

Décembre.

1. *Mesures de surface.* — Définition du carré, puis du mètre carré. En faire tracer un au tableau noir ou sur le parquet. Exemples de surfaces.

2. *Mesures de surface* (suite). — Unité de surfaces : le mètre carré. Les sous-multiples du mètre carré. Les reproduire au tableau noir, en grandeur réelle.

3. *Mesures de surface* (suite). — Montrer que le mètre carré vaut cent décimètres carrés. Exercices de numération appliquée.

4. *Mesures de surface* (suite).

1. *Mesures de surface.* — Le mètre carré; unité principale. Unités de surface plus grandes, plus petites que le mètre carré. Exemples d'application.

2. *Mesures de surface* (suite). — Numération centésimale. Prouver que le mètre carré vaut cent décimètres carrés. Analogies. Écriture et lecture d'un nombre exprimant des surfaces.

3. *Mesures de surface* (suite). — Choix des unités de surface. Les mesures agraires : écriture et lecture. Problèmes.

4. *Mesures de surface* (suite).

— Les multiples du mètre carré. Exercices sur la numération centésimale des unités de surface. Conversions.

— Mesures topographiques. Récapitulation.

Janvier.

1. *Mesures agraires.* — Définition. L'are, son multiple, son sous-multiple. Numération appliquée aux mesures agraires. Exercices.

2. *Mesures agraires* (suite). — Rapports entre les mesures de surface proprement dites et les mesures agraires. Exercices très élémentaires d'application.

3. *Mesure des aires.* — Indiquer comment on trouve la surface d'un carré, puis d'un rectangle. Exercices et problèmes d'application.

4. Récapitulation.

1. *Mesures de volume.* — Volume en général. Cube, mètre cube; sous-multiple. Numération millésimale des unités de volume.

2. *Mesures de volume* (suite). — Lecture et écriture de nombres exprimant des volumes. Exercices de conversion par changement d'unité. Choix des unités de volume.

3. *Mesures de volume* (suite). — Le stère; son multiple, son sous-multiple.

4. *Mesures de volume* (fin). — Décimètre cube et décistère. Récapitulation.

Février.

1. *Mesures de volume.* — Définition du cube, puis du mètre cube. Ce qu'on entend par volume d'un corps. Exemples. Le mètre cube, unité de volume.

2. *Mesures de volume* (suite). — Le mètre cube appliqué à la mesure des bois de chauffage et de charpente : le stère. Multiple et sous-multiple.

3. *Mesures de volume* (suite). — Comment on trouve le volume d'un cube, d'un parallélipipède. Exercices et problèmes très simples d'application.

1. *Mesures de capacité.* — Capacité ou contenance. Le litre, unité principale. Différentes formes. Multiples et sous-multiples. Choix de l'unité. Numération des unités de capacité.

2. *Mesures de capacité* (suite). — Mesures effectives. Tableau.

3. *Mesures de capacité* (suite). — Différentes séries de mesures effectives : trois catégories.

4. Récapitulation.

4. *Mesures de capacité* (fin).
— Relation des mesures de volume avec les mesures de capacité.
Récapitulation.

Mars.

1. *Mesures de capacité.* — Montrer le décimètre cube; il devient l'unité des mesures de capacité : le litre. Expérience. Différentes formes données au litre.

2. *Mesures de capacité* (suite). — Multiples et sous-multiples du litre. Exercices de numération, puis de conversion par changement d'unité.

3. *Mesures de capacité* (suite). — Mesures effectives. Le double et la moitié des mesures. Les trois catégories de mesures du commerce : huile, lait, matières sèches.

4. Récapitulation.

1. *Mesures de poids.* — L'unité. Multiples et sous-multiples. Numération des unités de poids. Diverses unités, leur choix. Pourquoi le kilogramme remplace le gramme comme unité fondamentale.

2. *Mesures de poids* (suite). — Poids effectifs. Les trois séries employées dans le commerce.

3. *Mesures de poids* (suite). — La balance. Comment on pèse; la taxe. Contrôle des pesées.
Relations entre les mesures de poids et les mesures de volume.

4. Récapitulation.

Avril.

1. *Mesures de poids.* — Origine du gramme. Expérience à faire en classe. Le gramme unité des mesures de poids. Multiples et sous-multiples. Exercices de numération et de conversion.

2. *Mesures de poids* (suite). — Le kilogramme employé comme unité fondamentale depuis 1903. Exemple. Problèmes d'application. Changement d'unité dans un nombre écrit.

3. *Mesures de poids* (suite). — Les poids du commerce; trois séries. Multiples, sous-multiples, doubles et moitiés.

1. *Monnaies.* — Ce qu'on appelle monnaie; origine et but de la monnaie. Le franc. Multiples et sous-multiples.
Tableau des monnaies de bronze et d'argent. La pièce de nickel.

2. *Monnaies* (suite). — Tableau des monnaies d'or. Les billets de banque. Valeurs relatives des monnaies d'or, d'argent, de bronze.

3. *Monnaies* (suite). — Évaluation des espèces monétaires par leur poids. Le poids d'une pièce d'or doit être exprimé

Exercices et problèmes.

4. *Mesures de poids* (fin). — La balance; la montrer, la décrire. Peser et faire peser des objets.

Exercices de récapitulation.

par une fraction ordinaire dont le dénominateur est 31 et le numérateur dix fois la valeur de la pièce considérée. Le sou; ce qu'on fait d'une pièce fausse; un mot de la fabrication des monnaies; union monétaire.

4. *Monnaies.* — Récapitulation.

Mai.

1. *Monnaies.* — A quoi servent les monnaies. Le franc, unité des monnaies, pèse 5 grammes. Petite expérience. Faire décrire une pièce de 1 franc.

2. *Monnaies* (suite). — Multiples et sous-multiples. Pas de nom particulier pour les premiers. Les trois séries de monnaies françaises. La pièce de nickel.

3. *Monnaies.* — Comment on rend la monnaie. Exercices.

4. *Monnaies.* — Comment on trouve le poids d'une somme monnayée.

Exercices et problèmes d'application.

1. *Nombres complexes.* — Mesure du temps : jour, heure, minute, seconde. Année, mois, semaine. Siècle. Année bissextile. Convertir en secondes un nombre composé de jours, d'heures, de minutes et de secondes.

2. *Nombres complexes.* — Addition et soustraction.

3. *Nombres complexes.* — Multiplication.

4. *Nombres complexes.* — Division.

Juin-Juillet.

Récapitulation.

a) Arithmétique.

COURS SUPÉRIEUR

Octobre.

1. (a) *Numération des nombres entiers.* — Notions préliminaires : nombre, grandeur, unité, mots, chiffres, classes. Numé-

ration parlée, numération écrite. Conventions. Valeur absolue et valeur relative d'un chiffre.

Numération des fractions décimales et des nombres décimaux. — Définition. Conventions. Lecture et écriture.

(b) *Réduction à l'unité.* — Grandeurs proportionnelles. Règle de trois simple et directe.

2. (a) *Numération.* — Principes. Rendre un nombre 10, 100, 1 000 fois plus grand ou plus petit (démonstration). Idée d'autres systèmes possibles de numération (duodécimal). Avantages du nôtre. — Chiffres romains. Emploi. Trois règles.

(b) *Règle de trois simple et directe.* — Tant p. 100. Bénéfices et pertes.

3. (a) *Addition et soustraction.* — Définitions. Preuves. Principe. Soustraction par l'addition. Calcul mental et calcul rapide écrit d'expressions renfermant des additions et des soustractions.

(b) *Règle de trois simple et directe.* — Rabais. Remises. Retenues.

4. (a) *Multiplication.* — Définitions. Signe. Nature des termes. Multiple, sous-multiple. Multiplication des nombres entiers (divers cas). Démonstration. Multiplication des nombres décimaux.

(b) *Grandeurs inversement proportionnelles.*

Novembre.

1. (a) *Multiplication.* — Principes. Interversion de deux facteurs, de plusieurs facteurs. Preuves. Comparaison du produit avec le multiplicande.

Calcul mental et rapide. — Suppression des zéros. Calcul de tête. Multiplication par 5 et 25, 9, 11, 99; par 1, par 2, par 5 dixièmes; par 25 centièmes.

(b) *Revision.* — Règle de trois simple (directe et inverse).

2. (a) *Division.* Trois définitions. Division des nombres entiers; divers cas; théorie. Quotient évalué en décimales.

(b) *Règle de trois composée.* — Décomposition en deux règles de trois. Rapports directs.

3 (a) *Division des nombres décimaux.* — Divers cas. Approximations. Quotients périodiques.

Principes. — Formule générale $D = d \times q + r$. Recherche des quatre termes. Comparaison entre D et q; d et R.

(b) *Règle de trois composée.* — Rapports directs et inverses.

4. (a) *Division.* — Principes. Preuves.

Multiplication et division. — Principes. Variations du produit ou du quotient, suivant les variations des autres facteurs.

(b) *Règle d'intérêt.* — Notions générales. Recherche de l'intérêt.

Décembre.

1. (a) *Révision*. — Numération, addition, soustraction, multiplication et division; problèmes types sur les quatre opérations.

(b) *Règle d'intérêt*. — Recherche du taux.

2. (a) *Divisibilité*. — Nombres divisibles, diviseurs. Nombres premiers. Table des nombres premiers. Nombres premiers entre eux. Caractères de divisibilité par 2 et par 5; par 4 et 25; par 8 et 125.

(b) *Règle d'intérêt*. — Recherche du capital.

3. (a) *Divisibilité*. — Caractères de divisibilité par 3 et par 9. (Application aux preuves par 9.) Caractères de divisibilité par 11.

(b) *Règle d'intérêt*. — Recherche du capital d'après les intérêts capitalisés.

4. (a) *Divisibilité*. — Décomposition d'un nombre en ses facteurs premiers. Divisibilité par un produit de facteurs premiers. Applications : divisibilité par 6, 12, 15, 18, 24.

Révision. — Simplification des expressions fractionnaires. Calcul rapide. Division par 4, 16, 20, 50; par 1, par 2, par 5 dixièmes; par 25 centièmes.

(b) *Règle d'intérêt*. — Recherche du temps.

Janvier.

1. (a) *Divisibilité*. — Revoir la décomposition d'un nombre en facteurs premiers. Recherche du plus grand commun diviseur (applications).

Recherche du plus petit commun multiple (applications).

(b) *Règle d'intérêt*. — Recherche du temps.

2. (a) *Révision*. — Divisibilité. Simplification et résolution d'expressions renfermant des quantités entre parenthèses.

(b) *Révision* de la règle d'intérêt.

3. (a) *Fractions*. — Définition. Les deux termes. Lecture et écriture. Comparaison avec l'unité. Comparaison de plusieurs fractions entre elles. Nombres et expressions fractionnaires (conversion). — Rendre une fraction 2, 3, 4 fois plus grande ou plus petite. Multiplier ou diviser les deux termes par un même nombre.

(b) *Règle d'escompte*. — Billet; notions générales. Recherche de l'escompte et de la valeur actuelle.

4. (a) *Fractions*. — Réduction au même dénominateur. Théorie

et règle : pour deux fractions, pour plusieurs fractions. Réduction au plus petit dénominateur commun.

(b) *Règle d'escompte.* — Recherche du taux.

Février.

1. (a) *Fractions.* — Simplification. Principe. Fraction irréductible (plus simple expression). Revision et comparaison des fractions (cas particuliers).

(b) *Règle d'escompte.* — Recherche de la valeur nominale connaissant l'escompte.

2. (a) *Fractions.* — Addition. Fractions ayant le même dénominateur. Fractions n'ayant pas le même dénominateur. Addition de nombres fractionnaires.

(b) *Escompte.* — Recherche de la valeur nominale connaissant la valeur actuelle.

3. (a) *Fractions.* — Soustraction. Fractions ayant le même dénominateur. Fractions n'ayant pas le même dénominateur. Soustraction de nombres fractionnaires.

(b) *Rentes sur l'État.* — Notions générales. Problèmes types.

4. (a) *Fractions.* — Exercices et problèmes sur l'addition et la soustraction des fractions.

(b) *Rentes.* — Recherche du capital. Bénéfices ou pertes.

Mars.

1. (a) *Fractions.* — Multiplication : différents cas; théorie.

(b) *Revision.* — Escompte. Rentes.

2. (a) *Fractions.* — Application aux fractions des principes relatifs à la multiplication, étudiés déjà pour les nombres entiers. Exercices et problèmes sur l'addition, la soustraction et la multiplication des fractions.

(b) *Moyennes. Mélanges.* — Recherche du prix moyen.

3. (a) *Fractions.* — Division : différents cas; théorie.

(b) *Règle de mélange.* — Recherche des quantités mélangées.

4. (a) *Fractions.* — Revision. Application aux fractions des principes relatifs à la division, déjà étudiés pour les nombres entiers. Exercices et problèmes sur les quatre opérations de fractions.

(b) *Règle d'alliage.* — Notions générales. Définition du titre. Recherche du titre moyen.

Avril.

1. (a) *Fractions décimales.* — Lecture, écriture. Conversion de fractions ordinaires en fractions décimales. Trois espèces de

fractions décimales (terminée, périodique simple, périodique mixte).

Conversion de fractions décimales en fractions ordinaires.

(b) *Règle d'alliage.* — Recherche des quantités alliées.

2. (a) *Fractions.* — Le calcul décimal remplace approximativement le calcul par fractions. Exercices et problèmes par le calcul décimal, par les fractions ordinaires.

(b) *Revision.* — Mélanges et alliages.

3. (a) *Notions de comptabilité.* — Livres obligatoires. Livres auxiliaires.

(b) *Partages proportionnels.* — Partages proportionnels à des nombres entiers.

4. (a) *Comptabilité.* — Effets de commerce, traite, billet à ordre.

(b) *Partages proportionnels.* — Partages proportionnels à des fractions.

Mai.

1. (a) *Comptabilite.* — Faillite, bilan, concordat, réhabilitation, banqueroute. Inventaire.

(b) *Règle de société.* — Partage des bénéfices ou des pertes.

2. (a) *Comptabilité.* — Factures. Conseils moraux et pratiques pour le commerçant et l'employé.

(b) *Règle de société.* — Recherche des mises ou des temps.

3 et 4. *Revision générale.*

Juin et Juillet.

Revision générale.

b) Système métrique et géométrie.

COURS SUPÉRIEUR

Octobre.

1. *Système métrique.* — Définition, historique. Inconvénients des anciennes mesures. Caractères du système métrique : métrique, décimal, légal, simple, inaltérable : peut devenir universel.

Principales mesures. — Qu'est-ce que mesurer? Espèces de mesures. Unités principales (Rapport avec le mètre). Multiples et sous-multiples. Mesures réelles : double et moitié des multiples et sous-multiples.

2. *Mesures de longueur.* — Le mètre. Établissement du mètre. Multiples, sous-multiples; leur valeur relative. Numération

décimale, conversion. Choix des unités de longueur. Mesures réelles.

Mesures itinéraires. — Bornes routières. La lieue métrique. Longueur d'un degré du méridien terrestre. Lieue terrestre de 25 au degré. Lieue marine de 20 au degré. Mille, nœud, loch.

3. *Mesures de surface.* — Le mètre carré. Multiples et sous-multiples. Numération centésimale. Conversion. Choix des unités.

Mesures agraires. — Relations avec les mesures de surface. Numération et conversion. Mesures topographiques.

4. *Revision.*

Novembre.

1. *Racine carrée.* — Définitions : carré, racine carrée. Extraction de la racine carrée : 1° d'un nombre plus petit que 100 ; 2° d'un nombre entier quelconque. Extraction de la racine carrée d'un nombre décimal.

2. *Évaluation des surfaces.* — Le *rectangle*. Périmètre. Recherche des dimensions.

Le carré. — Définitions diverses. Surface, périmètre. Recherche du côté.

3. Le *parallélogramme* et le *triangle*. — Définitions. Surface. Recherche d'une dimension.

Le *trapèze* et le *losange*. — Définitions. Surface. Recherche d'une dimension.

4. *Propriétés du triangle rectangle.* — Carré de l'hypoténuse. Carré d'un côté de l'angle droit. Applications : recherche des diagonales du rectangle, du carré ; périmètre du losange, du trapèze symétrique.

Décembre.

1. *Évaluation des surfaces* (suite). — Revision. Formules diverses et problèmes.

Application du carré de l'hypoténuse. Problèmes.

2. *Les polygones.* — Définition générale. Polygones réguliers. Définition, exemples, inscription dans le cercle Surface. Calcul de l'apothème.

Polygones irréguliers. — Recherche de leur surface.

3. *Le cercle.* — Définition. Éléments. Longueur de la circonférence ; rapport constant avec le diamètre. Recherche du diamètre, du rayon. Surface du cercle considéré comme un polygone régulier : formule générale. Calcul du rayon connaissant la surface.

4. *La couronne.* — Révision générale des surfaces.

Janvier.

1. *Mesures de volume.* — Le mètre cube. Définition ; multiples

et sous-multiples. Numération millésimale. Conversion. Choix de l'unité.

Le stère. — Définition. Multiple, sous-multiple.

2. *Évaluation des volumes.* — Le parallélipipède. — Définition. Diverses sortes. Volume. — Surface latérale et surface totale. Recherche d'une dimension.

Le cube. — Définition. Éléments. Volume. Surface latérale et surface totale. Trouver l'arête du cube étant donnée sa surface totale.

3. *Le prisme.* — Définition. Volume. Surface latérale et surface totale. Recherche des dimensions.

Revision. — Problèmes.

4. *Le cylindre.* — Comparaison avec le prisme. Définition. Volume. Surface latérale et surface totale. Recherche de la hauteur, du rayon.

La pyramide. — Définition. Volume. Surface latérale et surface totale. Recherche de la hauteur, de l'apothème.

Février.

1. *Le cône.* — Comparaison avec la pyramide. Définition. Volume. Surface latérale et surface totale. Recherche de la hauteur, du rayon, de la génératrice.

La sphère. — Définition. Éléments. Volume. Surface. Recherche du rayon connaissant la surface.

2. *Mesures de capacité.* — Contenance. Le litre. Usages du litre, différentes formes. Multiples, sous-multiples. Numération. Choix des unités. Mesures réelles.

3. *Relation entre les mesures de volume et les mesures de capacité.* — Problèmes (Revision des volumes).

4. *Mesures de poids.* — Le gramme. Définition. Multiples, sous-multiples. Numération. Choix des unités. Le kilogramme est désormais l'unité fondamentale de poids; pourquoi. Quintal, tonne. Mesures réelles; diverses séries.

Balances. Principe du levier. Fléau. Diverses balances. Bascules.

Mars.

1. *Relation entre les volumes, les capacités et les poids.* — Problèmes (Revision des volumes).

2. *Densité.* — Définition. Exemples. Poids spécifique. Différence entre le poids spécifique et la densité. Problèmes d'application.

3. *Recherche de la densité d'un corps.* — Revision. Exercices sur le poids, le volume, la densité des corps.

4. *Les monnaies.* — Définition de la monnaie. Utilité, origine. Le franc, multiples et sous-multiples. Différentes monnaies; leur

fabrication. Billets. Le milliard. Union monétaire. Diverses pièces.

Avril.

1. *Les monnaies* (suite). — Titre et poids des pièces. Problèmes d'application.

Relation entre les poids et les valeurs des monnaies.

2. *Revision.* — Les alliages. Les règles d'alliage étudiées d'autre part appliquées aux monnaies.

3. *Nombres complexes.* — Définition. Exemples. Anciennes mesures. Mesure du temps. Division de la circonférence.

Exercices d'application.

4. *Nombres complexes.* — Conversion de nombres complexes en unités plus petites.

Opération inverse. Exercices sur les anciennes mesures, la division de la circonférence, la division du temps.

Mai.

1. *Addition et soustraction des nombres complexes.* — Exercices d'application.

Multiplication : 1° d'un nombre complexe par un nombre ordinaire; 2° d'un nombre ordinaire par un nombre complexe.

2. *Division* : 1° d'un nombre complexe par un nombre ordinaire; 2° d'un nombre ordinaire par un nombre complexe.

3. *Revision générale.* — Unités principales. Leur numération. Conversions. Mesures effectives. Relation entre les volumes, les capacités, les poids.

4. *Exercices sur les surfaces.*

Juin.

1. *Revision générale.* — Exercices sur les volumes.
2.   *Id.*   — Exercices sur la densité et les monnaies.
3 et 4. *Id.*   — Exercices sur les nombres complexes.

Juillet.

Récapitulation générale.

h) DESSIN ET TRAVAUX MANUELS

Nous avons réuni les programmes de dessin et de travaux manuels *pour les garçons* parce que, dans la grande majorité des écoles, — celles qui ne possèdent ni professeur spécial, ni atelier, — ces deux enseignements doivent marcher de pair, se soutenir et expliquer, d'une façon intuitive, la plupart des vérités géométriques.

Dans ces conditions, nous avons cru pouvoir réduire sans inconvénient les travaux manuels : nous n'avons retenu que les exercices susceptibles d'être faits partout et capables, d'autre part, de contribuer à la culture générale, en même temps qu'au développement intellectuel des enfants. C'est pourquoi nous nous sommes limités aux travaux de pliage, suite de l'école maternelle, ainsi qu'au découpage du carton avec constructions.

Rappelons qu'on trouvera, page 83, un programme spécial de travaux manuels pour les jeunes filles.

En ce qui concerne le dessin, des instructions officielles très détaillées, en concordance précise avec chacun des points du programme, nous dispensent de tout commentaire. Nous les reproduisons ci-après.

INSTRUCTIONS GÉNÉRALES OFFICIELLES
(27 juillet 1909).

Avant d'aborder le détail des exercices du programme, il est nécessaire de préciser les principes de la méthode à suivre.

Le premier de ces principes est la liberté ; chez l'élève, liberté du sentiment et même de l'interprétation dans les limites d'une correction graduellement serrée ; chez le maître, la liberté d'action, encouragement à l'initiative suivant son tempérament propre.

Second principe : Le dessin est moins étudié pour lui-même que pour les fins générales de l'éducation. Tout ce qui l'incorporera à la matière des études primaires et le mêlera à la vie intellectuelle de l'école répondra au but visé : faire du dessin, non pas un art d'agrément, mais un instrument général de culture et comme un renfort de plus pour le jeu normal de l'imagination, de la sensibilité, de la mémoire,

Troisième principe : La nature prise pour base, aimée pour elle-même, traduite directement et naïvement. La nature est concrète. Le dessin ne doit pas être abstrait. La géométrie n'est pas dans la nature telle que nous la percevons immédiatement et que nous cherchons à la rendre.

La nature a ses lignes, ses formes et ses couleurs, mais ni ses lignes, ni ses formes ne se ramènent d'elles-mêmes à un théorème ou aux figures de géométrie, ni ses couleurs à celles d'un lavis. C'est donc fausser deux choses distinctes et dignes chacune d'une étude à part que de confondre, au début, les choses de la géométrie et celles de la nature, et c'est presque toujours stériliser le dessin. Aucune pratique géométrique ne devra s'interposer entre l'enfant et l'objet naturel qu'il dessine. Bien voir d'abord le réel, le sentir et le rendre ensuite avec sincérité, telle doit être la seule préoccupation de l'élève en face de la nature, qui, sous mille aspects, reste le modèle éternel.

D'où il suit que le maître, s'il comprend sa tâche d'éducateur, se subordonnera, lui aussi, à ces trois principes : respect de la vision et du sentiment propre à chaque élève, — combinaison et collaboration entre l'étude du dessin et les travaux des autres classes, — rejet de toute théorie pédagogique étrangère au dessin lui-même qui, sous prétexte d'aider l'œil et la main, endort l'un et l'autre, engendre la routine et rend mort-né le plus vivant des enseignements.

En résumé, le bon maître devra exciter plus que critiquer, suggérer plus que corriger, proposer plus qu'imposer, se régler sur l'allure de ses élèves et s'adapter à leur mesure, au lieu de les régler tous uniformément sur la sienne. Par cette voie seule il atteindra les esprits et il saura vivifier les éléments que le programme met à sa disposition.

On doit tenir compte d'un cas qui peut être assez fréquent. C'est celui où l'élève, venant d'autres établissements ou de sa famille, entrera à l'école, à l'âge de neuf à dix ans, sans avoir jamais reçu aucune préparation à la pratique du dessin. Nous conseillons alors de le soumettre, sans le séparer du reste de la classe, à un régime particulier qui consistera à lui appliquer la méthode d'initiation et de correction recommandée pour les premiers cours. Il ne sera pas nécessaire de lui proposer d'autres modèles qu'à ses camarades, mais on ne lui demandera pas les mêmes résultats. Son âge lui permettra aussi de s'adapter plus vite aux exercices de perspective d'observation ; d'ailleurs, d'une façon générale, on doit supposer que toute la classe ne marchera pas du même pas, que certains élèves sont plus avancés ou mieux doués que les autres. Le maître, s'il le juge nécessaire, aura donc intérêt à diviser les enfants en deux ou plusieurs groupes, auxquels il proposera des exercices de difficultés graduées ou dont il exigera des résultats un peu différents. C'est encore un moyen d'exciter l'émulation en faisant passer dans le groupe supérieur ceux qui travaillent et qui progressent.

Le maître n'aura pas à introduire dans la classe tous les modèles ni tous les détails d'exercices proposés. Il appartient à son initiative d'y faire un choix raisonné, approprié à son goût et aux moyens de ses élèves. On a voulu simplement indiquer la variété

considérable des exercices que l'on peut entreprendre pour tenir
en haleine la curiosité des esprits et affiner le sens de l'observation.

INSTRUCTIONS SPÉCIALES A LA CLASSE ENFANTINE

La seule instruction à donner aux maîtres et maîtresses des
classes enfantines, c'est de favoriser par tous les moyens l'ins-
tinct qui pousse les enfants à dessiner dès l'âge le plus tendre.
Laissez-les couvrir de leurs crayonnages fantaisistes leurs
ardoises ou leurs cahiers : ils aiment à se raconter de petites
histoires ou à se rappeler les spectacles familiers qui les intéressent. Poussez-les à illustrer les anecdotes et les historiettes,
les fables et les leçons de choses dites en classe. Pas de conseil
à leur donner, pas de critique à leur faire, si ce n'est de familières remarques sur les très gros défauts d'observation. Encore
ne faut-il pas en abuser. Liberté absolue pour l'emploi des
crayons de couleur.

Ce n'est qu'à la fin de la deuxième année que l'on proposera
aux enfants la représentation d'objets usuels très simples ; mais
que les enfants aient l'objet lui-même sous les yeux ; *l'objet ne
doit jamais être dessiné d'avance au tableau comme un modèle
à copier.* Le maître n'aura recours à ce moyen qu'à titre d'indication sommaire, sous forme de croquis, et pour appuyer une
démonstration.

Par des exercices appropriés, on habituera l'enfant à regarder
l'objet attentivement pour en discerner les formes réelles et les
formes apparentes (une table à quatre pieds, et sous un certain
angle elle paraît n'en avoir que trois). Il y a donc des exercices
de visualité, ou plutôt des remarques suscitées par le maître,
qui doivent précéder les exercices graphiques, car l'œil n'est
qu'un instrument dont il faut diriger l'apprentissage, et la leçon
de dessin aux tout jeunes comprendra deux parties : l'observation d'abord, l'exécution ensuite.

Le modelage sera abordé aussi par les enfants de la deuxième
section. On leur donnera à chacun un morceau de matière plastique, qu'ils pétriront et modèleront d'abord à leur fantaisie.
On leur montrera ensuite à modeler des formes très élémentaires d'après des objets simples ou des éléments naturels.

La pratique du modelage, du moins dans les limites où elle
doit se renfermer à l'école primaire, ne présente aucune difficulté sérieuse. Le matériel se compose d'une petite planchette
et d'ébauchoirs que l'élève peut confectionner lui-même ; le
matériel de la classe consiste en une simple caisse contenant la
matière plastique utilisée, argile, cire ou plastiline ; suivant les
ressources locales et ses convenances personnelles, le maître

adoptera l'une ou l'autre de ces matières. La glaise est le moyen le plus pratique, malgré les inconvénients qu'il semble présenter de prime abord. Une caisse en bois, rendue étanche par des plaques de zinc, dont on la revêt intérieurement, permet de conserver l'argile à l'état malléable; quelques linges humides suffisent. Dans la classe, avec quelque habitude et de la discipline, on obvie facilement aux inconvénients inhérents au maniement de la terre. Dans les débuts, pour familiariser les élèves à cette pratique, le maître exerce d'abord des groupes peu nombreux, et ce n'est que successivement que la classe entière prend part aux exercices. On peut en faire une récompense.

Dans les classes enfantines, élémentaires et dans le cours moyen, les exercices de modelage sont exécutés en une séance; on ne demande aux élèves que des ébauches qui correspondent aux croquis traités en dessin. Il n'y a donc pas lieu de se préoccuper de la conservation des travaux; ceux-ci sont détruits à la fin de chaque séance et la terre remise au baquet. Plus tard, s'il y a intérêt à faire pousser une étude de modelage et que ce travail nécessite plusieurs séances, les élèves intéressés recouvrent leur œuvre de chiffons mouillés pour l'entretenir à l'état malléable.

N'oublions pas que ces exercices de dessin et de modelage, comme tous les exercices de classes enfantines, ne doivent être que des amusements et des distractions, sans fatigue et sans contrainte. Pour les découpages de papiers de couleurs on aura soin de choisir des teintes harmonieuses et franches. Au besoin le maître posera lui-même le ton sur du papier blanc, avec le crayon de couleur ou un lavis.

INSTRUCTIONS SPÉCIALES AU COURS ÉLÉMENTAIRE

1° *Dessins d'objets.*

Objets très simples, tels que bouteille, verre, broc, échelle, une roue, un cerceau, une cocarde tricolore, le cadran d'une horloge, des jouets, un petit drapeau, un ballon, un petit seau, etc. Le maître donne en quelques instants une courte explication de l'objet à dessiner et laisse travailler les élèves. Leurs dessins ne seront sans doute pas, au début, l'image exacte de l'objet proposé comme modèle; l'enfant n'observe pas encore avec précision. Il ne faut donc pas lui demander une copie exacte au sens géométrique du mot, mais seulement un dessin lisible, qui représente le type général de l'objet copié. Mêmes observations pour le modelage par lequel il serait préférable de commencer pour faire sentir à l'enfant la forme réelle de l'objet.

2° *Dessins de mémoire.*

Multiplier les dessins de mémoire, faits en classe; le maître fera souvent reproduire un objet étudié à une classe précédente. Il est tout à fait nécessaire de cultiver la mémoire des formes.

3° *Dessins libres (en classe).*

Comme dans les classes enfantines, faire rendre compte à l'enfant, autant que les sujets le permettent, de la leçon de choses, d'histoire, de géographie, par un dessin qui, mieux qu'une rédaction, montrera s'il a bien écouté et bien compris la parole du maître. Recommander aux élèves d'illustrer à leur fantaisie les devoirs qui leur sont donnés. Il y a beaucoup de chances pour qu'un devoir, qui peut être illustré, soit un devoir qui intéresse l'enfant et lui profite.

4° *Dessins libres (en dehors de la classe).*

Demander aux élèves de dessiner à la maison des sujets qu'ils choisissent en toute liberté. Favoriser, par tous les moyens, le goût des enfants pour le dessin; tous ces exercices doivent être corrigés par le maître avec beaucoup de prudence : ce n'est pas la justesse du goût et la précision ou la qualité esthétique du dessin qu'il faut demander à de jeunes enfants. Au cours élémentaire, les exercices de dessin sont surtout destinés à fortifier le sens de l'observation exacte chez l'enfant, et, dans la critique, il faut s'en tenir aux remarques de bon sens, qui redressent le défaut d'attention visuelle.

Dans les deux années, on s'en tiendra aux mêmes exercices, qui peuvent être infiniment variés; il appartient au maître de les graduer selon le bon sens.

INSTRUCTIONS SPÉCIALES AU COURS MOYEN

Les instructions générales sont les mêmes que pour le cours élémentaire. Les exercices sont exactement du même ordre, mais les modèles, à mesure qu'on avancera, seront un peu plus difficiles. Et surtout, c'est le maître qui doit se montrer plus difficile : c'est toujours sur l'exactitude de l'observation que porteront ses remarques et ses corrections. Il convient que, petit à petit, il amène l'élève à serrer de plus près la représentation des modèles, à ne plus se contenter d'un à peu près. Quelques indications générales sur la perspective d'observation peuvent trouver leur place dans le cours moyen. Il est bien entendu qu'il ne s'agit aucunement de démontrer aux enfants des théorèmes de perspective, mais seulement d'appeler leur attention sur les phénomènes principaux de la perspective et leur donner les moyens de les contrôler.

Il faut aussi faire un pas en avant et préparer le cours supérieur; à cet effet, il est bon de commencer le dessin décoratif, très simple. Les modèles étudiés précédemment et dûment choisis seront proposés aux élèves comme éléments d'arrangements décoratifs dont la disposition générale est indiquée au tableau par le maître. C'est le commencement d'un travail d'imagination, à l'aide de matériaux antérieurement recueillis par les enfants.

Pour les filles, adaptation de ces petites compositions décoratives à de menus travaux d'aiguille.

Dessin géométrique. — L'exercice de dessin géométrique est plus spécialement destiné aux écoles de garçons. Au cours moyen on fera comprendre aux élèves l'usage de la règle, du compas, de l'équerre et du rapporteur. Ils pourront en faire l'emploi pour des exercices au tableau.

Éléments du dessin géométral. — Quelques explications, avec dessins à l'appui, sur les projections des solides dont il a été question au cours de géométrie.

Applications pratiques. — Dessin en géométral d'objets simples présentant les particularités signalées. Exercices de croquis cotés relevés par les élèves eux-mêmes sur des objets simples.

INSTRUCTIONS SPÉCIALES AU COURS SUPÉRIEUR

Toute latitude est laissée au maître pour la distribution des matières de son programme; il l'aura bien rempli si, à la fin de la première année du cours supérieur, ses élèves sont à même : 1° d'exécuter clairement un croquis coté; 2° un croquis perspectif bien lisible, bien proportionné d'un objet simple.

Il répartira les heures réservées aux exercices de modelage d'après les facilités offertes par les locaux, leur emplacement et les rigueurs des saisons. En principe le modelage doit compléter le dessin d'après le relief.

1° *Dessins d'objets.*

a) Matériel de l'écolier, matériel de la classe, jouets, couteau, canif, plumier, livre, boîte de couleurs, flacon, casquette, tabouret, tréteau, selle, seau, pelle, petit seau, ballon, cerceau, poupée, etc.;

b) Échantillons empruntés au règne animal ou végétal. Il ne peut être question, sinon exceptionnellement, de constituer pour les écoles primaires une collection de pièces préparées spécialement pour cette partie du programme d'études. Mais, à la campagne surtout, les modèles naturels ne manquent point : lézards, escargots, papillons, insectes, étoiles de mer, coquillages, tiges, feuilles, bourgeons, fleurs, fruits, graines, légumes, courges, etc. ?

c) **Modèle vivant vêtu.** — Rien d'une séance de pose dans les ateliers. Un camarade est pris pour modèle dans une attitude simple, assis ou dessinant lui-même. Dans les classes nombreuses, plusieurs modèles peuvent ainsi « poser » à la fois, pour des groupes différents, sans que les modèles improvisés perdent leur temps.

On ajoutera à ces exercices des notions sommaires sur la perspective au moyen de solides géométriques, qu'un maître ingénieux confectionnera aisément avec du carton, s'il ne possède déjà ces modèles pour le cours de géométrie. Ces solides serviront alors pour les démonstrations. Moyens pratiques d'apprécier la pente apparente des lignes vues en perspective. Carton ouvert présenté verticalement, puis horizontalement, puis obliquement. Décorer les surfaces de ce carton et faire observer les apparentes déformations perspectives de ces surfaces, etc.

Chaque année deux ou trois leçons seront consacrées à ces démonstrations. Les explications théoriques très élémentaires de perspective qui seront données n'ont pour but que de rendre plus sensible l'observation faite directement, d'après nature, des effets de la perspective. On invitera les élèves à choisir eux-mêmes et à dessiner des objets présentant les particularités perspectives signalées dans ces leçons. Ces travaux d'application pratique seront faits partie en classe, partie à la maison.

2° *Arrangements décoratifs.*

Ces travaux seront exécutés, partie en classe, partie hors de la classe. Suivant les sujets, les compositions peuvent être exécutées soit en dessin, soit en modelage. Dans les écoles de filles, on choisira de préférence des sujets pouvant s'appliquer à des ouvrages féminins et, autant que possible, on fera exécuter quelques-unes de ces compositions en broderie, en dentelle au crochet, en étoffe appliquée, etc.

Sur un croquis schématique, d'ordinaire ayant pour base une combinaison géométrique simple (carrés, cercles, bordures, entrelacs, lettres ornées, etc.), croquis tracé au tableau par le maître, et indiquant les dispositions générales de la composition, les élèves composent un arrangement personnel en combinant les éléments qu'ils groupent suivant le choix, la répétition, le contraste et la couleur qui leur conviennent. Ne pas considérer comme fautes l'inexpérience et la naïveté; ne pas trop réprimer l'exubérance sous prétexte de sobriété, ni le coloriage excessif sous prétexte d'harmonie. L'enfant naît coloriste, la couleur est une des joies de son œil, la lui accorder dans la plus large mesure. Le sens de l'harmonie viendra ensuite. Pour corriger, l'élève se pénétrera de ce qu'il a rêvé de faire, plutôt que de marquer l'imperfection de ce qu'il a fait. La meilleure critique n'est pas celle qui démolit, mais celle qui utilise, amende et complète.

3° *Dessins et croquis de mémoire.*

Cet exercice très important portera soit sur des arrangements décoratifs précédemment exécutés, soit sur des objets déjà dessinés en classe d'après nature sur lesquels le maître a présenté ses observations. — Les croquis de mémoire peuvent aussi être faits d'après des choses vues, mais non dessinées préalablement. Modèle présenté aux élèves, regardé longuement, puis soustrait à leur vue et traduit de mémoire. Monuments, paysages, scènes, observés au cours d'une promenade et représentés ensuite de souvenir.

On ne cherchera pas à obtenir, dans ces dessins de mémoire, une reproduction minutieuse et une exactitude photographique. Il suffira que l'objet reproduit, lestement exécuté, se présente avec ses traits distinctifs, sa physionomie. L'idée du caractère d'un objet se gravera ainsi dans l'esprit. Une fois excercé, l'œil s'habituera vite à la démêler. Rien n'est plus essentiel pour acquérir peu à peu la pratique du croquis.

4° *Dessins faits hors la classe.*

La corrélation, qui doit être établie entre le dessin et les autres études, est éminemment fructueuse. Les programmes d'histoire, de français, de sciences naturelles, abondent en thèmes de représentations animées et en matières à illustrations. En Gaule et pour l'histoire de France cent épisodes intéressant l'imagination des enfants, depuis la vase de Soissons jusqu'aux costumes et aux mœurs de la chevalerie. En français, les fables de La Fontaine et de Florian, les récits de prosateurs et de poètes classiques, les sujets traités en classe sur l'école, la famille et la maison, la ville, les métiers, la campagne, le labour, la moisson, les vendanges, etc.; les contes populaires, *Cendrillon, le Petit Poucet, l'Oiseau bleu, Marlborough,* etc. Et aussi des dessins rappelant le souvenir de choses vues : courses d'automobiles, de bicyclettes, la récréation, la pêche à la ligne, la baignade, une partie de bateau, etc.

Afin de prévenir la copie servile d'images, on peut demander aux élèves de situer les scènes dans les paysages de la région.

Il ne s'agit pas ici de prescrire ou d'espérer des tableaux d'histoire et de genre, mais d'exercer l'imagination, d'aiguiser l'esprit, de provoquer la verve. L'expérience a prouvé que ces exercices font plus travailler les jeunes cerveaux que les rédactions les plus laborieuses; de plus, ils mettent souvent au jour des qualités natives d'observation, de comique ou de finesse qui, jusqu'alors, ne s'étaient point révélées.

Sans doute, beaucoup de ces essais ne seront que de grossières ébauches; plusieurs cependant offriront de l'intérêt, et tous seront distincts comme les esprits mêmes dont ils émanent. Un maître tant soit peu observateur tirera bon profit de ces indications; il connaîtra mieux ses élèves après que ceux-ci auront dessiné en liberté. Le dessin d'imagination est une contribution de premier ordre apportée à ce qu'on appelle « la psychologie de l'enfant ».

5° *Modelage.*

Les exercices de modelage s'exécutent d'après les modèles énumérés en *a* et *b*.

6° *Dessin géométrique.*

On développera l'étude des éléments du dessin géométral, commencée au cours moyen. Les exercices de tracés géométriques, faits seulement au tableau dans le cours moyen, sont maintenant exécutés sur le papier avec l'aide d'instruments.

Nombreux croquis avec cotes *relevées par l'élève lui-même* et quelques mises au net de ces croquis. Représentation géométrale de solides géométriques et d'objets simples, tels que : outils, assemblage de charpente et de menuiserie, dispositions extérieures d'appareils de pierres de taille, grosses pièces de serrurerie, meubles les plus ordinaires, etc. Tous ces exercices doivent être faits d'après nature. Toutefois, il est utile que le maître indique, par quelques croquis tracés au tableau, la façon de procéder.

Notions élémentaires sur les plans et les cartes.

N. B. — Les notions précédemment acquises doivent être rappelées.

COURS ÉLÉMENTAIRE

Octobre.

D.[1]. — Tracé de lignes droites, verticales, horizontales, obliques à droite, obliques à gauche. Parallèles. Exemple de parallèles dans la classe. Évaluation des longueurs par comparaison. Addition, soustraction, multiplication des droites. Combinaisons de verticales ou d'horizontales. Bordures. Majuscules choisies. Rampe de l'escalier.

1. D., dessin.

Chercher les modèles dans le milieu de l'enfant : il reproduit avec plus de plaisir ce qu'il voit employer chaque jour.

T. M.[1]. — Toutes ces lignes et figures ont été obtenues précédemment en travail manuel par le pliage.

Novembre.

D. — Tracé de la perpendiculaire et de l'oblique, — faire sentir la différence qui existe entre la verticale et la perpendiculaire. Division de la droite en 2, 4, 8 parties égales. Combinaisons de ces différentes lignes : parquet, damier, persiennes, échelle.

T. M. — Réaliser ces différentes droites et rectangles par le pliage : les perpendiculaires à une même droite sont parallèles. La division de la bande de papier en 2, 4, 8 parties égales est facilement obtenue.

Décembre.

D. — Angle droit, angle aigu, angle obtus dans différentes positions. Exemples d'angles droits dans la classe. Construction de figures avec l'angle droit, les perpendiculaires, les parallèles et les obliques. Tracé d'un stère, d'un niveau de maçon, d'une guérite, de la façade d'un mur en pierre de taille.

T. M. — Décomposition d'un rectangle entre quatre bandes égales par des plis parallèles, en quatre rectangles égaux par deux plis perpendiculaires appelés axes du rectangle. — Décomposition de l'angle droit en 2, en 4 angles aigus égaux. Construction d'un filtre : la somme des angles formés autour d'un point du même côté d'une droite est égale à deux droits. La somme des angles que l'on peut former autour d'un point est égale à quatre droits.

Janvier.

D. — Construction du carré. Axes et diagonales. Carré inscrit dans un autre; carrés concentriques. Carrés enlacés. Décomposition du décimètre carré en centimètres carrés : tracé des dix bandes égales, division de la bande supérieure en dix centimètres carrés. Combinaison des rectangles et des carrés : Parquet. Dallage. Bordure.

T. M. — Construction du carré découpé dans une feuille rectangulaire. Tracé des axes, des diagonales, faire remarquer que ces droites se coupent en un même point, en leur milieu à angle droit. Exercices de tissage avec des bandes passées entre les lanières d'un centimètre coupées dans une feuille de papier de couleurs différentes. Le carré circonscrit est double du carré inscrit.

---

1. T. M., travail manuel.

Février.

D. — Le triangle. Triangle rectangle. Triangle isocèle. Triangle rectangle isocèle. Triangle équilatéral. Triangle inscrit dans un autre. Triangles concentriques. Triangles enlacés. Hauteurs d'un triangle quelconque. Hauteur du triangle isocèle et du triangle équilatéral. Dallage. Mosaïques. Étoile à quatre pointes, à huit pointes. Cadre suspendu.

T. M. — Confection des triangles indiqués ci-dessus, faire constater que la hauteur du triangle isocèle et du triangle équilatéral tombe au milieu de la base et devient une médiane. La somme des trois angles d'un triangle quelconque est égale à deux angles droits. Valeur de l'angle du triangle équilatéral.

Mars.

D. — Deux triangles égaux convenablement placés donnent un parallélogramme. Tracé du parallélogramme. Dimensions. Transformation d'un parallélogramme en un rectangle de même surface et de mêmes dimensions. Construction du losange. Rectangle, carré, losange sont des parallélogrammes. Remarques sur les diagonales de ces quadrilatères. Décomposition du parallélogramme en deux triangles égaux de mêmes dimensions. Représentation de la cote inscrite dans un carré.

T. M. — Ces divers dessins peuvent être réalisés avec différentes feuilles de papier sur lesquelles les constatations sont plus sensibles et plus faciles.

Avril.

D. — Construction du trapèze quelconque, d'un trapèze isocèle ou symétrique. Indiquer la grande base, la hauteur. Tracer la diagonale qui le décompose en deux triangles. Mettre en relief les dimensions de ces deux triangles.

Habituons les élèves à indiquer sur les droites leur véritable longueur exprimée en millimètres. Dessiner une bêche, un entonnoir, pot de fleur.

T. M. — Décomposer un trapèze quelconque; montrer, par le pliage, la symétrie du trapèze isocèle. Montrer que les deux triangles détachés par la diagonale ont même hauteur que le trapèze.

Mai.

D. — Tracé de la circonférence au moyen du carré et de ses deux diagonales. Différentes lignes relatives à la circonférence : diamètre, rayon, corde, sécante, tangente. Différence entre la circonférence qui est une ligne et le cercle qui est une surface. Secteur et segment. Circonférences concentriques, sécantes, tangentes intérieures, extérieures. Distance des centres dans ces différentes positions. Dessin d'objets usuels où la courbe domine; combinaisons d'arcs de cercle.

T. M. — Construction du cercle, avec une série de triangles égaux et très petits. Tracé des secteurs avec du papier de différentes couleurs.

Juin.

D. — Circonférence inscrite dans un carré et hexagone inscrit dans la même circonférence; valeur en diamètres du périmètre de ces trois figures. Etoiles à 6 pointes. Triangles équilatéraux enlacés. Couronne circulaire. Rosaces. Fleurons.

T. M. — Constructions diverses avec le cercle, le triangle équilatéral, le carré inscrit ou circonscrit. Réalisation de l'octogone régulier. Décomposition du cercle en petits triangles de même hauteur.

Juillet.

Révision générale.

COURS MOYEN

Octobre.

D. — Révision des exercices faits au cours élémentaire sur la ligne droite et sur la ligne courbe. Raccord des droites et des courbes (Ligne des centres). Ornements tiré. des plantes.

Représentation d'une table, d'une niche, d'une armoire, d'une bibliothèque.

T. M. — Petits travaux avec un fil de fer très flexible (méandres, filets grecs). Découpage de papier de couleur et collage sur papier fort ou sur carton, afin de réaliser les mosaïques, marqueteries. Apprendre aux élèves à choisir et à combiner les couleurs. Rechercher les polygones réguliers très simples qui peuvent servir aux mosaïques soit seuls, soit en combinaison.

Novembre.

D. — Polygones étoilés. Courbes géométriques usuelles : ovale, ove, ogive, ellipse à combiner. Motif de grilles.

T. M. — Construction du parallélipipède rectangle, du cube, du prisme. Développement coté de ces différents solides.

Décembre.

D. — Feuilles triangulaires (liseron, épinard), polygonales (lierre, érable, vigne), rondes (capucine, géranium), guirlande, cadre d'un menu.

Parallélipipède rectangle (plan, élévation, profil). Montrer avec la couverture d'un livre ce que l'on entend par plan horizontal, plan vertical et ligne de terre. Croquis coté d'un parallélipipède en grandeur réelle précédemment construit par les enfants, puis au quart, au huitième de cette grandeur. Différents traits employés : pointillé, feuille et forme pour représenter les lignes de construction, les faces éclairées et les ombres. Direction conventionnelle du rayon lumineux de gauche incliné à 45 degrés.

T. M. — Construction du rectangle, du carré, du parallélogramme, du triangle, du losange, du trapèze, déjà faite au cours élémentaire. Nouvelle décomposition et nouvel examen permettant d'établir les formules qui donnent la surface de ces différentes figures.

Janvier.

D. O. [1]. — Courbes empruntées au règne végétal, fleurs ornementales un peu différentes des fleurs naturelles.

D. G. [2]. — Plan, élévation, profil du prisme triangulaire, du prisme à base hexagonale, du cylindre.

T. M. — Examiner de nouveau les périmètres du carré circonscrit à une circonférence et à un hexagone; conclure que le rapport de la circonférence au diamètre est compris entre 3 et 4. Faire mesurer la circonférence et le diamètre de plusieurs roues, diviser le premier résultat par le second et rapprocher les quotients obtenus sensiblement égaux à 3,1416 (longueur de la circonférence). Décomposer le cercle en triangles ayant leur sommet au centre : surface du cercle.

Construire des carrés sur les trois côtés du triangle rectangle et montrer, par le déplacement des quatre équerres, la relation importante qui existe entre ces trois carrés.

Construction et développement du parallélipipède, du prisme triangulaire, du prisme hexagonal, du cylindre. Détermination de la surface latérale et de la surface totale de ces différents solides.

Février.

D. O. — Copie de plâtres ou de cartons de faible relief. Feuilles et fleurs d'ornement.

D. G. — Croquis coté (plan, élévation, profil) de la pyramide triangulaire, de la pyramide hexagonale. Marteau. Auge de maçon.

T. M. — Construction d'une pyramide et d'un prisme de même base et d'une hauteur trois fois plus petite. Petite expérience : les remplir successivement avec du sable. Développement, surface latérale et surface totale de la pyramide.

1. D. O., dessin d'ornement.
2. D. G., dessin géométrique.

Mars.

D. — Notions élémentaires de perspective découvertes par les enfants bien guidés : route plantée d'arbres. Examen d'un carré dans différentes positions : plan vertical, plan horizontal, au-dessus ou au-dessous de l'horizon. Insister : il faut que les élèves voient réellement le trapèze, l'ellipse au lieu d'un carré et d'un cercle. Perspective du cube, du parallélipipède rectangle, de la pyramide, du cône. Mise en perspective d'un petit banc, d'un coffre en bois.

D. G. — Croquis coté (Plan, élévation, profil) d'un poids en fonte de 5 kilogrammes, d'un litre, en ajoutant dans le 4° quart de la feuille la perspective de ce même poids et de ce même litre.

T. M. — Construction d'un cône et d'un cylindre d'une hauteur trois fois plus petite. Petite expérience : les remplir successivement avec du sable. Développement, surface latérale et totale du cône. Prendre une sphère et deux demi-sphères de même rayon : couvrir un grand cercle avec de la ficelle assez forte, couvrir avec la même ficelle la surface de la sphère; mesurer les deux longueurs de ficelle employées, la seconde est quatre fois plus grande que la première. La surface de la sphère est égale à celle de quatre grands cercles ($4\pi R^2$).

Avril.

D. — Faire observer, formuler et appliquer constamment les principes élémentaires de perspective sur des solides un peu plus compliqués, que l'enfant a sous les yeux, peut manier.

D. G. — Croquis coté et figuration perspective de ces solides examinés attentivement.

T. M. — Reprendre la série des solides confectionnés, les faire observer avec attention, rappeler les constatations précédentes et conclure par l'énoncé des différentes formules relatives au volume des solides réguliers, parallélipipède et cube.

Prisme triangulaire et polygonal. Cylindre. Pyramide triangulaire et polygonale. Cône.

Mai.

D. — Revision des éléments précédents. Exercices de composition avec des éléments donnés. Exercices de mémoire.

D. G. — Examen d'images ou tableaux très simples, bien choisis en ce qui concerne les principes de perspective observés.

T. M. — Construction de la sphère, qui peut être considérée comme composée de petites pyramides ayant leur sommet au centre de la sphère et dont la somme des bases forme la surface de la sphère. En tirer la formule de la sphère $\left(4\,\pi\,R^2 \times \dfrac{R}{3}\right)$.

Juin et Juillet.

Revision et applications diverses.

Liste d'objets à étudier pour le Certificat d'études.

1° *Dessin à vue* : pincettes, fourche, gril, ardoise, drapeau, boîte d'allumettes, plateau, petit banc, boîte à thé, boîte à ordures, tamis, trépied, écumoire, chapeau canotier, tambour, râpe, seau à charbon, bouteille, bocal, pot à moutarde, porte-fer, fer à repasser, baquet, seau à sable, pelle, tonneau-tirelire, marmite-cocotte, toupie, verre à pied, pot à confitures, passoire, bobine, diable, allume-feu, couteau à épinards, boule à pot-au-feu, bol, coquetier, carafe, bilboquet, bougeoir, gourde.

2° *Dessin de mémoire* : porte entr'ouverte, table, livre, carotte, limande, hareng, poêlon, cafetière, balai, hache, fer à tuyauter, ciseaux, plumeau, soupière, casque, képi, chaussures, lampe-pigeon, réverbère, clef et serrure, sonnette, cloche, cadenas, compas, domino, pipe, lampion, marteau, tenaille, clairon, éventail, papillon, escargot, marguerite, violette, pensée, églantine.

3° *Dessin coté* : Boîte à craie sans couvercle, marteau, litre, poids en fonte, plumier, pot à fleur, arrosoir de jardin, petit banc, encrier, casserole, tiroir, simple table.

COURS SUPÉRIEUR

Octobre.

D. — Usage des instruments. Construire un angle d'une valeur donnée, un angle de 60 degrés. Élever une perpendiculaire : 1° au milieu d'une droite; 2° en un point donné; 3° à l'extrémité d'une droite. Construire un carré d'un côté donné. Construire un carré sur la somme et sur la différence de deux droites données : coter les détails des deux figures et conclure. Construire un triangle équilatéral. Trouver la surface de ce triangle en fonction du côté. Cercle circonscrit et cercle inscrit au triangle équilatéral.

Dessins composés avec ces différents éléments : mosaïque, marqueterie; figure exacte après croquis.

T. M. — Réaliser avec du carton les différentes figures dessinées. Rappeler le carré de l'hypoténuse.

Novembre.

D. — Construire un triangle rectangle dont on connaît : 1° les deux côtés de l'angle droit; 2° l'hypoténuse et l'un des deux autres côtés ou la hauteur. Construction du losange, l'angle aigu et l'angle obtus sont supplémentaires. Construction du trapèze et remarque sur les deux triangles semblables. Application : réduction d'un dessin. — Trouver le triangle équivalent à un polygone donné.

Continuer les exercices d'ornement afin de conserver l'habileté de la main. — Illustrations de devoirs, faites dans la famille.

T. M. — Construire avec une carte forte les différentes figures dessinées.

Décembre.

D. — Circonférence passant par trois points. Angle au centre, angle inscrit. Propriétés de la perpendiculaire abaissée du centre sur la corde. Courbes usuelles : ovale, ove, ogive, ellipse, spirale. — Entrelacs, motifs de grille. Lavis de quelques dessins. Vitraux. Différentes moulures employées en architecture.

T. M. — Reproduire avec du fil de fer mou les courbes indiquées. Inscrire une étoile à six pointes dans une circonférence. Découper le profil des moulures dessinées.

Janvier.

D. G. — Rappeler les principes de perspective et les appliquer dans la représentation des objets dont le croquis coté a été exécuté. Choisir ces objets dans la liste dressée pour le brevet élémentaire et que nous publions plus loin.

D. O. — Feuilles et fleurs de différentes formes : branche de lierre, rameau de chêne, feuilles et glands. Anémone, coquelicot, marguerite, rameau d'églantine.

T. M. — Construction des solides géométriques les plus compliqués : tronc de cône et tronc de pyramide ornés de découpages symétriques et de filets (couleur complémentaire du fond). Déterminer le volume de ces deux solides.

Février.

D. G. — Continuer les croquis cotés et la représentation perspective des solides simples : les faces latérales ne sont pas toujours parallèles au plan vertical.

D. O. — Feuilles et fruits.

T. M. — Construction de l'abat-jour et de menus objets : boîtes à compartiments. Vide-poche, etc.

Mars.

D. G. — Combinaison du cube et du cône, du parallélipipède rectangle et de la pyramide; sphère sur cylindre.

D. O. — Ornements divers. Culot. Rosaces.

T. M. — Réaliser ces mêmes dessins avec de l'argile.

Avril.

D. G. — Lecture des plans; interprétation des signes conventionnels. Plan de la maison d'école, des rues qui y aboutissent. Croquis cotés de pièces détachées des machines agricoles, d'outils divers.

T. M. — Principaux accidents géographiques figurés par superposition de cartons découpés.

Mai.

D. G. — Lecture et reproduction d'extraits du plan cadastral de la commune. Application dans les promenades scolaires. Croquis coté avec mise au net et lavis.

T. M. — Plan en relief d'une partie bien connue de la commune.

Juin.

D. G. — Notions très élémentaires sur les ordres d'architecture. — Les trois parties d'un ordre. Caractères distinctifs de chaque ordre.

T. M. — Tracé de la ligne de pente. — Plan de drainage fait avec de l'argile.

Juillet.

Revision générale.

Liste des objets à dessiner au brevet élémentaire :

Les *Aspirants* ont à exécuter à main levée un croquis coté (plan, élévation, coupe ou profil) de l'un des objets suivants : tabouret, siège, marchepied en bois, escabeau, seau en bois, baquet en bois, caisse à fleurs (carrée ou ronde), poids en fonte, pupitre de musicien, baril, boisseau, coffre à bois, guéridon, petite table carrée (sans le tiroir), tréteau, auge de maçon, chevalet à scier le bois, lampe avec abat-jour ou un arrangement décoratif simple pris dans le programme du cours supérieur des écoles primaires.

Les *Aspirantes* doivent faire un dessin au trait d'après un objet choisi dans la liste précédente, complétée de la manière suivante : panier, parapluie ouvert et placé sur une table, casserole, poêle à frire, râteau de jardin, pelle, cruche, four de campagne, tamis, chaise très simple ou un arrangement décoratif simple pris dans le programme du cours supérieur des écoles primaires.

i) ÉLÉMENTS USUELS DES SCIENCES PHYSIQUES ET NATURELLES

Soyons modestes dans cet enseignement, même aux cours moyen et supérieur. Ce qui importe, ce ne sont pas les connaissances spéciales et pratiques, qui ont bien leur valeur, mais le développement de l'esprit d'observation, de la curiosité scientifique, du désir de se rendre compte des phénomènes dont on est le témoin. Point de verbiage, mais des faits à observer, avec des expériences simples où les enfants jouent un rôle actif.

Nous pensons qu'il est préférable dans le cours supérieur d'épuiser successivement le programme de chimie, de physique et d'histoire naturelle, au lieu de faire une leçon par semaine sur chacune de ces trois matières. Comment, en effet, expliquer utilement telle ou telle fonction physiologique (nutrition ou mouvement, par exemple), si l'on n'a, au préalable, familiarisé l'élève avec tel ou tel phénomène relevant de la chimie ou de la physique?

D'autre part, en suivant l'ordre indiqué, l'étude de la botanique et les applications à l'agriculture se trouveront dans le second semestre, c'est-à-dire à l'époque où les promenades scolaires nécessaires sont possibles.

Remarquons enfin que dans les nombreux exercices de révision qui terminent l'année scolaire, les différentes matières du programme (physique, chimie, histoire naturelle, agriculture, hygiène, économie domestique, enseignement ménager) se pénètrent et s'éclairent mutuellement.

Ne nous étendons pas sur les transformations de la matière première, sur les procédés industriels; notre enseignement serait vague, souvent erroné, parce que nous ne pouvons nous tenir au courant des progrès réalisés chaque jour. Écartons de nos leçons ce que nous ne pouvons faire observer directement.

N. B. — Dans la répartition ci-dessous, nous avons suivi le programme officiel pour la première année, quoique ce programme laisse à désirer; les sujets proposés, trop vastes, ne se prêtent pas à l'observation directe. Pour remédier à cet inconvénient, nous avons choisi les exercices de composition française dans le programme de sciences : les exercices de description indiqués p. 126 doivent être préparés par une réelle leçon de choses.

De plus, on remarquera qu'en 2ᵉ année, la première leçon du mois est également une VÉRITABLE leçon de choses.

COURS ÉLÉMENTAIRE

Octobre.

1re ANNÉE

1. *Matières premières et matières ouvrées* : Tissus animaux et végétaux, minéraux. Le travail de l'homme.

2. *L'eau* : on la trouve partout : aliments, tissus, glace, vapeur.

3. *L'air* : il est pesant, plus léger quand il est chaud, nécessaire à la respiration et à la combustion.

4. *Le chauffage et la cuisson.* Le feu, avec quoi on l'obtient. A quoi sert la cuisson.

2e ANNÉE

1. *Le beurre* : aspect, propriétés, fabrication, lavage, beurre frais, beurre conservé, fondu, salé, beurre rance.

2. *L'homme* : les diverses parties du corps : crâne, face ; le tronc : dos, poitrine ; les membres : supérieurs (bras, épaule, avant-bras, main) ; inférieurs (hanche, cuisse, jambe, pied).

3. *Le squelette* : os plats, longs, petits os. La colonne vertébrale, une vertèbre. La cage thoracique, les côtes.

4. *Les organes des sens* : Exemples faisant comprendre le rôle de chacun. Principales notions acquises au moyen de chacun d'eux.

Novembre.

1. *Le pain* : principal aliment. Comment on le fabrique ; blé, farine, pâte, levain,

2. *Les boissons* : le vin, le cidre, la bière. Avec quoi on les fabrique et comment.

3. *Le sel* : aliment indispensable ; salines et marais salants.

4. *Le sucre* : aliment important. Où on le trouve. La raffinerie.

1. *Le sucre* : aspect, propriétés, se dissout, fond (caramel). Plantes qui contiennent du sucre ; fabrication, jus de betteraves, mélasse, cassonade, raffinage, moulage en pains, cassé à la main, à la mécanique.

2. *Le tronc* (partie) : poitrine, cœur, poumons ; le ventre : ses parties, estomac, foie et intestins. Canal digestif.

3. *La bouche, les dents* : les deux dentitions, les deux mâchoires, trois sortes de dents. Parties d'une dent : racine, couronne, la gencive.

4. *L'estomac et les intestins* : forme de chacun, leur place dans le corps, fonctions.

Décembre.

1. *Les provisions.* Aliments frais et conserves : grains, fruits, racines, salaisons, etc.

2. *Les conserves.* Leur utilité, en quoi elles consistent, comment on les obtient.

3. *Récapitulation* : matières premières et matières ouvrées. L'eau et l'air. Le chauffage et la cuisson. Le pain.

4. *Récapitulation* : les boissons, le sel, le sucre, les provisions et les conserves.

1. *Le vin* : poids, couleur, eau rougie, le raisin et la vendange. Pressoir, vin doux sucré ; le vin fermenté n'est plus sucré ; le chapeau, tonneaux.

2. *Le cœur et les poumons* : forme et place, fonction de chacun (sans détails).

3. *Le cerveau* : forme, place, fonction : reçoit des impressions, commande les mouvements, organe de la pensée.

4. *Revision* : sujets d'alimentation; l'homme.

Janvier

1. *Nécessité de se vêtir.* Les premiers vêtements, peaux de bêtes, tissus grossiers.

2. *Filasses et fils* : le lin et le chanvre; fuseau et rouet, machines des filatures.

3. *La laine* : chaude, élastique, cardage, peignage, étoffes variées.

4. *Le coton* : son origine, bon marché, quelle nation en fournit le plus.

1. *Le chocolat* : aspect, se ramollit à la chaleur, fond dans l'eau tiède, fabrication; cacao, sucre; tablette, empaquetage; papier d'étain.

2. *Les vertébrés* : animaux à os (cheval); comparer avec les animaux sans os. — Sang rouge, os; quadrupèdes, oiseaux, reptiles, poissons (ne pas parler de batraciens).

3. *Les annelés* : pas d'os, pas de sang rouge, des anneaux.
Insectes : six pattes, exemples.
Araignées : huit pattes.
Vers : pas de pattes.

4. *Les mollusques* : ni os, ni sang rouge, ni anneaux, corps mou, limaçon, moule, coquille.
Les rayonnés; étoile de mer.

Février.

1. *La soie* : ver à soie, Henri IV; magnaneries, Lyon.

1. *Une chemise* : aspect, ses parties, fils tissés, filature, filasse, lin.

2. *Le tissage.* En quoi il consiste; la trame et la chaîne. Couleurs mêlées.

3. *Peaux, cuirs et fourrures.* Le tannage, le tan. Plumes pour literies et parures.

4. *Feutres et cartons* : le papier. En quoi consiste le feutre. Le carton: fibres végétales. Le papier.

2. *Les mammifères* : principaux types; les singes, quatre mains, debout, orang-outang m. 40, gorille 2 m., chimpanzé 1 m. 30, très intelligents; régions chaudes, troupes, frugivores.

3. *Les carnivores* : dents, pattes (leurs caractères), genre chat, tigre, lion, panthère; genre chien, loup, chacal, renard.

***Les rongeurs* :** dents, lapin, souris.

4. *Les herbivores* : mangeurs d'herbes, molaires; le cheval, sabot; le bœuf, rumination, deux doigts à chaque pied.

Mars.

1. *Lavage et lessive.* L'eau et les taches; matières grasses; la cendre de bois, les savons.

2. *Le détachage, la poussière* : l'eau, l'ammoniaque, l'essence. Inconvénients et dangers de la poussière.

3. *Récapitulation* : vêtements. lin et chanvre, laine et coton, soie.

4. *Récapitulation* : tissage, peaux, cuirs et fourrures, papier, lavage, lessive détachage.

1. *Une table* : en chêne, propriétés, planches rabotées, assemblées, jointes. Le bûcheron, sa cognée, tronc équarri, débité; scieur de long.

2. *Les oiseaux* : bec, plumes, deux ailes, deux pattes. Le nid, l'œuf, la coque, blanc, jaune, germe. — La couvée, l'éclosion. — Oiseaux qui voyagent. Exemples : hirondelle, caille, rossignol.

3. *Les oiseaux de proie* : Bec crochu et aigu. Doigts à ongles longs et acérés (serres); — de nuit : hibou, chouette (utiles); — de jour : aigle, vautour.

4. *Les oiseaux domestiques et les oiseaux chanteurs* : coq et poule, dindon, pintade, oie; canard (patte). Oiseaux utiles, chanteurs.

Avril.

1. *Nécessité de l'habitation* ; cabanes, tentes, chaumières.

1. *Le papier* : couleur, poids, épaisseur, chiffons, bois, alfa,

Les peuples sauvages, pasteurs, laboureurs.

2. *Les pierres.* Les carrières, pierres dures et pierre tendres; le grès, le marbre.

3. *Pierres artificielles.* Les mortiers, le plâtre.

4. *Argile et poteries, porcelaine* : la terre glaise; briques, tuiles. vases, le kaolin.

broyage, bouillie blanche, tamisée, séchée (rouleaux chauffés). Feuille qui s'enroule.

2. *Les reptiles* : sang froid, écailles, tortue, lézard, crocodile, serpents (boa; couleuvre — inoffensive; — vipère — venin).

3. *Les poissons* : ne peuvent vivre que dans l'eau; sang froid, écailles, branchies, nageoires.
Eau douce : goujon, truite.
Eau de mer : hareng, sardine.

4. *Les invertébrés* et *revision des vertébrés.*

Mai.

1. *Le verre.* Comment on l'obtient; bouteilles et vitres; glaces.

2. *Récapitulation* : L'habitation, les pierres, argiles et poteries, le verre.

3. *Les métaux* : poli brillant, ténacité, etc., métaux précieux.

4. *Le cuivre et ses alliages* : le laiton, le bronze.

1. *Le marbre* : aspect, grain, poli, couleur; carrières; blocs, lames, polissage; usages.

2. *Les végétaux* : diverses parties, racine, tige, branches, feuille, fleur, fruit, graines.
Rôle de chaque partie.

3. *La tige des arbres de nos pays* : la moelle, bois, écorce; âge d'un arbre; la tige se termine en pointe; elle est conique.

4. *Structure d'un palmier* tige cylindrique. Le tronc grandit, ne grossit pas; pas de branches; feuilles du sommet; pas de moelle, pas de bois à cercles emboîtés, pas d'écorce.

Juin.

1. *Le fer* : le plus utile des métaux, la fonte, l'acier, usages.

2. *Les maisons d'aujourd'hui* : l'architecte, les entrepreneurs, diverses parties de la maison.

1. *Les pierres précieuses* : dureté, éclat, couleur, où on les trouve; rubis, émeraude, topaze, saphir diamant, taille, facettes, valeur.

2. *La graine germée* : montrer un haricot germé; deux cotylédons, racine, tige; les

3. *Le mobilier*, ancien et moderne : coffres, tables, sièges et lits.

4. *Le mobilier ancien et moderne* (fin).

plantes du genre palmier n'ont qu'un cotylédon ; deux grands groupes de végétaux.

3. *Les pierres* : tendres, calcaires, craie ; s'altèrent au feu ; on les raye avec un couteau ; les pierres dures ; silex, pierres précieuses ; la pointe d'un couteau ne peut mordre dessus.

Une carrière.

4. *La houille* : origine, montrer des empreintes ; exploitation ; une houillère.

Juillet.

1. *Récapitulation* : les aliments.

2. *Récapitulation* : les aliments.

3. *Récapitulation* : les vêtements.

4. *Récapitulation* : l'habitation.

1. *Le cuir* : qualités, la peau et ses poils ; épilage, tannage, but (tan, écorce du chêne), refente des peaux, vernissage.

2. *Récapitulation* : l'homme.

3. *Récapitulation* : les animaux.

4. *Récapitulation* : les végétaux et les minéraux.

a) Éléments usuels des sciences physiques.

COURS MOYEN

Octobre.

1re ANNÉE

1. *Les trois états des corps* : solide, liquide, gazeux ; caractère principal de chacun d'eux.

2. *Les trois états des corps* (suite) : Un même corps peut passer par les trois états : l'eau. — La chaleur, cause de ces changements d'état.

2e ANNÉE

1. *Les trois états des corps* : leurs caractères ; un même corps peut passer par les trois états : le plomb, l'étain, l'eau. — Cause de ces changements d'état.

2. *L'air* : ce que c'est (comme en 1re année), l'atmosphère : son épaisseur, sa couleur.

3. *L'air :* Ce que c'est; où il se trouve; sa couleur; sa nécessité; l'atmosphère.

4. *L'air est pesant :* La pression atmosphérique; petites expériences la démontrant : verre plein d'eau renversé sur feuille de papier; carafe et plateau.

2. *L'air n'est pas un corps simple :* sa composition. Un cinquième d'oxygène; quatre cinquièmes d'azote.
Expérience qui le prouve.

4. *Avantage de l'air pur et de la vie à la campagne :* L'air des villes, causes qui le vicient; les microbes et les maladies contagieuses.

Novembre.

1. *La pression atmosphérique :* Aspiration de l'eau dans les tubes; la pompe aspirante.

2. *La pression atmosphérique* (suite) : Le baromètre, description; hauteur de la colonne de mercure.

3. *La pression atmosphérique* (suite): Application à l'hygiène: la ventouse, comment on l'applique, ce qui se produit.

4. *Récapitulation.*

1. *La pression atmosphérique:* expériences la démontrant; répéter celles de la 1re année; l'œuf dans la carafe.
Application : la pompe aspirante.

2. *La pression atmosphérique* (suite) : le baromètre (comme en 1re année). Construction.

3. *La pression atmosphérique* (suite). Application à l'hygiène (comme en 1re année). Quand emploie-t-on la ventouse?

4. *Récapitulation.*

Décembre.

1. *L'air en mouvement.* Comment est produit le vent. Inconvénients et utilité du vent.

2. *L'air est indispensable à la vie :* nécessité de la ventilation dans le logement; la chambre à coucher.

3. *La cheminée :* appareil de chauffage et appareil de ventilation. Montrer ce qui se passe.

4. *Récapitulation.*

1. *L'air en mouvement :* le vent, production, inconvénients et utilité. La brise, le vent, l'ouragan.

2. *L'air est indispensable à la vie :* le logement (comme en 1re année); le vasistas.
Nécessité de l'air pour les plantes.

3. *La cheminée :* son double rôle; expériences. Comparaison avec les poêles.

4. *Récapitulation.*

Janvier.

1. *L'eau* : ce que c'est; propriétés physiques ; inconvénients (inondations); utilité (incendies).

2. *L'eau* (suite). Toutes les eaux proviennent de la mer : le soleil, la vapeur d'eau, les nuages, la pluie. Petite expérience : assiette renversée sur une casserole d'eau bouillante.

3. *L'Océan* : son étendue, sa profondeur, sa température; couleur et salure de ses eaux.

4. *L'eau pure et distillée* : comment on l'obtient ; fonctionnement d'un alambic. L'eau pure n'est pas potable.

1. *L'eau* (comme en 1ʳᵉ année). L'eau n'est pas un corps simple; sa composition : oxygène et hydrogène.

2. *L'eau* (suite). Expliquer d'où proviennent toutes les eaux. Comment la pluie assainit l'air que nous respirons?

3. *L'Océan* : comme en 1ʳᵉ année; un mot de la vie au fond des eaux.

4. *L'eau pure ou distillée* : pourquoi elle n'est pas potable; l'alambic. Distillation des vins, des cidres, du maïs pour obtenir l'alcool.

Février.

1. *Évaporation de l'eau* : les marais salants; le sel marin.

2. *L'eau potable* : ce que c'est; qualités qu'elle doit avoir ; comment on la reconnaît; danger quand on est en sueur de boire de l'eau froide.

3. *Les usages de l'eau* : soins de propreté, bains chauds et bains froids; la cuisine; le blanchissage.

4. *Récapitulation.*

1. *Évaporation de l'eau* : comment elle se produit; ses effets; applications : marais salants, alcarazas.

2. *L'eau potable* ; ce qu'elle doit contenir; moyens de la reconnaître ; eau filtrée, eau bouillie.

3. *Les usages de l'eau* : soins à donner au corps; les bains d'eau douce ou d'eau de mer; les bains chauds ou froids.
La cuisine, le blanchissage.

4. *Récapitulation.*

Mars.

1. *L'eau dans l'atmosphère* : ce que c'est que la vapeur d'eau. Pourquoi elle est invisible. Comparaison avec l'eau sucrée d'un verre; ce qui arrive quand l'eau est saturée.

2. *L'eau dans l'atmosphère*

1. *L'eau dans l'atmosphère* : prouver sa présence : bouteille remontée de la cave. Expliquer son invisibilité comme en 1ʳᵉ ennée.

2. *L'eau dans l'atmosphère*

(suite) : formation des brouillards et des nuages.

3. *La vapeur d'eau*. Différence entre évaporation et ébullition. Petites expériences. Force de la vapeur d'eau.

4. *La vapeur d'eau* (suite). — Principe de la machine à vapeur.

(suite) : formation des brouillards, des nuages, de la rosée, de la gelée blanche. La lune rousse.

3. *La vapeur d'eau* (suite). — Évaporation et ébullition : les comparer par des expériences. La vapeur d'eau comprimée : la marmite de Papin.

4. *La vapeur d'eau* (suite). — La machine à vapeur : principe, parties essentielles, transformation du mouvement du piston.

Avril.

1. *Pression de l'eau* : sur les parois du vase qui la renferme; plus grande vers le fond, expérience; application quand on construit un bassin ou un canal.

2. *Poussée de l'eau* : corps flottants, petites expériences; chargement d'un bateau.

3. *Ballons* : petites expériences : bouchon de liège placé au fond de l'eau. Pourquoi le ballon monte; ses diverses parties; où il s'arrête; comment il descend.

4. *Les vases qui communiquent* : le niveau d'eau; le jet d'eau.

1. *Pression de l'eau* : sur les parois des vases qui la renferment; elle est la même en tous les points d'un même plan horizontal; elle augmente avec la profondeur; applications. La pression se transmet : la presse hydraulique.

2. *Poussée de l'eau* : petites expériences; le principe d'Archimède; les corps flottants.

3. *Ballons* : même expérience qu'en 1re année. Principe d'Archimède applicable aux corps plongés dans l'air. Description d'un ballon; sa manœuvre.

4. *Les vases qui communiquent* : niveau d'eau, jet d'eau, écluse, distribution de l'eau dans les villes.

Mai.

1. *La combustion* : ce que c'est. Ce qui se produit quand un corps brûle : chaleur et lumière; donner des exemples.

2. *La combustion* (suite). Expériences : le soufflet, l'éteignoir.

1. *La combustion* : Exemples de combustion : ce qui se produit, chaleur, lumière; définir la combustion. Les cendres, la fumée.

2. *La combustion* (suite) : expérience de la bougie brûlant dans

3. *La combustion* (suite) : comment on éteint un feu de cheminée.

4. *Principaux combustibles* : bois, charbon de bois ; leur origine, leur pouvoir calorifique.

un bocal de verre renversé sur l'eau. L'oxygène de l'air est nécessaire à la combustion.

Le soufflet, l'éteignoir ; comment on éteint un feu de cheminée.

3. *La combustion* (suite). Le gaz carbonique, résultat de la combustion. Montrer qu'il n'entretient pas la combustion. La respiration est une combustion. Air vicié.

4. *Principaux combustibles* : bois, charbon de bois, houille, coke ; origine et pouvoir calorifique.

Juin.

1. *Principaux combustibles* (suite) : la houille, le coke.

2. *Principaux combustibles* (suite) : huile, graisse, résine ; origine et pouvoir éclairant.

3. *Principaux combustibles* (suite) : le pétrole ; le gaz.

4. *Le feu* : comment on allume le feu. Le poêle et la cheminée. Comment on règle le tirage.

1. *Principaux combustibles* (suite) : huile, graisse, résine, pétrole, gaz. Leur origine et leur pouvoir éclairant.

2. *Comment fonctionne une lampe* : rôle de la mèche, du verre.

3. *La flamme* : ses trois parties ; comment brûle une bougie, ses avantages sur la chandelle.

4. *Les appareils de chauffage* : cheminée, poêle ; appareils à combustion vive, à combustion lente. Avantages et inconvénients de chacun d'eux.

Juillet.

Récapitulation.

Récapitulation.

b) Éléments des sciences naturelles.

COURS MOYEN

Octobre.

1re ANNÉE

1. *L'homme.* — Principales races. Le squelette. La colonne

2e ANNÉE

1. *L'homme.* — Comme en 1re année.

vertébrale; une vertèbre. Canal vertébral.

2. *L'homme* (suite). Rôle de la colonne vertébrale. Le sternum, le thorax. Bassin.

Le crâne, orbites, fosses nasales, mâchoires, trous auditifs.

3. *L'homme* (suite). — Os des membres supérieurs. Omoplate, clavicule. Os des membres inférieurs. — Articulations; ligaments articulaires.

4. *Récapitulation.*

2. *L'homme.* — Description du squelette dans sa partie supérieure. Comme en 1re année.

Os des membres supérieurs, des membres inférieurs.

3. *L'homme.* — Les os; leur composition. Fracture, déviation. Alimentation des enfants en bas âge. Maladies des articulations: entorse, luxation.

4. *Récapitulation.*

Novembre.

1. *Organes du mouvement.* — Un muscle, sa description. Tendons. Contractilité musculaire. Nombre et variété des muscles.

2. *Système nerveux.* — Cerveau et moelle épinière. Nerfs sensitifs, nerfs moteurs, organes des sens (énumération).

3. *Système nerveux* (suite). — La peau. Sa constitution, la sueur.

4. *La digestion.* — Appareil digestif; dents; tube digestif; estomac; intestins.

1. *Organes du mouvement.* — Comme en 1re année. Maladies des muscles : crampe, rhumatisme. Utilité de la gymnastique.

2. *Système nerveux.* — Comme en 1re année.

Hygiène du système nerveux.

3. *Organe des sens.*

4. *La digestion.* — Description sommaire de l'appareil digestif.

Décembre.

1. *La digestion* (suite). — Les aliments dans la bouche; broyage, mastication, salive; déglutition.

Les aliments dans le tube digestif; leur transformation.

2. *La respiration.* — Poumons, trachée artère, larynx. Mouvements respiratoires.

3. *La circulation.* — Le sang; d'où il provient. Caillot, coagulation. Cœur, veines, artères, vaisseaux capillaires. La circulation du sang.

1. *La digestion* (suite). — Comme en 1re année.

2. *La digestion* (fin). Hygiène de la digestion, fièvre typhoïde; empoisonnement.

3. *La respiration.* — Comme en 1re année.

4. *Récapitulation.*

4. *La circulation.* — Comme en 1re année.

Janvier.

1. *Les animaux.* Nécessité d'une classification. Animaux à os; animaux sans os. Vertébrés et invertébrés.

2. *Les mammifères.* — Exemple. Description d'un chien; tous les mammifères ressemblent plus ou moins au chien.

3. *Les mammifères* (suite). — Description d'un mouton; comparaison avec le chien : carnivores et herbivores.

4. *Les mammifères* (suite). — Les carnivores. Chats, chiens, ours; petits carnivores.

1. *Les animaux.* — Caractères généraux : les quatre embranchements : vertébrés, articulés, mollusques, rayonnés. Types choisis.

2. *Les mammifères.* — Étude et comparaison de deux types : le chien, le mouton. Carnivores et herbivores.

3. *Les mammifères carnivores.* — Familles du chien, du chat, des ours; insectivores, piscivores.

4. *Les mammifères herbivores.* — Les singes. Les ruminants.

Février.

1. *Les mammifères* (suite). — Insectivores et piscivores.

2. *Les mammifères* (suite). — Herbivores : les singes. Les ruminants; leurs cornes osseuses. Le cheval. Différence entre le pied d'un cheval et celui d'un ruminant.

3. *Les mammifères* (suite). — Pachydermes, rongeurs ; les kangourous.

4. *Récapitulation.*

1. *Les mammifères herbivores* (suite). — Pachydermes; rongeurs; kangourous.

2. *Les mammifères.* — Récapitulation.

3. *Les oiseaux.* — Comme en 1re année.

4. *Les oiseaux* (suite). — Principales divisions : carnivores, granivores, insectivores, piscivores. Caractères essentiels.

Mars.

1. *Les oiseaux.* — Exemple : description d'une poule. Caractères. Comparaison avec un mammifère. Les œufs et les nids d'oiseaux. Division des oiseaux : carnivores, granivores.

1. *Les reptiles.* — Caractères pris sur un lézard, sur une couleuvre. Divisions : lézards, serpents, tortues.

2. *Les oiseaux* (suite). — Carnivores : oiseaux de proie; petits oiseaux mangeurs d'insectes.

3. *Les oiseaux* (suite). — Carnivores : piscivores et palmipèdes; échassiers.

4. *Les oiseaux* (fin). — Granivores. Oiseaux de basse-cour; petits oiseaux (pinson, etc.); perroquets.
Récapitulation.

2. *Les amphibiens.* — La grenouille ; métamorphoses. Le crapaud.

3. *Les poissons.* — Description d'une carpe.
Herbivores et carnivores. Poissons d'eau douce, poissons de mer.
4. *Récapitulation.*

Avril.

1. *Les reptiles.* — Exemple : description d'un lézard. Divisions : lézards, serpents, tortues.
2. *Les amphibiens.* — Exemple : description d'une grenouille. Métamorphoses. Le crapaud.
3. *Les poissons.* — Exemple : description d'une carpe; poissons herbivores (carpe); poissons carnivores (brochet). Poissons de mer, poissons d'eau douce.
4. *Récapitulation.* — Reptiles, amphibiens et poissons.

1. *Les articulés.* — Caractères essentiels des insectes. Comme en 1re année.

2. *Les articulés* (suite). — Araignée, mille-pattes, crustacé, ver.

3..*Les mollusques et les zoophytes.* — Limaçon, huître, moule; anémone, étoile de mer, oursin, éponge.

4. *Récapitulation.*

Mai.

1. *Les invertébrés.* — Exemple : description d'un cloporte, d'un ver. Les annelés; divisions.
2. *Les invertébrés* (suite). — Araignée, mille-pattes. Crustacés. Vers.

3. *Les invertébrés* (suite). — Mollusques et zoophytes : mou-

1. *Les végétaux.* — Description d'une plante; principaux organes. Grandes divisions du règne végétal.
2. *Étude de la racine.* — Définition; aliments que la racine puise dans le sol; diverses formes, mode d'accroissement. Bouture, marcotte.
3. *Étude de la tige.* — Définition; tiges souterraines, aqua-

le, limace, anémone, étoile de mer, oursin, éponge.

4. *Récapitulation.*

tiques, aériennes, herbacées

4. *Étude de la tige* (suite). — Tiges aériennes ligneuses; structure du tronc; accroissement. Le stipe et le chaume.

Juin.

1. *Les végétaux.* — Une plante : description. Diverses parties.

2. *La fleur.* — Exemple : description du bouton d'or. Parties essentielles.

Les plantes sans fleurs.

3. *Les plantes à fleurs.* — Classification d'après la ressemblance des fleurs. Idée générale.

4. *Récapitulation.*

1. *Étude de la feuille.* — Définition; parties de la feuille; forme des feuilles; structure; disposition sur la tige. Fonction de la feuille.

2. *Étude de la fleur.* — Définition; organes protecteurs de la fleur : calice, corolle; organes reproducteurs de la fleur.

3. *Étude du fruit.* — Définition; les deux parties du fruit. Classification des fruits. La greffe des arbres fruitiers.

4. *Étude de la graine.* — Définition; les trois parties de la graine. La germination.

Juillet.

Récapitulation générale.

Éléments usuels des sciences physiques et naturelles.

COURS SUPÉRIEUR

Octobre.

1. *L'air.* Atmosphère. Étendue. Oxygène, azote, acide carbonique, vapeur d'eau. Expériences sur l'oxygène. Sa propriété essentielle.

Proportion de l'oxygène et de l'azote. Rôle de chacun d'eux. Présence de l'acide carbonique, de la vapeur d'eau. Poussières, microbes, air vicié.

2. *'L'eau.* — Ses trois états. Son importance. Eau de pluie, eau distillée. Eau de ruissellement (colmatage). Eau d'infiltration (eaux minérales, thermales). Composition de l'eau. Expériences.

L'eau potable. — Ses qualités. Ce qu'elle doit contenir : air, acide carbonique, calcaire, sel. Ce qu'elle ne doit pas contenir : plâtre, matières organiques, microbes.

3. *Revision.* — Corps simple et corps composé. Mélange et combinaison.

Le charbon. — Charbons naturels et artificiels. Le charbon ou carbone dans les corps animés.

Houille (gaz), tourbe, charbon de bois. Noir de fumée, noir animal. La combustion. Nécessité de l'air. Tirage : lampes, cheminées.

4. *Les composés du charbon.* — Acide carbonique, préparation, propriétés, axphyxie. Oxyde de carbone. Goudron (benzine, matières colorantes). — Essence de térébenthine. Pétrole.

Le soufre et ses composés. — Volcans. Diverses formes du soufre. Usages. Acide sulfureux. Usages. Hydrogène sulfuré (dangers). Acide sulfurique (importance). Phosphore, allumettes.

Novembre.

1. *Le chlore et ses composés.* — Gaz irrespirable. Avidité pour l'hydrogène. Conséquences : décolorant, désinfectant. Eau de Javel. Chlorure de chaux. Autres désinfectants : sublimé corrosif, sulfate de cuivre, phénol.

Revision. — Charbon. Soufre. Chlore.

2. *Les métaux.* — Deux sortes de corps simples : métalloïdes et métaux. Caractères généraux des métaux : éclat, conductibilité. Tableau des métaux classés d'après leurs propriétés physiques.

Ce que c'est qu'un minerai.

La métallurgie. Principe. Exemple : fer, fonte, acier. Propriétés spéciales de quelques métaux : fusion, oxydation, trempe. Principaux alliages.

3. *Les acides.* — Faits journaliers. Définition. Propriétés caractéristiques. Principaux acides. Acide sulfurique et acide azotique : propriétés, usages. Importance commerciale et industrielle. Acide chlorhydrique. Vinaigre (acide acétique). Acide stéarique. Propriétés et usages.

4. *Les bases.* — Propriété caractéristique. Définition. Principales bases.

Potasse et soude. Propriétés et applications industrielles. Ammoniaque. Propriétés. Divers usages. Engrais. Chaux vive, éteinte. Eau de chaux, lait de chaux. Mortiers. Chaulage.

Décembre.

1. *Les sels.* — Faits journaliers. Définition. Exemples.

Principaux sels : Carbonates de potasse, de soude, de chaux. Azotates de potasse, de soude. Sulfates (vitriols) de chaux.

Autres sels.

2. *L'alcool.* — Corps qui en contiennent. Corps qui le composent. Diverses fabrications. Propriétés chimiques : combustible, dissolvant; physiologiques : corps, raison.

Revision générale de la chimie.

3. *La Pesanteur.* — Faits journaliers. Définition. Verticale. Pesanteur : cause. Poids : effet.

Poids des corps; poids spécifique, densité.

Levier, Balance. Faits journaliers. Principe du levier. Bras égaux. Bras inégaux. Balance juste, sensible. Double pesée. Bascules.

4. *Pression atmosphérique.* — Propriétés des gaz. Poids. Force élastique. Relation avec volume. Pression atmosphérique. Preuves de son existence. Le baromètre. Mesure de la pression. Sa valeur. Prévision du temps. Baromètre métallique.

Janvier.

1. *Propriétés des liquides.* — Équilibre. Surface libre. Superposition (densités). Applications. Vases communicants : applications.

Pression : sur les parois, sur le fond, sur les corps qui y plongent (Principe d'Archimède). Valeur de la pression. Ballons.

2. *Pompes.* — Principe de la pompe. Élévation maxima. Diverses pompes : aspirante, foulante, aspirante et foulante.

Siphon : applications.

Revision. — Pesanteur. Gaz. Liquides.

3. *La chaleur.* — Dilatation des solides, des liquides, des gaz. Température. Thermomètre (graduation, usages). Changements d'état dus à la chaleur. Fusion, vaporisation, condensation, solidification.

Phénomènes atmosphériques. Brouillard, nuage, rosée, pluie, grêle, neige, gelée blanche.

4. *La vapeur.* — Force d'expansion. Faits journaliers et expériences. La machine à vapeur. Organes essentiels et fonctionnement.

Le son. — Vibration des corps. Transmission : air, liquides, solides. Écho.

Caractères du son : hauteur, intensité, timbre.

Février.

1. *La lumière.* — Corps lumineux, éclairés, opaques. Propagation de la lumière, direction, vitesse.

Réflexion. Principes. Miroirs plans, sphériques.

Réfraction. Faits journaliers. Lentilles : concentration. Images. L'œil. Instruments d'optique : photographie, loupe, microscope, lunettes.

2. *Revision.* — Chaleur. Son. Lumière.

L'électricité. — Force. Conductibilité des corps. Propriétés des corps électrisés. Propriétés des pointes. Le paratonnerre.

3. *Le magnétisme.* — L'aimant. Ce que c'est. Propriété. Orientation. Pôles. Leur propriété. Boussole. L'électro-magnétisme. La pile. L'électro-aimant. Le télégraphe. Le téléphone.

4. *Revision de la physique.*

Revision générale de la physique et de la chimie.

Mars.

1. *L'homme. Fonctions. Digestion.* — Définition. Les aliments. Trois sortes. Aliments complets et aliments incomplets. Boisson. — Tube digestif. Description. Transformation des aliments par les sucs. Absorption.

Circulation. — Définition. Le sang, composition, rôle. Les organes : cœur, artères, veines, vaisseaux capillaires. Circulation (schéma). Hémorragie.

2. *Respiration.* — Définition. Le sang vicié. Revivification du sang. Les organes. Mouvements respiratoires. Asphyxie.

Organes du mouvement. — Squelette. Os : constitution, soudure. Diverses parties du squelette.

Muscles. Contractilité. Tendons. Blessures : entorse, luxation, fracture.

3. *Système nerveux et sens.* — Définition. Rôles. Organes : cerveau, cervelet, moelle épinière, nerfs.

Le toucher : la peau. Hygiène de la peau.

Le goût. L'odorat. L'ouïe. La vue : Organes, fonctionnement, hygiène.

4. *Hygiène.* — Influence des excès : alcool, tabac.

Règles pratiques d'hygiène.

Revision : L'homme.

Avril.

1. *Les animaux.* — Vertébrés. Classification générale. Classification des vertébrés.

Mammifères. — Caractères généraux. Comparaison avec l'homme.

Classification d'après leur nourriture : carnivores, insectivores, herbivores, ruminants, rongeurs, omnivores.

2. *Oiseaux.* — Caractères, plumes, pattes; leurs œufs, nid, chant. Oiseaux domestiques. Gibier. Nos auxiliaires.

Reptiles, batraciens, poissons. — Caractères de chacune de ces classes d'après un type. Animaux à température variable. Animaux utiles et nuisibles.

3. *Invertébrés.* — Caractères généraux et division.

Annelés. Caractères généraux et division.

Insectes. Caractères. Description; métamorphoses. Principaux insectes utiles et nuisibles.

Mille-pattes. Crustacés. Araignées. Vers.
Caractères généraux des annelés et caractères spéciaux.
4. *Mollusques.* — Caractères principaux; escargots, limaces, huîtres, moules. Zoophytes. Infusoires.
Revision : animaux utiles, animaux nuisibles.

Mai.

1. *Les végétaux.* — La plante. Parties principales. Racine; description; deux fonctions. Tige. Diverses parties. Accroissement. Feuille. Forme, disposition. Deux fonctions. Bourgeons, fleurs. Bourgeons à bois, à fruits. Multiplication par les bourgeons : greffe, bouture. Tubercule, bulbe.
La fleur : diverses parties. Fécondation.
2. *Fruit, graine.* — L'ovaire, sa transformation. Fruits charnus, secs; leurs qualités.
La graine. Formation. Diverses parties. Germination.
Revision. Physiologie végétale.
3. *Divers groupes de végétaux.* — Plantes alimentaires et plantes industrielles utilisées pour leurs fruits, leurs graines, leurs feuilles, leurs racines (tubercules ou bulbes), leurs tiges : plantes textiles; bois.
Plantes médicinales : émollientes, sudorifiques, digestives, vénéneuses.
4. *Plantes sans fleurs*; parasites. Fougères, mousses, algues, champignons. Microbes, bactéries. Reproduction.
Revision : Les végétaux.

Juin.

1. *Les pierres.* — Phénomènes géologiques. Modifications à la surface de la terre. Action de l'eau; sources. Volcans. Principales roches. Roches ignées (lave, basalte, granit).
Roches sédimentaires (calcaire, argile, marne, silice).
2. *Récapitulation générale.* — Chimie.
3.   Id.   — Physique.
4.   Id.   — Histoire naturelle.

Juillet.

Récapitulation générale.

j) AGRICULTURE ET HORTICULTURE
(Voir l'instruction ministérielle du 13 mai 1911).

Il ne s'agit point de faire des leçons spéciales d'agriculture, mais de mettre bien en évidence dans le cours de sciences (physique, chimie, histoire naturelle) les notions

qui trouvent leurs applications dans les travaux du cultivateur. La connaissance des lois qui régissent les phénomènes naturels permet seule de condamner certains pré-
jugés ou de justifier les errements adoptés.

Toutefois, il nous a paru intéressant de réunir les questions importantes qui, traitées dans différentes parties du
programme, doivent être revues ici et en temps utile.

COURS ÉLÉMENTAIRE

Dans les communes rurales, nous donnerons à notre enseignement une empreinte agricole par le choix et le développement
des leçons, l'examen, la description des instruments simples
employés par le cultivateur, l'indication des travaux de la sai-
son. Nous ne pouvons faire davantage si nous ne voulons pas
nous adresser uniquement à la mémoire.

COURS MOYEN ET SUPÉRIEUR

Air. — Rôle de l'air dans la vie des plantes et des animaux;
germination; arbres dans les villes et arbres dans les campagnes.
Nécessité des labours, hersage, binage. Aération des étables.

Eau. — Importance de l'eau dans la vie des plantes (le désert)
et des animaux. Irrigation et drainage. Effets de la gelée sur le
sol et sur les plantes. Eau alimentaire pour les animaux; eau
des mares.

Étude du sol. Différentes espèces de sols. Influence du sous-
sol. Terre arable. Amendements. Terrains d'alluvion, leur fertilité.

Chaleur. — Action de la chaleur dans la végétation : chaleur
solaire et chaleur artificielle; châssis, cloches et serres.
Influence de la lumière : pommes de terre germant dans la
cave, direction et couleur des pousses.

*Carbone, azote, oxygène, acide carbonique, phosphore, chaux,
potasse et soude dans les plantes.* — Nécessité des différents
engrais chimiques variant avec la nature des sols et des plantes
cultivées. Valeur active d'un engrais. Précautions à prendre
dans le mode d'achat des engrais chimiques. On ne doit payer
que l'élément actif. Production du fumier ; valeur du purin.

Végétaux. — Reproduction par les semis, par la greffe, par
la bouture. Achat raisonné des graines garanties. Emploi du
semoir. Plantes potagères (racines, tiges, feuilles et fruits),
fourragères, industrielles, médicinales, vénéneuses.

Jardin. — Emplacement, division, potager, fruitier. Tracé des carrés. Défoncement. Établissement des couches. Choix des légumes et des fleurs. Choix des arbres fruitiers. Conduite des arbres fruitiers. Le rucher.

Animaux domestiques. — Alimentation raisonnée. Ration alimentaire. Ration de travail. Ration d'engrais. Emploi du sel et des matières sucrées. Installation et entretien des écuries, des étables, des porcheries.

Associations. — Avantages de l'association pour l'achat des engrais, pour la fabrication du beurre, du fromage, pour l'expédition des divers produits, pour l'achat et l'emploi des instruments importants : semoir, moissonneuse.

k) CHANT

Pour apprendre à chanter, l'enfant de l'école primaire ne dispose que de fort peu de temps. Il importe de rechercher et d'appliquer les procédés les plus rapides ainsi que les moyens d'expression assez simples pour être accessibles à tous.

C'est pour répondre à cette situation particulière que le Conseil supérieur de l'instruction publique a fait inscrire dans les programmes des écoles normales (arrêté du 4 août 1905), — en vue de la préparation professionnelle du futur personnel enseignant, — cette importante prescription :

Connaissance des principes essentiels de la méthode galiniste ou méthode chiffrée, avec l'indication des procédés pédagogiques qui s'y rattachent étroitement :

Principes { Modalité.
{ Écriture chiffrée.

Procédés { *a)* Système des points d'appui pour l'étude de l'intonation.
{ *b)* Langue des durées pour l'étude de la mesure.

On insistera sur les ressources de la méthode chiffrée, considérée comme moyen d'initiation à la notation ordinaire[1].

La pratique a déjà démontré qu'il y a mieux à faire avec les enfants de sept à neuf ans (cours élémentaire) que

1. Voir *Premier enseignement musical basé sur la méthode modale chiffrée.* Librairie Hachette; prix 1 fr. 50.

de réduire leur connaissance musicale, en dehors des chants par audition, à la seule « lecture des notes ».

Au lieu de présenter mécaniquement les signes de la portée et les valeurs de notes, on peut commencer par l'étude même du son, dont on fait constater expérimentalement la hauteur et la durée. Il est rationnel que l'enfant applique ensuite à des idées successivement acquises, des signes de convention (chiffres ou gestes) dont il apprécie le rôle et l'utilité. Grâce à l'extrême simplicité de la notation employée, il passe alternativement, sous l'effet d'une excellente gymnastique intellectuelle, des signes aux idées (solfège) pour revenir des idées aux signes (dictée).

Pour tout dire, c'est la méthode intuitive appliquée à l'étude de la musique. L'enfant comprend, s'intéresse et demande à aller plus loin. L'initiation est faite. Qu'on le mette ensuite en face de la portée et de tous ses signes plus ou moins complexes, tout deviendra intelligible pour lui : le goût qu'il aura déjà acquis de la musique soutiendra son effort.

La méthode galiniste répond à merveille aux besoins de l'école primaire; en dehors de ses principes, elle offre de puissants procédés pédagogiques qui donnent toujours le rôle actif à l'élève, développent sa faculté d'attention, assurent un progrès constant.

CONSEILS PRATIQUES

I. *Méthode générale.* — Faire tout trouver par l'élève; bannir le « serinage » sous toutes ses formes; diviser les difficultés; faire un usage constant des moyens de répétition et de contrôle.

II. *Formation de la voix.* — Ne jamais laisser crier; développer la voix de tête; commencer chaque leçon par une vocalise répétée de demi-ton en demi-ton jusqu'aux extrêmes limites de la voix. Sons soutenus, émis avec douceur sur la voyelle A.

III. *Formation du goût.* — Bien choisir les chants scolaires, en tenant compte du développement moral et intellectuel des enfants; donner toujours une première audition en exécutant le morceau avec le plus de goût possible; faire étudier graduellement : lecture et explication des paroles, lecture de la mélodie, puis vocalisation et enfin adaptation des paroles; faire observer les nuances et soigner la diction pour arriver à rendre l'expression.

IV. *Formation de l'oreille.* — Habituer l'élève aux deux opérations fondamentales : émettre un son figuré (solfège), reconnaître un son émis (dictée). Baser toute l'étude de l'intonation
sur le système des points d'appui; donner toujours le ton au
diapason; multiplier les moyens de contrôle; faire émettre des
sons brefs, détachés, afin que l'élève porte toute son attention
sur le son qu'il cherche. Pour l'étude de la mesure, employer
la langue des durées, le langage rythmique; habituer l'élève à
l'usage du métronome (métronome à ruban). Faire lire des solfèges réunissant les difficultés d'intonation et de mesure précédemment étudiées.

Commencer l'exercice de la dictée dès le cours préparatoire :
l'élève répète, en les vocalisant, de petites phrases mélodiques.
A partir de la seconde année du cours élémentaire, ainsi que
dans les cours suivants, choisir les textes à dicter dans les
exercices d'intonation et de mesure de la précédente année
d'études; considérer la dictée, non seulement comme un exercice de reversibilité, mais encore comme un moyen de répétition, de contrôle, comme le véritable critérium de l'éducation
acquise.

Nous donnons ci-après un tableau synoptique, par cours et par
année de cours, des matières à enseigner d'après la nouvelle
orientation.

On trouvera, à la suite, l'ancienne division mensuelle du
programme : comparer, c'est s'instruire.

COURS ÉLÉMENTAIRE

Intonation.

1re ANNÉE.	2e ANNÉE
Mode majeur. — Gamme, accord parfait de tonique. Application des points d'appui.	*Mode majeur.* — Accords parfaits majeurs : quinte de dominante, *sol, si, ré*; quinte de sous-dominante, *fa, la, do.* *Mode mineur.* — Gamme ascendante et descendante (avec la sensible dans les deux cas). Application des points d'appui.

Durée.

Mesures à deux et à trois temps. — Exercices sur toutes	*Mesures à deux, à trois, à quatre temps.* — Exercices sur

les combinaisons possibles du son articulé, du son prolongé, du silence.

Langue des durées; langage rythmique.

| toutes les combinaisons possibles du son articulé, du son prolongé, du silence. Langue des durées; langage rythmique. |

Phonomimie.

Revision des exercices d'intonation. Airs avec nuances.

Revision des exercices d'intonation. Airs avec nuances.

Dictée.

Exercices oraux et préparatoires.

Exercices oraux et écrits; textes pris parmi les leçons d'intonation et de mesure du programme de l'année précédente.

Lecture à vue.

Solfèges à l'unisson peu développés.

Solfèges à l'unisson et à deux voix.

Chant.

Petits airs avec paroles, étudiés par audition.

Petits airs avec paroles, étudiés par audition. Adaptation des paroles à la musique. Exercices pour amener les élèves à appliquer eux-mêmes les paroles à la mélodie.
Suppression graduelle de l'enseignement par audition.

Exercices de mémoire.

Solfier de souvenir des airs très simples, en se servant des signes de la phonomimie.

Comme en première année.

Notation sur portée.

Transcription en notation chiffrée d'exercices écrits sur la portée (intonation, mesure, solfège).

Transcription comme en première année.
Exercices de lecture de notes, d'intonation, au moyen du méloplaste et de la phonomimie.

COURS MOYEN

Intonation.

1ʳᵉ ANNÉE	2ᵉ ANNÉE
Mode majeur. — Toutes les combinaisons des accords de septième de dominante : *sol, si, ré, fa* et de septième de sensible : *si, ré, fa, la*.	*Mode majeur*. — Toutes les combinaisons de l'accord de septième de sus-tonique : *ré, fa, la, do*.
Mode mineur. — Toutes les combinaisons des accords de quinte de tonique : *la, do, mi*, de quinte de sous-dominante : *ré, fa, la*, de quinte de sus-tonique : *si, ré, fa*.	*Mode mineur*. — Toutes les combinaisons des accords de quinte de dominante : *mi, sol dièse, si*; quinte de sensible : *sol dièse, si, ré*.
Dièses et bémols. — Étude des dièses *fa, la, do, ré* et du bémol *si* (avec leurs points d'appui).	*Dièses et bémols*. — Étude des dièses *fa, do, sol, ré, la*, et des bémols *si, mi, la, ré, sol* (avec leurs points d'appui).

Durée.

Division binaire. — Mesure à deux, à trois et à quatre temps.	*Division ternaire*. — Mesure à deux, à trois et à quatre temps.
Tous les rythmes.	Rythmes les plus faciles.

Phonomimie.

Revision. — Exercices d'intonation; solfèges avec nuances.	*Revision*. — Exercices d'intonation; solfèges, duos avec nuances.

Dictée.

Exercices oraux et écrits. — Textes choisis parmi les exercices d'intonation, de mesure, de solfèges du programme de 2ᵉ année du Cours élémentaire.	*Exercices oraux et écrits*. — Textes choisis parmi les exercices et les solfèges de la 1ʳᵉ année du Cours moyen.

Lecture à vue.

Solfèges et duos. — En notation chiffrée, ne comprenant	*Solfèges et duos*. — En notation chiffrée, ne comprenant

que les difficultés d'intonation et de mesure précédemment étudiées.

que des difficultés d'intonation et de mesure précédemment étudiées.

Chant.

Étude de mélodies choisies. — Exercices pour l'application des paroles à la musique; airs et duos avec paroles. Exclusion absolue du procédé d'audition.

Comme en première année.

Exercice de mémoire.

Chants avec paroles, les notes dites de mémoire comme dernier couplet.

Comme en première année.

Notation usuelle.

Transcription sur la portée de solféges en notation chiffrée, puis opération inverse.

Lecture de solféges, ne comprenant que des difficultés étudiées au cours élémentaire.

Transcription comme en première année.

Lecture de solféges : comme en première année; lecture de plus en plus rapide.

COURS SUPÉRIEUR

Intonation.

Mode majeur. — Accords : septième de médiante; septième de sus-dominante.

Mode mineur. — Accords : septième de dominante; septième de sensible.

Mode chromatique. — Gammes (par dièses et par bémols).

Modulations. — Gammes. Accords parfaits tonaux de *fa* et de *sol* majeurs, de *ré* et de *mi* mineur.

Durée.

Division bino-binaire. — Rythmes les plus faciles.
Division mixte.

Phonomimie.

Revision. — Intonation; solféges; duos avec nuances.

Dictée.

Exercices oraux et écrits. — Intonation; mesure. — Dictée de solféges comprenant des dièses, des bémols; mesures à deux,

Tableau d'exercices montrant, dans le cadre de quatre leçons, l'application des principes
et des procédés galinistes.

I. LA MÉTHODE CHIFFRÉE		II. PASSAGE	III. APPLICATION
employée comme moyen d'initiation		de la notation chiffrée à la notation ordinaire	du galinisme à la notation ordinaire
COURS ÉLÉMENTAIRE	COURS MOYEN (*1re année*)	COURS MOYEN (*2e année*)	COURS SUPÉRIEUR
1° Vocalise (*formation, extension de la voix*). **2° Intonation.** I. — Étude des intervalles par le système des points d'appui : *a.* Points d'appui donnés par l'instrument. *b.* Points d'appui murmurés par les élèves. *c.* Points d'appui pensés seulement. II. — Exercice inverse. *a.* Dictée orale (*les élèves répondent en chantant et en mimant*). *b.* Dictée écrite (*sur l'ardoise*). **3° Mesure.** Application de la langue des durées aux temps non divisés. **4° Lecture à vue** d'un solfège. **5° Chant.**	**1° Vocalise.** **2° Intonation.** Distinction et étude des sons diésés : *a.* Trouver ces sons (*nouvelle application du système des points d'appui*). Représentation parlée, écrite, mimée des sons diésés. *b.* Exercice inverse. Dictée faite par un enfant : *les élèves répondent en chantant et en mimant.* (Contrôle par la phonomimie.) **3° Mesure.** — Temps divisés et temps non divisés. Application de la langue des durées à l'étude de la division binaire. Lecture rythmique. **4° Lecture à vue** d'un solfège. **5° Chant.**	**1° Dictée.** *a.* Dictée d'un air (*intonation et mesure*). Emploi de la notation chiffrée. *b.* Correction collective au tableau noir. *c.* Transcription en notation usuelle de l'air dicté. **2° Étude d'un solfège** (*en notation ordinaire*) : *a.* Lecture des notes (*contrôle par la phonomimie*). *b.* Application de la langue des durées. *c.* Lecture rythmique. *d.* Chant. **3° Lecture à vue** d'un solfège en notation chiffrée (*division binaire*).	**1° Vocalise.** **2° Intonation.** Exercices au méloplaste. *a.* Système des points d'appui (*dièses et bémols pris et quittés à tous intervalles*). *b.* Langue de *fa* et de *sol*. *c.* Duo. **3° Mesure.** Étude de la division binaire par la langue des durées. **4° Solmisation** à deux voix avec nuances (*phonomimie*). **5° Chant.**

1. Extrait du *Premier Enseignement musical basé sur la méthode modale chiffrée.* Librairie Hachette; prix : 1 fr. 50.

trois, quatre temps, avec les coupes élémentaires de la division binaire et de la division ternaire.

Lecture à vue.

Solfèges, duos et trios, en notation chiffrée : les solfèges comprenant toutes les difficultés d'intonation et de mesure précédemment étudiées ; — les duos et les trios ne comprenant pas de difficultés supérieures à celles étudiées dans la seconde année du cours moyen.

Chant.

Étude de chants choisis, à une et à deux voix. Petits chœurs faciles, à trois voix.

Exercices de mémoire.

Comme au cours moyen.

Notation usuelle.

Transcription. — Solfèges, chants sur la portée, transcrits en notation chiffrée.

Solfèges et duos. — Lecture de plus en plus rapide, avec nuances, de morceaux renfermant les difficultés d'intonation et de mesure du programme de la seconde année du cours moyen.

Chant (NOTATION USUELLE).

COURS ÉLÉMENTAIRE.

Octobre.

Petits chants appris exclusivement par l'audition qui se continueront à toutes les leçons suivantes. Pendant l'exécution les enfants regarderont l'instituteur qui leur indiquera les nuances et surveillera l'émission des paroles.

Novembre.

Tracé de la portée avec la clef de sol. Écriture des notes sur les lignes d'une deuxième portée. Écriture des notes entre les lignes d'une troisième portée. Écriture des notes sur les lignes et dans les interlignes d'une quatrième portée.

Décembre.

Reconnaître les notes placées sur les lignes en partant du *sol*, dans les interlignes. Exercices sur l'ardoise : portée et place des notes dictées.

Janvier.

Valeur des notes : ronde, blanche et noire, indiquée par leur forme ou leur couleur. Reproduction de ces trois notes sur l'ardoise avec la valeur de chacune d'elles en noires.

Février.

Reconnaissance et place des notes sur la portée. Lecture et écriture. Exercice d'intonation sur les trois premières notes *do, ré, mi.*

Mars.

Étude des cinq premières notes *do, ré, mi, fa, sol,* appliquées à une mélodie chantante et très simple (Rondes et blanches ou blanches et noires); faire sentir la différence des durées.

Avril.

Chant de la gamme ascendante et de la gamme descendante de *do.* Diapason. Exercices d'intonation avec de petits chants correspondants. Idée de la mesure par les barres de mesure.

Mai.

Analyse d'un morceau très simple ne renfermant que des rondes et des blanches ou des blanches et des noires et ensuite ces trois durées combinées : toutes les mesures ont même durée. Faire placer les barres de mesures. Ce qui importe ce sont les exercices d'intonation.

Juin.

Exercices sur la mesure. Lecture rythmique. Essai de dictée orale.

Juillet.

Exercices sur la mesure avec les silences correspondant aux trois valeurs indiquées.

COURS MOYEN

Octobre.

Définition de la musique. Portée en lignes supplémentaires. Lecture et écriture des notes : ronde, blanche, noire. Équivalence des notes et des silences.

Novembre.

Revision des notions précédentes sur la mesure à deux, à trois et à quatre temps. Manière de battre ces différentes mesures en chantant la gamme ascendante et descendante. Accord parfait. Dictée orale.

Décembre.

Analyse de la gamme de *do* : place des tons et des demi-tons. Étude d'un chant précédemment solfié. Accidents : dièse et bémol. Effet du bécarre. Exercices sur les notes altérées. Chants d'ensemble à une voix.

Janvier.

Faire sentir par l'audition la différence entre la gamme majeure et la gamme mineure (*do* et *la*). Analyse de ces deux gammes; où se trouvent les demi-tons. Étude des différents intervalles. Dictée orale.

Février.

Mouvements et nuances. Métronome. Termes employés. Ajouter la croche et le demi-soupir aux durées précédemment étudiées. Valeur des notes pointées. Lecture rythmique.

Mars.

Traduire les différents signes abréviatifs que l'on rencontre dans un morceau. Premier dièse constitutif : gamme majeure de *sol*. Premier bémol : gamme de *fa majeur*. Dictée orale.

Avril.

Exercices sur les différentes mesures indiquées par des chiffres à expliquer. Exécution de chants précédemment solfiés. Dictée orale.

Mai.

Continuation des exercices de solfège, étude de chants scolaires à une et à deux voix.

Juin et Juillet.

Exercices de revision.

COURS SUPÉRIEUR

Octobre.

Revision des notions précédemment étudiées. Étude sur la clef de *fa*.

Novembre.

Examen des différents intervalles de la gamme : intervalles simples et redoublés. Intervalles majeurs et mineurs. Chant. Dictée orale.

Décembre.

Mesures simples. Mesures composées. Temps forts et temps faibles. Chants à deux voix. Dictée orale.

Janvier.

Exemples de syncope et de contretemps. Lecture rythmique. Introduction de la double croche et du silence correspondant. Dictée orale.

Février.

Exercices de solfège en clef de *sol* et en clef de *fa*. Étude de chants scolaires à deux voix. Dictée orale. Exercices de mémoire.

Mars.

Composition des différentes gammes majeures au moyen des dièses, au moyen des bémols. Ordre des dièses et des bémols. Notes tonales. Dictée orale.

Avril

Différentes gammes mineures. Notes modales. Tons relatifs ayant la même armature. Moyens de reconnaître la tonique d'un morceau. Dictée orale.

Mai.

Nom général des notes : tonique, dominante, médiante sensible. Demi-ton diatonique. Demi-ton chromatique. Exercices d'application et de mémoire. Dictée orale.

Juin et Juillet.

Exemples de rythme. Reprise, renvoi, point d'orgue. Dictées écrites faites par mesure. Exercices de récapitulation.

C. — ÉDUCATION MORALE

N. B. — Voir les directions officielles, p. 50.

COURS ÉLÉMENTAIRE

Octobre.

Petits défauts, petites vertus de l'enfance.

1re ANNÉE	2e ANNÉE
1. La propreté (soins du corps).	1. La propreté est une marque de dignité.
2. La propreté (soins des vêtements).	2. Conséquences de la malpropreté.
3. La propreté (soins de la maison, des meubles, des jouets, des outils).	3. L'ordre : une place pour chaque chose.
4. Avantages de la propreté.	4. L'ordre : chaque chose à sa place.

Novembre.

1. La sobriété : on n'a pas pitié des gourmands.	1. Portrait de l'enfant sobre.
2. La gourmandise ruine la santé.	2. La tempérance consiste à ne pas trop boire.
3. L'activité : l'enfant laborieux est estimé.	3. Le travail est un trésor.
4. L'enfant paresseux est méprisable.	4. Le travail chasse l'ennui.

Décembre.

1. La franchise : soyez sincères, on vous aimera.	1. On vous saura gré de votre sincérité.
2. Un menteur n'est point écouté, même quand il dit la vérité.	2. Il ne faut jamais dénoncer un camarade.
3. La probité : Tu ne déroberas point.	3. Il faut rendre ce que l'on trouve.
4. Il ne faut jamais tricher en jouant.	4. Ce que l'on fait d'une mauvaise pièce.

Janvier.

1. La prudence : Ne vous fiez pas aux apparences.	1. N'imitez jamais avant d'avoir réfléchi.

2. L'enfant imprudent.

3. La patience : Avec de la patience, on vient à bout de tout.

4. Il faut savoir endurer les petits ennuis.

2. Il ne faut pas être superstitieux.

3. Patience et longueur de temps font plus que force ni que rage.

4. Évitons les querelles.

Février.

1. La douceur : dangers de la colère.

2. La modestie : ne nous vantons jamais.

3. Bonté vaut mieux que beauté.

4. Récapitulation.

1. Plus fait douceur que violence.

2. Un peu de vanité gâte beaucoup de mérite.

3. Le vaniteux est à la merci de celui qui le flatte.

4. Récapitulation.

Mars.

Devoirs de l'enfant dans la famille.

1. Aimez vos parents.

2. Obéissez toujours à vos parents.

3. Ne cachez rien à vos parents.

4. Les frères et sœurs doivent être unis.

1. Amour et dévouement des enfants pour leurs parents.

2. Il faut obéir à ses parents par amour.

3. *Id.*, par prudence.

4. *Id.*, par devoir.

Avril.

1. Les frères et sœurs doivent s'entr'aider.

2. Comment un enfant peut se rendre utile.

3. Tendresse de l'enfant pour ses grands-parents.

4. Récapitulation.

1. Le bon exemple donné par les aînés.

2. Devoirs des cadets à l'égard des aînés.

3. Frères et sœurs doivent mettre en commun leurs pensées, leurs peines, leurs plaisirs.

4. Récapitulation.

Mai.

Devoirs de l'enfant à l'école.

1. Pourquoi il faut apprendre à lire.

2. Aimez votre maître et soyez soumis.

1. Il faut aimer l'étude.

2. Reconnaissance due aux maîtres.

3. Soyez exacts et assidus à l'école.

4. Ne taquinez pas vos camarades.

3. Les bavards sont incapables d'étude.

4. Choisissez bien vos camarades.

Juin.

Devoirs de l'enfant dans la société.

1. Soyez polis avec tout le monde.

2. Respectez les vieillards.

3. Ne faites pas souffrir les animaux.

4. Aimons les animaux domestiques.

1. Il ne faut faire de tort à personne.

2. Rendez service aux infirmes.

3. Ayez pitié des oiseaux (les nids).

4. Les animaux domestiques sont sensibles aux bons traitements.

Juillet.

Récapitulation.

Récapitulation.

COURS MOYEN

Octobre.

1ʳᵉ ANNÉE

1. *Devoirs de l'homme envers lui-même.* — La nature humaine. L'homme et l'animal. Le corps et l'âme. « Une âme saine dans un corps sain. »

2. *Devoirs envers le corps.* — La propreté, la sobriété, conditions essentielles de santé.

3. *Devoirs envers le corps* (suite). — Le travail et la gymnastique entretiennent et développent les forces physiques.

4. *Devoirs envers le corps* (suite). — La dignité personnelle exige une tenue irrépro-

2ᵉ ANNÉE

1. *Devoirs de l'homme envers lui-même.* — La nature humaine. L'homme et l'animal. Corps et âme. Le bien et le mal. But de la morale. Division des devoirs de l'homme envers lui-même.

2. *Devoirs envers le corps.* — Conservation personnelle, hygiène, alimentation, propreté, tempérance. Pourquoi le suicide est une lâcheté.

3. *La tempérance.* — Inconvénients de la gourmandise, de l'ivrognerie, de l'abus du tabac. L'alcoolisme, ses ravages.

4. *Devoirs envers l'âme.* — Simple idée par des exemples des trois facultés de l'âme. La

chable, beaucoup de sobriété
et d'activité. Dangers de la
gourmandise, de l'ivrognerie.

sensibilité, Culture des sentiments nobles. Lutte contre les
penchants, contre les vices.

Novembre.

1. Devoirs envers l'âme. —
La vérité et la modestie. Mentir est une lâcheté. Aveu des
fautes. Horreur de l'hypocrisie. Modestie dans les paroles,
le maintien, les actes.

2. Devoirs envers l'âme. —
Le travail. Celui qui travaille
devient meilleur. Pourquoi?
L'oisiveté est la mère de tous
les vices. Tout le monde doit
travailler. La tâche de l'écolier:
l'étude.

3. Devoirs envers l'âme. —
L'économie. En quoi elle consiste. Conseils de Franklin.
Éviter l'avarice, les dettes, le
jeu.

4. Devoirs envers l'âme. —
Le courage et la douceur. Il
faut être maître de soi; ferme-
té dans le malheur. Courage
devant le péril. La persévé-
rance est une forme du courage; éviter la colère.

*1. Devoirs concernant la sen-
sibilité.* — Combattre les passions malveillantes : colère,
haine, envie, jalousie, orgueil,
vanité.

Développer les qualités oppo-
sées à chacune de ces passions.

*2. Devoirs concernant l'intel-
ligence.* — Aimer et rechercher la vérité; s'instruire pour
mieux connaître ses devoirs.
Dire toujours la vérité, horreur
du mensonge.

Prudence et réflexion.

*3. Devoirs concernant la vo-
lonté.* — Activité, travail, courage, patience, résignation.

4. Récapitulation de la morale individuelle.

Décembre.

1. La famille. — L'enfant doit
aimer ses parents. Pourquoi?
Ce que font les parents; soins,
travail, souffrance, etc., pour
l'enfant. Comment : paroles,
caresses, empressement, soins
dévoués de l'enfant.

*2. L'enfant doit respecter ses
parents.* — Pourquoi : âge,
expérience, loi de nature.

Comment : déférence, attention aux conseils,

1. Devoirs envers la famille.
— La famille, définition. De
quoi se compose la famille.
Sentiments qui animent et
unissent les membres d'une
même famille.

2. La famille. — Bienfaits de
la famille pour l'enfant, l'enfant sans famille.

Les orphelins.

3. *L'enfant doit obéir à ses parents.* — Pourquoi : par affection, par devoir, par intérêt.

Comment : volontairement, immédiatement, entièrement.

4. *L'enfant doit de la reconnaissance à ses parents.* — Pourquoi : services rendus depuis la naissance.

Comment : amour, obéissance, respect, honneur, soutien dans la vieillesse.

3. *Devoirs des enfants envers leurs parents et grands-parents.* — Pourquoi et comment l'enfant doit aimer ses parents. Pourquoi : ce que font les parents, soins, travaux, souffrance. Comment : paroles, caresses, empressement, soins affectueux. Pourquoi et comment l'enfant doit respecter ses parents. Pourquoi : âge, expérience, loi de nature. Comment : déférence, attention aux conseils. Pourquoi et comment nous devons à nos grands-parents : affection, respect, obéissance, reconnaissance.

4. *Suite.* — Pourquoi et comment l'enfant doit obéir à ses parents. Pourquoi : par affection, par devoir, par intérêt. Comment : volontairement, immédiatement. Pourquoi et comment l'enfant doit de la reconnaissance à ses parents. Pourquoi : services rendus depuis la naissance. Comment : amour, obéissance, respect, honneur et soutien de la veillesse.

Janvier.

1. *Devoirs envers les grands-parents.* — Pourquoi et comment nous devons à nos grands-parents : affection, respect, obéissance, reconnaissance.

2. *L'affection entre frères et sœurs.* — Pourquoi : vie commune, mêmes parents, même nom, mêmes intérêts. Comment : paroles aimables, pas de taquineries, de jalousie.

3. *L'aide entre frères et sœurs.* — Pourquoi : ils sont

1. *Devoirs envers la famille.* — L'amour fraternel. Devoirs réciproques des aînés et des plus jeunes. L'esprit de famille.

2. *Devoirs réciproques des maîtres et des serviteurs.*

3. *Devoirs envers les animaux.* — Pourquoi : services rendus,

près les uns des autres; ils doivent faire plaisir à leurs parents. Comment : l'aîné; les bons conseils, le bon exemple, protection partout.

4. *Devoirs envers les animaux.* — Pourquoi : services rendus; ils souffrent comme nous. Comment : pas de mauvais traitements, ni de souffrances inutiles. Soins aux animaux domestiques.

souffrent comme nous. Comment : pas de mauvais traitements, ni de souffrances inutiles, soins aux animaux domestiques. Ne pas faire souffrir les animaux nuisibles. Loi Grammont.

4. Récapitulation des devoirs de l'enfant dans la famille.

<h3 style="text-align:center">Février.</h3>

1. *L'école.* — *Devoirs de l'écolier envers soi-même* : assiduité, travail, ordre, propreté. Pourquoi : par devoir, par intérêt.

Comment : régularité, exactitude, attention, divers soins d'ordre et de propreté.

2. *Devoirs de l'écolier envers le maître* : amour, respect, obéissance. — Pourquoi : le maître représente la famille; ses services, son âge, son instruction, son expérience.

Comment : faire plaisir, politesse, pas de murmures, etc.

3. *Devoirs de l'écolier envers ses camarades* : amour, aide, protection. — Pourquoi : l'école est comme une grande famille.

Comment : se montrer bon, aimable et prévenant, etc.

4. *Entretien récapitulatif.* — Devoirs de l'enfant dans la famille et à l'école.

1. *Devoirs de l'enfant à l'école.* — Ce que la République a fait pour les écoles; l'école d'autrefois et celle d'aujourd'hui. Rôle social de l'école. Ce que l'écolier doit à l'école : assiduité, travail, ordre, propreté.

2. *Devoirs de l'écolier envers le maître.* — Pourquoi et comment l'écolier doit aimer et respecter le maître, lui obéir.

Pourquoi : le maître représente la famille; ses services, son âge, son instruction, son expérience.

Comment : faire plaisir, politesse, pas de murmures, etc.

3. *Devoirs de l'écolier envers ses camarades.* — Pourquoi et comment il doit aimer, aider, protéger ses camarades. Pourquoi : l'école est comme une grande famille. Comment : se montrer bon, aimable, prévenant, etc.

4. *Entretien récapitulatif.* — Devoirs de l'enfant dans la famille et à l'école.

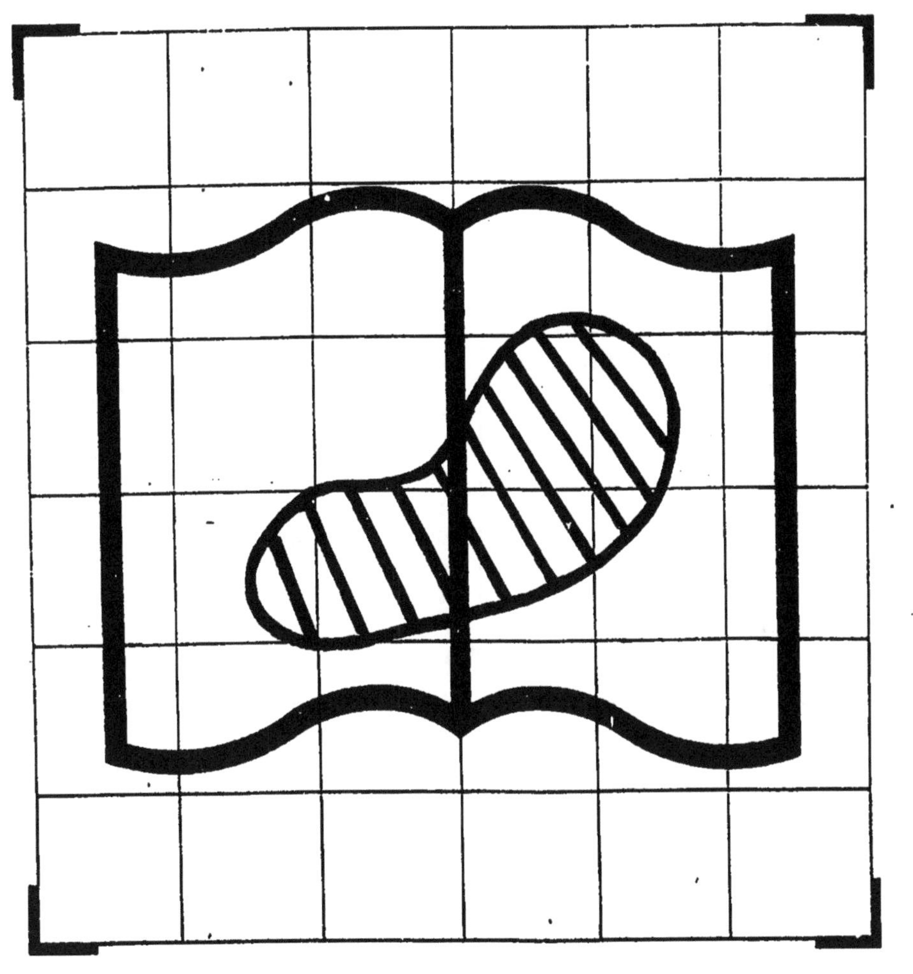

Mars.

1. *La Patrie.* — Il faut aimer sa Patrie. Pourquoi : le sol, la maison natale, nos concitoyens, même langue, mêmes intérêts.

Comment : vouloir la prospérité, la gloire de la France.

2. *Il faut se dévouer à sa Patrie.* — Pourquoi : reconnaissance pour ce que nous devons à la Patrie.

Comment : bon citoyen, bon soldat.

3. *Il faut obéir aux lois.* — Pourquoi : ordre nécessaire, besoin social.

Comment : connaître la loi, obéir scrupuleusement, prêter main forte à l'autorité.

4. *La France.* — Ses grandeurs et ses malheurs. Ce qu'elle attend de nous.

1. *Devoirs envers la Patrie.* — Ce que c'est que la patrie. Le patriotisme, ce que ce sentiment peut produire.

2. *Pourquoi et comment il faut aimer sa patrie.* — Pourquoi : le sol, la maison natale, nos concitoyens, même langue mêmes intérêts.

Comment : vouloir la prospérité, la gloire de la France.

3. *Pourquoi et comment il faut se dévouer à sa Patrie.* — Pourquoi : reconnaissance pour ce que nous devons à la Patrie.

Comment : bon citoyen, bon soldat.

4. *Pourquoi et comment il faut obéir aux lois.* — Pourquoi : ordre nécessaire, besoin social. Comment : connaître la loi, obéir scrupuleusement, prêter main-forte à l'autorité.

Avril.

1. *Devoirs envers autrui.* — Justice. Respecter la vie de son semblable. Pourquoi : vie nécessaire à l'accomplissement de tous les devoirs.

Comment : éviter la violence la brutalité, ne pas abuser du droit de légitime défense.

2. *Respecter la liberté d'autrui.* — Pourquoi : pas d'hommes sans liberté, l'esclave.

Comment : respecter les démarches et les actes d'autrui, ne pas abuser de la force, de la richesse.

1. *Devoirs envers la Patrie.* — Pourquoi et comment nous avons le devoir de payer l'impôt. Pourquoi : charge des services publics. Comment : pas de retard, pas de frais en aucune circonstance.

2. *Le service militaire.* — Pourquoi et comment nous avons le devoir d'accomplir le service militaire. Pourquoi : qui doit défendre le pays insulté, menacé, envahi ? Comment : obéissance aux chefs, bravoure à la guerre.

3. *Éviter toute médisance.* —
Pourquoi : marque d'envie,
préjudice à autrui.

Comment : ne rien dire des
autres si on ne peut en dire du
bien.

4. *Éviter toute calomnie.* —
Pourquoi : envie et méchanceté
injustice, préjudice moral.

Comment : parler rarement
des autres.

3. *Le vote.* — Pourquoi et
comment le vote du citoyen
doit être consciencieux.

Pourquoi : intérêt général
du pays. Comment : voter
sans crainte, sans com-
plaisance; penser à l'intérêt
général plutôt qu'à l'intérêt
particulier.

4. *La France.* — Ce que
nous devons à la France. Ses
grandeurs et ses malheurs.

Résolutions.

Mai.

**1. *Respecter la propriété
d'autrui.***
Pourquoi : la propriété fait
partie de la personne.

Comment : ne rien prendre
à autrui, ni directement ni
indirectement.

2. *Se garder de frauder.* —
Payer exactement ce qu'on
doit à l'État, à la ville, aux
particuliers, aux compagnies,
éviter tout profit malhonnête.

3. *Respecter ses engagements.*
Pourquoi : pour ne pas
mentir, être juste, gagner la
confiance d'autrui.

Comment : s'engager avec
prudence, après réflexion, toujours tenir ses engagements
écrits ou oraux.

4. *Entretien récapitulatif.* —
La Justice.

« Ne fais pas à autrui ce que
tu ne voudrais pas qu'on te
fît »

1. *Devoirs envers autrui.* —
La société, sa nécessité, ses
avantages.

2. *Justice.* — Respect : 1° de
la vie (légitime défense,
guerre), 2° de la liberté, 3° de
la croyance religieuse et de l'o-
pinion d'autrui (la tolérance);
raison de ces devoirs.

**3. *Respect de l'honneur
d'autrui* :** médisance, calomnie, délation.

4. *Respect de la propriété* :
le vol, la fraude, les dettes, la
probité.

Juin.

1. *Charité.* — Être bon pour
les autres.

1. *Devoirs envers autrui.* —
Charité. En quoi elle consiste,

Pourquoi : les hommes sont frères, ils doivent s'aimer, se pardonner.

Comment : être indulgent aux faiblesses des autres: les aider, les accueillir cordialement.

Oubli des injures.

2. *Être poli.* — Pourquoi : pour respecter la sensibilité des autres, pour éviter le froissement, pour être agréable.

Comment : se gêner pour les autres, s'empresser dans la rue, dans la maison, à table.

3. *Être bienfaisant.* — Pourquoi : misères à soulager. Tous les hommes sont frères.

Comment : aimer ses semblables, penser à eux plus qu'à soi-même, les aider de ses ressources.

4, *Sacrifier sa vie au besoin.* — Pourquoi : rien de plus beau et de plus grand que le sacrifice entier de sa personne.

Comment: mettre ses forces, ses richesses, son savoir au service de la Patrie, de ses semblables.

sa source, ce qui en fait la beauté, ses diverses qualités.

2. *Devoirs de bienveillance :* bonté, politesse, modestie.

3. *Devoirs de bienveillance* (suite). — Amitié, pardon des injures.

4. *Devoirs de bienfaisance.* — Le bienfait et la reconnaissance, le dévouement et le sacrifice.

Juillet.

1. *La charité.* — Entretien récapitulatif.

2, 3 et 4. *Devoirs envers Dieu.* (Voir le programme officiel, p. 59.)

1. *Devoirs envers autrui.* — Entretien récapitulatif.

2, 3 et 4. *Devoirs envers Dieu.* (Voir le programme officiel, p. 59.)

COURS SUPÉRIEUR

Octobre.

1. *La morale.* — Définition. But. Ses divisions.

2. *La conscience.* — Son double aspect comme idée ou comme sentiment moral. Elle conseille; elle juge. Satisfaction cu repentir.

3. *Facteurs de la conscience.* — Expérience, éducation, raison. Formation et développement de la conscience. Progrès ou déviation. Influence du tempérament, des habitudes.

La responsabilité. — Conditions de son existence. Raison. Conscience. Liberté.

4. *La moralité.* — Conditions essentielles; la liberté morale, la loi morale. Idéal moral. Lutte des tendances supérieures contre les instincts inférieurs.

Novembre.

1. *Les motifs d'action.* — Plaisir, intérêt, devoir.

2. *Loi morale.* — Obligation de faire le bien, d'éviter le mal. Aucune contrainte extérieure. Caractères du devoir.

3. *La responsabilité.* — Ses conditions; ses degrés en rapport avec ceux de la liberté morale.

4. *La dignité humaine.* — Définition (respect de soi et des autres). Conséquence de la raison, de la liberté, de la responsabilité. Vertus qui la protègent. Passions qui l'avilissent.

Décembre.

1. *La morale pratique.* — Distinction entre le principe du devoir et les devoirs qui en découlent. Ensemble des devoirs de l'homme; leur division.

Devoirs envers le corps. — Le corps, serviteur de l'âme. Devoirs : propreté, tempérance, sobriété, aucun excès.

2. *Devoirs envers l'âme.* — Les trois facultés : sensibilité, intelligence, volonté. Exemples de leur fonctionnement. Distinction entre l'homme et l'animal. Culture et développement des facultés.

Qualités et défauts. — Franchise, mensonge, orgueil, modestie.

3. *Qualités et défauts* (suite). — Travail, paresse. Économie, prodigalité, avarice. Dettes. Jeu. Le travail et l'économie, seules sources de richesse.

4. *Qualités et défauts* (suite). — Patience, colère. Courage, peur. Revision. Ce qu'il faut être. Ce qu'il ne faut pas être.

Janvier.

1. *La famille.* — Nécessité de la famille. Ce qu'elle était autrefois. Ce qu'elle est aujourd'hui.

Devoirs de l'enfant envers ses parents. — Amour, obéissance, respect, reconnaissance. Bienfaits des parents pour leurs enfants.

2. *Devoirs de l'enfant majeur.* — Honneur, respect, aide. Respect du nom de famille.

Devoirs des frères et sœurs. — Affection, assistance, concessions bon exemple.

Devoirs envers les grands-parents. Vénération, prévenances.

3. *Les serviteurs.* — Devoirs des enfants : politesse, bienveillance, pas d'exigences. — Devoirs des maîtres : bienveillance, justice, bonté. — Devoirs des serviteurs : scrupule, complaisance, dévouement, reconnaissance.

4. *Devoirs des parents.* — Aimer également leurs enfants. Les nourrir, les entretenir, les élever. Leur donner le bon exemple. Les préserver de tout danger.

Conclusion : la famille, école des vertus.

Février.

1. *L'école.* — L'école d'autrefois. L'école d'aujourd'hui. L'instituteur d'aujourd'hui. L'instruction et l'éducation. Nécessité de l'instruction. Dangers de l'ignorance.

Devoirs de l'enfant. — Envers lui-même, envers son maître, envers ses camarades.

2. *Corrélation des droits et des devoirs de l'enfant à l'école.* — (Révision du cours moyen.)

L'école prépare la vie sociale. L'émulation. Défauts à éviter : jalousie, hypocrisie, délation. Qualités à acquérir : bonté, justice.

3. *Nécessité de la vie en société.* — La société fondée par la nature et la nécessité : famille, tribu, classe, société.

Ses avantages. — Matériels : union, force, division du travail. Intellectuels : sciences, efforts de toutes les générations. Moraux : fraternité.

4. *La justice dans la société.* — « Ne fais pas à autrui.... » Les devoirs de justice ; les énumérer.

Respect de la vie. — Exception : légitime défense, guerre. Le duel réprouvé par la morale.

Mars.

1. *Respect de la liberté.* — La liberté est un bien inviolable et sacré. Diverses libertés.

Respect de la propriété. — Sources : premier occupant, travail, épargne, héritage, vol. Ses divers degrés. Actes qui constituent un vol (dépôt, objet trouvé, dette, emprunt, fraude, tricherie, faux poids).

2. *Respect de l'honneur et de la réputation.* — Médisance, calomnie, commérages, cancans. La loi punit le diffamateur.

Respect de la parole donnée. Exemples historiques. L'homme qui manque de parole n'est pas estimé (commerçant, ouvrier, etc.).

3. *Tolérance.* — Exemples historiques de tolérance, d'intolérance. La persuasion. Vertus de justice. Probité. Équité. Loyauté. Délicatesse.

4. *Révision et corrélation des devoirs de justice et des droits.*

Avril.

1. *La charité dans la société* : « Fais à autrui ce que.... »
Diverses formes de la charité.

2. *Solidarité et fraternité.* — Solidarité créée par la responsabilité mutuelle. Intérêt particulier et intérêt général : « Aidonsnous les uns les autres ».

Fraternité. Sentiment plus noble : « Aimons-nous les uns les autres ».

Comparaison entre la Justice et la Charité. — Charité, complément indispensable de la justice. Échelle morale : charité, justice.

3. *Devoirs de l'homme envers autrui, selon sa position.* — Devoirs envers nos inférieurs, nos égaux, nos supérieurs. Devoirs professionnels.

4. *Révision générale* des devoirs de l'homme envers la société. Corrélation des droits et des devoirs.

Mai.

1. *La Patrie*; famille et société. Sa formation. Ses bienfaits. Patriotisme. Réfutation du chauvinisme, du cosmopolitisme.

2. *Devoirs envers la Patrie.* — Enfants de la même mère, mêmes devoirs. L'instruction obligatoire. L'impôt (ses caractères). « Frauder, c'est voler. »

3. *Devoirs envers la patrie* (suite). — Le vote. Ses caractères : libre, consciencieux, éclairé, désintéressé.

4. *Devoirs envers la patrie* (fin). — Le service militaire; c'est le plus élevé des devoirs envers la Patrie. Devoirs du soldat. La discipline. Amour et respect du drapeau.

Juin.

1. *Le citoyen.* — Ses droits; les devoirs de l'État.

2. *La devise républicaine.* — La liberté (ses limites); l'égalité devant la loi (inégalités qu'on ne supprimera jamais); la fraternité (institutions de bienfaisance).

3 et 4. *Devoirs envers Dieu.* — (Voir programme officiel p. 57).

Juillet.

Récapitulation générale.

III

EMPLOIS DU TEMPS

Nous donnons, à titre d'indication, un horaire pour différents types d'écoles :

1° Classe enfantine ou cours préparatoire;

2° École à une seule classe;

3° École à deux classes;

4° École à trois ou quatre classés en y ajoutant la première distribution horaire.

Lorsque, dans une école, le nombre des classes est plus élevé, il y a nécessairement des cours qui comptent les deux années prévues par l'arrêté du 18 janvier 1887 : ces deux années du même cours suivent logiquement le même emploi du temps.

1° **Classe enfantine ou cours préparatoire.**

MATIN

SECTIONS	8 h. à 8 h. 30	8 h. 30 à 9 h.	9 h. à 9 h. 30	9h.30à9h.50	9h.50à10h.30	10 h. 30 à 11 h.	OBSERVATIONS
1re section.	Copie du texte lu la veille.	Lecture.	Exercices de langage et de vocabulaire pour les deux sections.	Récréation.	Calcul pour les deux sections réunies.	Causerie : Morale, histoire, géographie ou chant.	L'enseignement de la lecture intelligente est le point important.
2e section.	Lecture.	Copie du texte lu précédemment.					

SOIR

SECTIONS	1 h. à 1 h. 30	1 h. 30 à 2 h.	2 h. à 2 h. 30	2h.30à2h.50	2 h. 50 à 3 h. 30	3 h. 30 à 4 h.	OBSERVATIONS
1re section.	Copie du texte lu le matin.	Lecture.	Exercices de langage et de vocabulaire pour les deux sections.	Récréation.	Calcul pour les deux sections réunies.	Leçon de choses. Dessin, travail manuel ou gymnastique.	Deux fois par semaine l'exercice de copie est remplacé par une leçon d'écriture.
2e section.	Lecture.	Copie du texte lu précédemment.					

2ᵉ École à une seule classe comprenant cours moyen, cours élémentaire, cours préparatoire.

MATIN

COURS	8 à 8 h. 20	8 h. 20 à 9 h.		9 h. à 9 h 45		9 h. 45 à 10 h.	10 h. à 10 h. 35		10 h. 35 à 11 h.	OBSERVATIONS
Moyen.	Morale M ou Instruction civique M.	Préparation de la leçon de lecture.	Lecture M.	Grammaire M.	Dictée par un aide ou Devoir écrit.	Récréation.	Étude de la leçon.	Histoire M ou Géographie M.	Écriture.	Dans les écoles à un seul maître, il n'y a pas de cours supérieur : les élèves qui possèdent le certificat d'études suivent le programme du cours moyen et font quelques devoirs supplémentaires avec des leçons plus étendues. Les leçons faites par le maître sont indiquées par M. Les exercices amorcés par l'instituteur et continués par un moniteur sont suivis de A.
Élémentaire.		Lecture M.	Lecture A.	Devoir donné la veille A.	Dictée ou composition française M.				Écriture.	
Préparatoire.	Lecture A.	Copie du texte lu A.	Récitation A.	Calcul oral A.	Calcul écrit A.		Leçon de choses M.	Exercice d'élocution A.	Écriture ou Dessin.	

SOIR

COURS	1 h. à 2 h.			2 h. à 2 h. 45		2 h. 45 à 3 h.	3 h. à 3 h. 40		3 h. 40 à 4 h.	OBSERVATIONS
Moyen.	Devoirs d'arithmétique ou de géométrie proposés au tableau noir.	Leçon M.	Application.	Dessin et Travaux manuels appliqués à l'étude de la géométrie.		Récréation.	Sciences M.	Devoir écrit.	Chant ou Gymnastique.	Cet emploi du temps peut être suivi dans une école mixte dirigée par un instituteur parce que les travaux de couture, confiés à une femme, ont lieu généralement le jeudi.
Élémentaire.		Correction A.	Leçon M.				Devoir sur la leçon précédente.	Sciences M.		
Préparatoire.	Lecture M.	Copie du texte lu A.	Vocabulaire A.	Dessin ou Travail manuel A.	Entretien M.		Calcul A.	Écriture A.	Chant ou Gymnastique.	

3ᵉ École à deux classes comprenant cours moyen, cours élémentaire et cours préparatoire.

MATIN

COURS	8 h. à 8 h. 30	8 h. 30 à 9 h. 15		9 h. 15 à 9 h. 45	9 h. 45 à 10	10 h. à 11 h.		OBSERVATIONS
Moyen, 1ʳᵉ classe.	Instruction morale et civique.	Lecture.		Écriture ou dessin.	Récréation.	Arithmétique, système métrique et géométrie.		Il est quelquefois nécessaire de faire deux divisions dans le cours moyen pour certaines parties du programme.
Élémentaire et Préparatoire } 2ᵉ classe.	Explication d'une maxime et leçon morale.	Lecture commune durant 20 minutes.	Lecture A. / Lecture M.	Écriture ou dessin.		Exercices proposés au tableau noir.	Leçon M. / Leçon M.	Devoir d'application A.

SOIR

COURS	1 h. à 1 h. 30		1 h. 30 à 2 h. 15	2 h. 15 à 3 h.	3 h. à 3 h. 15	3 h. 15 à 3 h. 45	3 h. 45 à 4 h.	OBSERVATIONS
Moyen, 1ʳᵉ classe.	Grammaire.		Dictée, vocabulaire, composition française.	Histoire ou Géographie.	Récréation.	Sciences, agriculture et hygiène. Travail manuel.	Chant ou gymnastique.	
Élémentaire et Préparatoire } 2ᵉ classe.	Leçon commune de 10 minutes.	Correction d'exercices écrits M. / Lecture (A).	Leçon (M). / Copie (A).	Leçon commune aux deux cours.		Leçon commune aux deux cours.		

4° **École à trois ou quatre classes et plus.**

Cours élémentaire.

JOURS	MATIN						SOIR					
	8 h. 30 à 9 h. 15	9 h. 15 à 9 h. 45	9 h. 45 à 10 h.	10 h. à 10 h. 30	10 h. 30 à 11 h.	11 h. à 11 h. 30	1 h. à 1 h. 30	1 h. 30 à 2 h.	2 h. à 2 h. 30	h. 30 à 2 h. 45	2 h. 45 à 3 h. 30	3 h. à 4 h.
Lundi.	Lecture.	Calcul.	Récréation.	Grammaire (*leçon et exercice oral*).	Dictée.	Gymnastique.	Morale.	Écriture.	Lecture.	Récréation.	Histoire.	Dessin à vue.
Mardi.	Lecture.	Système métrique.		Grammaire (*leçon et exercice oral*).	Devoir de grammaire (*sur le cahier*).	Gymnastique.	Composit. française (*préparation*).	Écriture.	Chant.		Géographie.	Devoir de calcul (*sur le cahier*).
Mercredi.	Lecture.	Calcul.		Conjugaison (*leçon et exercice oral*).	Dictée.	Gymnastique.	Morale.	Écriture (*devoir de composition française*).	Récitation.		Histoire.	Dessin à vue.
Vendredi.	Lecture.	Système métrique.		Conjugaison (*leçon et exercice oral*).	Devoir de conjugaison (*sur le cahier*).	Gymnastique.	Lecture par le maître.	Écriture.	Chant.		Géographie.	Devoir de système métrique (*sur le cahier*).
Samedi.	Lecture.	Calcul.		Composit. française (*compte rendu*).	Dictée. Contrôle.	Gymnastique.	Leçon de choses.	Écriture.	Travail manuel.		Dessin linéaire et travail manuel.	

Cours moyen.

JOURS	MATIN						SOIR					
	8 h. 30 à 9 h.	9 h. à 9 h. 30	9 h. 30 à 9 h. 45	9 h. 45 à 10 h.	10 h. à 11 h.	11 h. à 11 h. 30	1 h. à 1 h. 30	1 h. 30 à 2 h.	2 h. à 2 h. 30	2 h. 30 à 2 h. 45	2 h. 45 à 3 h. 30	3 h. 30 à 4 h.
Lundi.	Morale.	Calcul.		Récréation.	Grammaire (*exercice oral*).	Dictée et écriture.	Lecture par le maître.	Chant.	Composition française (*préparation*).	Récréation.	Histoire.	Travail manuel (*croquis*).
Mardi.	Lecture.	Système métrique.		Récréation.	Grammaire (*exercice écrit*).	Dessin à vue.	Lecture.		Écriture.	Récréation.	Géographie.	Gymnastique.
Mercredi.	Morale.	Composition française (*devoir*).	Gymnastique.	Récréation.	Conjugaison (*exercice oral*).	Dictée et écriture.	Enseignement scientifique.	Arithmétique (*devoir écrit*).		Récréation.	Histoire.	Travail manuel (*dessin*).
Vendredi.	Lecture.	Calcul.		Récréation.	Récitation.	Grammaire (*devoir écrit*).	Histoire naturelle.		Lexicologie et analyse.	Récréation.	Géographie.	Chant.
Samedi.	Instruction civique.	Système métrique.		Récréation.	Composition française (*compte rendu*).	Dictée et écriture.	Lecture.		Écriture.	Récréation.	Gymnastique.	Travail manuel (*exécution*).

JOURS	MATIN						SOIR				
	8 h. 30 à 9 h.	9 h. à 9 h. 45	9 h. 45 à 10 h.	10 h. à 10 h. 30	10 h. 30 à 11 h.	11 h. à 11 h. 30	1 h. à 1 h. 30	2 h. à 2 h. 30	2 h. 30 à 2 h. 45	2 h. 45 à 3 h. 30"	3 h. 30 à 4 h.
Lundi.	Morale.	Arithmétique.	Récréation.	Grammaire et orthographe.		Dessin à vue	Lecture.	Écriture.	Récréation.	Histoire.	Gymnastique.
Mardi.	Instruction civique.	Système métrique.	Récréation.	Récitation.	Composition française (*préparation*).	Écriture.	Enseignement scientifique.	Dessin à vue.	Récréation.	Géographie.	Travail manuel (*croquis*)
Mercredi.	Morale.	Arithmétique.	Récréation.	Grammaire et orthographe.		Chant.	Lecture.	Composition française (*confection du devoir*).	Récréation.	Travail manuel (*exécution*).	
Vendredi.	Composition française (*compte rendu*).	Système métrique.	Récréation.	Grammaire et orthographe.		Écriture.	Enseignement scientifique.	Dessin à vue.	Récréation.	Histoire.	Travail manuel (*constatation géométrique*)
Samedi.	Lecture par le maître.	Arithmétique.	Récréation.	Grammaire et orthographe.		Chant.	Lecture.	Calcul mental.	Récréation.	Géographie.	Gymastique

TABLE DES MATIÈRES

887-12. — Coulommiers. Imp. Paul BRODARD. — P&12.

LIBRAIRIE HACHETTE ET C⁰

BOULEVARD SAINT-GERMAIN, 79, A PARIS

LES
GRANDS ÉCRIVAINS FRANÇAIS

ÉTUDES SUR LA VIE
LES ŒUVRES ET L'INFLUENCE DES PRINCIPAUX AUTEURS
DE NOTRE LITTÉRATURE

Chaque volume in-16, orné d'un portrait en héliogravure, broché. 2 fr.

LISTE DANS L'ORDRE DE LA PUBLICATION
DES 54 VOLUMES PARUS